本书出版得到上海对外经贸大学资助

我国开发区立法问题研究

RESEARCH ON LEGISLATION OF DEVELOPMENT ZONES IN CHINA

殷　洁◎著

法律出版社
LAW PRESS·CHINA
北京

图书在版编目（CIP）数据

我国开发区立法问题研究 / 殷洁著. -- 北京 : 法律出版社, 2025. -- ISBN 978 - 7 - 5197 - 9966 - 3

Ⅰ. D920.0

中国国家版本馆 CIP 数据核字第 2025KT4215 号

我国开发区立法问题研究
WOGUO KAIFAQU LIFA WENTI YANJIU

殷 洁 著

策划编辑 陈 慧
责任编辑 陈 慧
装帧设计 苏 慰

出版发行 法律出版社
编辑统筹 法律教育出版分社
责任校对 裴 黎
责任印制 刘晓伟
经　　销 新华书店

开本 A5
印张 9.125　**字数** 218 千
版本 2025 年 2 月第 1 版
印次 2025 年 2 月第 1 次印刷
印刷 河北虎彩印刷有限公司

地址：北京市丰台区莲花池西里 7 号（100073）
网址：www.lawpress.com.cn
投稿邮箱：info@lawpress.com.cn
举报盗版邮箱：jbwq@lawpress.com.cn

销售电话：010 - 83938349
客服电话：010 - 83938350
咨询电话：010 - 63939796

书号：ISBN 978 - 7 - 5197 - 9966 - 3　**定价**：38.00 元

目　录

导　言

一、选题背景与意义

我国自改革开放以来，从中央到地方，从沿海到内地，陆续批准设立了种类繁多、数量众多的开发区，包括：经济特区、经济技术开发区、高新技术产业开发区、科技工业园、创业园、软件园、物流园、循环经济试验区、金融贸易区、出口加工区、台商投资区、保税区、边境经济开发区、互市贸易区以及近年来设立的自由贸易试验区（以下简称自贸区）、自由贸易港（以下简称自贸港）等。各类开发区的建设，成为推动我国加快工业化、城镇化进程，创新技术以及扩大对外开放的重要平台，对于促进体制机制改革、改善投资环境、引导产业集聚、发展开放型经济等诸方面均发挥了不可替代的作用。

但是，在各类开发区的建设发展过程中，也出现了数量过多、布局不合理、低水平重复建设、恶性竞争等问题。为此，2003 年至 2006 年国家对全国开发区进行了清理整顿，并取得了明显的成效。

为了规范开发区的建设，国务院有关部门和各省、自治区、直辖市也陆续出台了一些部门规章、地方性法规、规章和规范性文件。但我国至今尚未出台一部全国统一的有关开发区的法律或行政法规。由于缺乏基本立法，导致我国开发区基本仍处于无序发展状态，最明显的表现就是开发区名目繁杂、重复建设、多头管理、分布不均等现象。而各地方重复立法，不仅浪费立法资源，而且将会导致法治不统一、全国市场分割等问题。

本书研究的主要学术价值在于:在我国“全面推进依法治国”的新时代背景下提出并阐明了开发区全面依法治“区”的基本理念,较系统地梳理并分析了我国各类开发区的发展及相关立法的状况及存在的问题。

本书研究的应用价值在于:提出了构建我国开发区法律体系的基本思路,并草拟了经济(技术)开发区条例(立法建议稿)和自由贸易区条例(立法建议稿),为今后立法和相关问题的进一步研究提供参考。

二、文献综述

关于我国开发区的立法问题,国内许多学者作了较深入的研究。从已形成的研究成果来看,主要聚焦在以下一些问题:

(一)关于中国开发区存在的主要问题

有很多学者较早就关注中国开发区存在的问题。厉无畏、王振主编的《中国开发区的理论与实践》一书,分析了我国开发区推进产业集聚面临不少开发区内企业之间的关联度不高;相当数量的开发区研发能力还不够强;多数开发区缺乏高新技术产业成长的区域文化;开发区产业集聚对优惠政策的依赖性较强等问题。[1] 张召堂所著《中国开发区可持续发展战略》一书分析认为,中国开发区作为改革开放的“试验区”和“排头兵”不断作出有益的尝试和探索,推动了区域经济的持续高速发展,已经成为中国经济发展中重要的增长极。但是尚存在盲目发展、一哄而上,缺乏全国的统一规划和合理布局;体制创新不够;产业结构趋同等一些突出的问题。此外,该书还从宏

---

[1] 厉无畏、王振主编:《中国开发区的理论与实践》,上海财经大学出版社 2004 年版,第 46－48 页。

观布局,观念、制度、技术创新等角度提出了中国开发区可持续发展的思路和建议。[2] 李森等所著《困境和出路——转型期中国开发区发展研究》一书研究了中国开发区的治理模式、省级开发区发展以及衰退工业区产业重建中的开发区发展等问题。[3] 宋宏所著《十字路口的选择:开发区治理体制研究》一书,重点研究了开发区的土地瓶颈与政府债务风险以及开发区的治理体制等问题。[4] 闫国庆等著《开发区治理》一书专门研究了我国开发区治理模式存在的问题,并提出了相应的对策和建议。[5]

(二)关于中国开发区的法律地位和管理体制等问题

有不少学者对中国开发区法律地位和管理体制问题等问题进行了专门的研究。例如,朱泳、姜诚的《论开发区的法律地位与开发区的政区化》一文认为,开发区很像一级政权,但它却没有一级政权的法律地位,开发区管理委员会(以下简称管委会)很像一级政府,但它没有一级政府的行政主体资格,该文提出政区化将是开发区发展的必由之路,并建议尽快用行政法规的方式约束成立开发区配套管理机构的基本准则。[6] 刘海潮、葛傲天的《中国开发区的法律地位问题刍议》一文认为,由于我国宪法等基本法律对开发区立法处于空白状态,造成中国开发区的法律性质、功能和总体目标等不够清楚,开发区总体制度设计缺乏明确的法律依据,并认为中国开发区的法律

---

〔2〕 张召堂:《中国开发区可持续发展战略》,中共中央党校出版社 2003 年版,第 65－74 页。

〔3〕 李森等:《困境和出路——转型期中国开发区发展研究》,中国财政经济出版社 2008 年版。

〔4〕 宋宏:《十字路口的选择:开发区治理体制研究》,安徽人民出版社 2016 年版。

〔5〕 闫国庆等:《开发区治理》,中国社会科学出版社 2006 年版。

〔6〕 朱泳、姜诚:《论开发区的法律地位与开发区的政区化》,载《江汉大学学报(社会科学版)》2009 年第 3 期。

地位可以考虑在一定阶段和时期内界定为当地政府的派出机构。[7] 郭会文的《国家级开发区管理机构的行政主体资格》一文认为，从法律地位和运作方式看，开发区管理机构与地方人民政府的派出机关行政公署、区公所、街道办事处最为相似，故开发区管理机构属于行政法学和行政诉讼法学上的法律、法规授权的组织，但是，要解决与开发区管理机构行政主体资格相关的问题，最根本的途径是立法。[8] 余宗良的《中国开发区模式的法治化研究》一书专门从中国开发区管理模式的角度分析认为，我国对开发区的立法供给不足和中国开发区管理存在问题，并在比较考察国外开发区管理经验的基础上提出了中国开发区从政策主导走向法律主导，开发区管理机构的"身份"从国家行政主体走向社会行政主体，开发区治理结构从单一政府管理走向多元协作治理的建议。[9] 李平的《国内外高技术开发区管理模式的比较研究》一文在研究了国内外高技术开发区管理模式及其利弊的基础上，对不同类型的管理模式进行了比较分析，并提出了优化我国高技术开发区管理体制的若干建议。[10] 武梦萱、徐旭、赵立军、申探明在《我国开发区治理模式存在问题及变革分析》一文中提出应当完善监督问责机制，加强对开发区权力的多维监督，防止权力的机会主义。[11] 邹奕的专著《国家级开发区、新区之国家机关的组织法治研究》专门从组织法的角度，阐述了国家级开发区和新

---

〔7〕 刘海潮、葛傲天：《中国开发区的法律地位问题刍议》，载《重庆社会主义学院学报》2013 年第 1 期。

〔8〕 郭会文：《国家级开发区管理机构的行政主体资格》，载《法学》2004 年第 11 期。

〔9〕 余宗良：《中国开发区模式的法治化研究》，中国政法大学出版社 2016 年版，第 13、190、233 页。

〔10〕 李平：《国内外高技术开发区管理模式的比较研究》，载《科学学研究》1994 年第 4 期。

〔11〕 武梦萱等：《我国开发区治理模式存在问题及变革分析》，载《经济与社会发展》2019 年第 6 期。

区国家机关(包括管理机构,法院、检察院,人大工作机构,监察机构)的设立依据和基本定性,并主要探讨了国家级开发区和新区国家机关的人员组成和产生方式,机构设置和和权力配置以及撤销和合并机制等问题。[12]

（三）关于开发区的专门立法问题

关于中国开发区的立法问题,汪振江的《开发区专门立法的制度创新与现实需求》一文认为,政策主导、部门规章以及地方立法来管理开发区和调整产业发展的格局和状态,使开发区立法和法律体系表现出较为明显的滞后性和不足。此外,该文还提出开发区专门立法具有确定的调整对象和范围,立法目标明确,立法技术臻于成熟,统一立法条件大致具备。该文中建议“尽快出台高新技术产业开发区的基本法”。[13] 陈俊所著《高新科技园区立法研究》一书,主要围绕知识经济时代高新科技园区立法问题进行了研究,并就完善我国高新科技园区立法提出了一些建议。[14] 伊士国、李先真的《论开发区管理委员会的法律地位》一文提出,积极推进相关立法,进一步明确管委会的法律地位和行政性质,明确开发区的机构设置、管理职能和人员编制等,并建议尽快制定一部统一的开发区法,明确界定开发区的性质和地位。在制定的步骤上,可以先制定开发区法,然后再制定国家高新技术产业开发区法等其他法律规范。[15] 还有学者提出保税区单独立法的问题。例如,陈俊在《中国保税区的法律制度建

〔12〕 邹奕:《国家级开发区、新区之国家机关的组织法治研究》,当代中国出版社 2024 年版。

〔13〕 汪振江:《开发区专门立法的制度创新与现实需求》,载《甘肃社会科学》2013 年第 3 期。

〔14〕 陈俊:《高新科技园区立法研究》,北京大学出版社 2004 年版。

〔15〕 伊士国、李先真:《论开发区管理委员会的法律地位》,载《行政与法》2009 年第 9 期。

构》一文中,提出尽早出台全国统一的中国保税区发展条例或中国保税区管理条例之类的法律。

(四)关于自贸区和自贸港的法治建设问题

关于中国自贸区和自贸港的法治问题,学者们关注较多的问题有:中国自贸区和自贸港是否应当统一立法?如何进一步完善中央授权立法和授权暂时调整法律适用的规则?如何借鉴国外的立法和国际惯例构建我国自贸区的法治体系?如何进一步创新完善自贸区的管理体制机制的问题?

关于自贸区立法,实际上很早就有学者提出自贸区统一立法的建议。例如,刘剑文、武康平等学者在2003年成思危主编的《从保税区到自由贸易区:中国保税区的改革与发展》一书中建议:先由国务院制定中国自由贸易区条例,然后在此基础上,由全国人大或全国人大常委会制定中国自由贸易区法,并且提出了合宪性、民主性、总结经验和大胆创新相结合、稳定性和灵活性相结合,以及维护社会主义法制统一五大立法原则。[16] 周汉民在《自贸区的法治改革创新》一文也主张以《中国(上海)自由贸易试验区条例》为基础,在充分论证的基础上,将该条例核心内容加以扩充,形成国家的自贸区法。[17] 李猛在《中国自贸区法律制度建立与完善研究》一书中提出,构建事权划分合理的中国自贸区法律制度,从为中国自贸区建设提供顶层法治保障、平衡自贸区立法中的中央与地方利益关系和平息法律位阶学理争议三个角度论述了制定实施中国自贸区法的必要性,并分析了制定实施中国自贸区法的可行性,建议及时出台中国自贸区法,

---

〔16〕 成思危主编:《从保税区到自由贸易区:中国保税区的改革与发展》,经济科学出版社2003年版,第497－501页。

〔17〕 周汉民:《自贸区的法治改革创新》,载环球网2016年4月26日,https://m.huanqiu.com/article/9CaKrnJV1eE。

借助国家层面立法，合理限定各自贸区所在地立法权限和管理职能，最大限度地避免自贸区地方性政策攀比和立法竞争情形发生，以有效维护现行法律体制稳定，防止中国立法权限过度分散。[18] 蒲杰、刘建强合著的《内陆自贸区法治建设研究》一书系统研究了内陆自贸区向自贸港（园区）建设过程中遇到的与现有法律规范、秩序、利益相冲突的制度障碍，分析了影响我国内陆自贸区法治建设的国内、国际因素，并提出了内陆自贸区法治建设路径构建的建议。[19] 徐峰所著《我国自贸区（港）主要政策与法律制度：理论与实践——以临港新片区为例》一书以临港片区为例，从投资自由、贸易自由、资金自由、运输自由和人员从业自由以及信息便捷联通、事权划分等方面分析了现行相关政策和法律制度中存在的问题，并提出了对策建议。[20]

在《海南自由贸易港法》出台之前，有不少学者探讨过我国海南自贸港的立法问题。例如，在迟福林主编的《策论海南自由贸易港》一书中，第七章专门讨论"海南自由贸易港立法的若干重大问题"。[21] 龚柏华的《中国自贸试验区到自由贸易港法治理念的转变》一文在充分肯定中国自贸区试验成就的前提下，归纳了中国自贸区在各区实践中碰到的一些共性的问题：第一，法制保障的滞后性；第二，部门协同的被动性；第三，改革深度的限制性。[22] 该文认为自贸区到自贸港的法治理念最根本的转变应该是：从被动的"法律特区"试法转变为主动的"特区法律"立法。中国自贸试验区初创的法治理

〔18〕 李猛：《中国自贸区法律制度建立与完善研究》，人民出版社 2017 年版，第 190－209 页。

〔19〕 蒲杰、刘建强：《内陆自贸区法治建设研究》，四川大学出版社 2022 年版。

〔20〕 徐峰：《我国自贸区（港）主要政策与法律制度：理论与实践——以临港新片区为例》，武汉大学出版社 2024 年版。

〔21〕 迟福林主编：《策论海南自由贸易港》，海南出版社 2020 年版。

〔22〕 龚柏华：《中国自贸试验区到自由贸易港法治理念的转变》，载《政法论丛》2019 年第 3 期。

念定位是“守法改革”;而自贸港的法治理念是“给法改革”。[23]

此外,还有许多国内外学者对国外自由贸易区、自贸港等做了很好的研究或资料整理汇编,如美国学者苏珊·帝芬布恩(Susan Tiefenbrun)所著、胡苑等译的《世界及美国的自由贸易区》,[24]上海财经大学自由贸易区研究院、上海发展研究院编写的《全球自贸区发展研究及借鉴》,[25]陆剑宝编著的《全球典型自由贸易港建设经验研究》,[26]等等。

综上所述,关于我国开发区的法治问题,学者们开展了广泛的研究,并涌现出较丰硕的研究成果。这些研究成果为本书的写作提供了许多有益的启示。但是,关于我国开发区立法问题的研究成果大多是只针对某类开发区或开发区的某个(些)问题,而缺乏对各类开发区统一立法的系统研究。因此,本书旨在尽可能全面地调研我国各类开发区法治状况的基础上,提出我国开发区基本法建构的总体框架和思路,并拟订立法建议稿,为今后立法和相关研究提供参考。

三、研究方法

(一)文献研究法

通过查阅相关的图书资料、电子数据库、网页资料等,较全面地检索有关我国开发区的学术论著、论文,国务院及相关部门的法规、规章和规范性文件,地方性法规、规章和规范性文件等。

---

〔23〕 龚柏华:《中国自贸试验区到自由贸易港法治理念的转变》,载《政法论丛》2019年第3期。

〔24〕 [美]苏珊·帝芬布恩:《世界及美国的自由贸易区》,胡苑等译,法律出版社2016年版。

〔25〕 上海财经大学自由贸易区研究院、上海发展研究院编:《全球自贸区发展研究及借鉴》,格致出版社、上海人民出版社2015年版。

〔26〕 陆剑宝编著:《全球典型自由贸易港建设经验研究》,中山大学出版社2018年版。

(二)实证分析法

通过较细致地查找和统计我国各类开发区的相关数据,较客观地分析出我国开发区的分布状况、建设和发展的情况以及存在的实际问题,为提出相关立法建议提供有说服力的依据。

(三)中外比较法

选取美国、日本、新加坡、俄罗斯等国有关特别开发区、自由贸易区、产业园区等的立法进行比较研究,从中得出一些有益的启示。

四、主要创新与不足

(一)主要创新

第一,基于我国"全面依法治国"的时代背景,从法理和法治中国建设的角度,提出并阐述了依法治"区"的理念。

第二,对我国已设立的各类开发区进行较全面的梳理,对开发区的范畴进行了明确界定和合理分类,并特别提出和论述了海关特殊监管区域不宜归入"经济(技术)开发区"类型,而应归入"自由贸易区"类型的建议。

第三,在全面分析我国开发区及相关立法现存问题的基础上,提出了分类、分步制定我国开发区基本法的具体构想。

第四,草拟了一部体系较完整的经济(技术)开发区条例和自由贸易区条例两部行政法规的立法建议稿,为今后开发区立法和进一步研究提供参考。

(二)存在的不足

第一,可能存在个别数据不准确的情况。在本书的写作过程中,有关我国开发区立法情况的资料主要从"国家法律法规""北大法宝""新法规速递"三个数据库和有关政府网查找,可能存在资料不全面、不准确的问题。另外，由于全国各类开发区的数量、类型变动以及地方修改有关规范过于频繁，加上相关部门信息发布不及时、不全面，因此本书中的有些数据难以做到完全准确无误。

第二，由于笔者所收集和掌握的国外资料相对有限，因此对于国外相关立法的比较与借鉴的内容略显简单。

第三，书中的部分观点和建议可能考虑得还不够周全，故仍需后续进一步研究。

第一章　开发区基本范畴及相关理论

第一节　开发区的基本范畴

一、开发区的含义及主要特征

(一)区域、地区、经济区、开发区

为了清晰地界定开发区,首先应明确区域、地区、经济区等相关词汇的含义。

在人们的日常用语中,区域又称为地区,两者是混用的,不会产生多大歧义,一般是指具有一定范围的地表空间或地理空间。但是严格地讲,区域和地区两者存在一些区别。英国学者理查德逊在其《区域与城市经济学》一书中认为:区域是表示两维空间任一部分的一般性的词;而地区是指国民经济中的一个区域,它有相当完整的结构,能够独立发挥功能。[1] 从我国的情况而言,区域更具有自然经济的含义,界限比较模糊;而地区还兼有行政区域的含义,界限比较清楚。[2]

---

〔1〕[英]哈里·W. 理查德逊:《区域与城市经济学》,英国企鹅出版公司 1979 年版。转引自张秀生主编:《区域经济学》,武汉大学出版社 2007 年版,第 6 页。

〔2〕叶依广:《区域经济学原理》,江苏教育出版社 2002 年版,第 2 - 3 页;张秀生主编:《区域经济学》,武汉大学出版社 2007 年版,第 6 页。

从研究角度而言,对于区域这一概念,不仅在不同的学科中有着不同的理解,即便在同一学科中也难以取得共识。区域"是一个多侧面、多层次、相对性极强的概念,而且区域的规模根据研究问题的范围与类型可大可小,大到跨国或跨洲的区域,小到一个小的居民点"。[3] 武友德、潘玉君等认为,区域一般定义为"地球表面上被某种特征所固定的空间系统"[4]。但是,不同的学科对它理解的侧重点不同,"地理学把'区域'定义为地球表面的地域单元;政治学把'区域'看成是国家管理的行政单元;社会学则把'区域'看作相同语言、相同信仰和民族特征的人类社会聚落"[5]。"经济学则把'区域'作为经济上相对完整的经济单元。"[6]

作为本书研究对象的区域和开发区,是经济学意义上的区域,故称之为经济区域或经济区,属于经济空间范畴。武友德、潘玉君认为:"经济区域(Economy Region)是按人类经济活动的空间分布规律划分的一种区域类型。是指人类经济活动与具体时空条件紧密结合而形成的具有特定结构、功能和类型的相对完整的地理空间。在同一经济区域内自然条件、资源和社会经济条件大致类似,经济发展水平和所处阶段大致相同,经济发展方向基本一致,表现为经济意义上的连续性和同类性。"[7]张敦富认为:"区域是具有某种共同的经济特征,经济结构的内在联系较为紧密,经济发展整体性较强的地域空

---

〔3〕 张秀生主编:《区域经济学》,武汉大学出版社2007年版,第1页。

〔4〕 武友德、潘玉君等编著:《区域经济学导论》,中国社会科学出版社2004年版,第29页。

〔5〕 乔云霞:《区域国际竞争力:理论研究与实证分析》,经济科学出版社2005年版,第10页。

〔6〕 武友德、潘玉君等编著:《区域经济学导论》,中国社会科学出版社2004年版,第29页。

〔7〕 武友德、潘玉君等编著:《区域经济学导论》,中国社会科学出版社2004年版,第29页。

间。区域的范围是相对的,因而在理解上既可以指大区域,亦可以指小区域,大区域包容着小区域,形成多层次的区域划分。"[8]

综上,经济区具有如下主要特征:首先,经济区有别于单纯意义的地理空间。"地理空间主要与地表赋存物质的自然广延状态有关,有一定形状,并具有相对稳定性;经济空间则主要与经济变量的活动范围有关,是非实体性的,且具有变动性。"[9]在任一经济区,有关经济主体(组织)的经济活动范围或其影响远超出该经济区的地理空间范围。其次,经济区不同于行政区划意义上的行政区。"行政区是以国家行政机构(政府)所管辖的范围来确定界限的,而经济区则主要是按照经济运行的特征和客观规律来决定界限的。"[10]当然,经济区可以基于某行政区来划定,在此情况下,经济区与行政区的空间范围是相同的。最后,经济区不是抽象意义或泛指意义上的范围极广或范围不确定的区域,如华东地区、华北地区、东北地区、长江经济带、珠三角经济带、首都(京津冀)经济圈等。

开发区,也称为经济开发区,或者特殊经济功能区,是指为了通过产业聚集、科技创新、土地集中开发利用、特殊政策导向等方式发展经济而专门设立或划定的区域,包括经济技术开发区、高新技术产业开发区和各种产业园区和科技园区、自由贸易区等。各类开发区的共同点都是服务于经济发展目标,故属于经济区的范畴。

(二)开发区的主要特征

尽管开发区的种类、名目繁多,差异也较大,但一般具有以下共同特征:

---

〔8〕张敦富主编:《区域经济学原理》,中国轻工业出版社1999年版,第2页。

〔9〕乔云霞:《区域国际竞争力:理论研究与实证分析》,经济科学出版社2005年版,第10页。

〔10〕张秀生主编:《区域经济学》,武汉大学出版社2007年版,第7页。

第一，开发区均是基于某种或某些特殊的经济功能或经济发展目标而专门设定或划定的。“开发区不是单纯的城市市区，开发区的首要功能是开发与生产。”〔11〕“开发区就是在一定地域范围内，实行特殊优惠政策，以扩大出口、多赚外汇、增加就业、引进先进技术和管理方法，促进经济发展的地区。”〔12〕“开发区是由政府主管部门批准在特定区域内设立的，具有明确地域范围的，实行特殊管理体制，享受国家特定优惠政策的经济功能区。”〔13〕

第二，开发区位于相对独立的地域范围或具有较为明确的边界范围。我国目前已设立的各类开发区，除扩区后的几个经济特区与所在地行政区划范围相一致以外，绝大多数开发区仅限于某行政区所辖区域的一部分或若干部分。当然，也有少数开发区的位置涉及若干同级甚至不同级别的行政区划范围。

第三，开发区一般实施特殊的经济政策或特别的法律规则，以实现某种或某些特定的经济功能或经济发展目标。例如，高新区是以发展高新技术产业为目的的特定区域。又如，中国自贸区是以贸易自由化、便利化为主要目的的特定区域。“开发区和其所依托的母城及条件相同的外部地区之间，在土地利用和税收减免等方面的差别待遇，使投资者能获得相对高的预期收益率，这是使开发区具有吸引力的重要因素。”〔14〕

第四，开发区的最高管理机关一般为在该区设立的管委会，它不

---

〔11〕 丁焕峰、徐险峰等编著：《开发区发展的经济学理论与实证》，华南理工大学出版社2017年版，第5页。

〔12〕 闫川：《开发区蔓延反思及控制》，中国建筑工业出版社2008年版，第12页。

〔13〕 郭洪伟等：《开发区法治建设与产业发展研究》，首都经济贸易大学出版社2021年版，第6页。

〔14〕 丁焕峰、徐险峰等编著：《开发区发展的经济学理论与实证》，华南理工大学出版社2017年版，第4页。

同于一般的行政机关。

二、开发区与其他概念之比较

（一）开发区与主体功能区

主体功能区，是根据资源环境承载能力、现有开发密度和发展潜力，统筹谋划未来人口分布、经济布局、国土利用和城镇化格局，确定不同的主体功能定位而划分的区域。“主体功能区基础制度作用的核心内容在于它是通过对全国层面资源环境承载能力、开发强度和开发潜力区域差异的整体分析，确定了我国国土空间开发保护的总体格局。”[15]全国主体功能区的划分，是我国有关国土空间的布局办法。

2006年3月14日由第十届全国人民代表大会第四次会议审议批准的《国民经济和社会发展第十一个五年规划纲要》第二十章“推进形成主体功能区”首次明确提出：“根据资源环境承载能力、现有开发密度和发展潜力，统筹考虑未来我国人口分布、经济布局、国土利用和城镇化格局，将国土空间划分为优化开发、重点开发、限制开发和禁止开发四类主体功能区，……形成合理的空间开发结构。”

2010年12月21日国务院发布的《全国主体功能区规划》（国发〔2010〕46号），将我国国土空间按不同的标准细分为以下主体功能区：首先，按开发方式，分为优化开发区域、重点开发区域、限制开发区域和禁止开发区域；其次，按开发内容，分为城市化地区、农产品主产区和重点生态功能区；最后，按层级，分为国家级和省级两级主体功能区。

根据国家发展和改革委员会（以下简称发改委）编辑出版的《全

---

〔15〕盛科荣、樊杰：《主体功能区作为国土开发的基础制度作用》，载《中国科学院院刊》2016年第1期。

国及各地区主体功能区规划》初步统计，优化开发、重点开发和限制开发区域的区县数量分别为140个、690个和1545个，国家级禁止开发区2286个，省级禁止开发区5865个。[16]

2021年3月11日第十三届全国人民代表大会第四次会议批准的《国民经济和社会发展第十四个五年规划和2035年远景目标纲要》第三十章第一节“完善和落实主体功能区制度”进一步提出：“顺应空间结构变化趋势，……逐步形成城市化地区、农产品主产区、生态功能区三大空间格局。细化主体功能区划分，按照主体功能定位划分政策单元，对重点开发地区、生态脆弱地区、能源资源富集地区等制定差异化政策，分类精准施策。加强空间发展统筹协调，保障国家重大发展战略落地实施。”

相比较而言，开发区与主体功能区主要有以下两方面明显的不同：第一，两者性质不同。开发区属于特殊经济政策的区域范畴；而主体功能区属于国土空间布局的区域范畴。第二，两者地域范围不同。开发区一般隶属于某行政区政府的管辖范畴内，为某行政区划的一部分或由几部分组成；而主体功能区一般以县级行政区为基本单元。[17]

但是，两者也有一定的联系，主要在于开发区的设立均受主体功能区划分的影响或限制。2018年2月26日，发改委、科学技术部（以下简称科技部）、国土资源部、住房和城乡建设部（以下简称住建部）、商务部、海关总署发布的《中国开发区审核公告目录》（2018年版）附录“说明”，特别强调了纳入该目录的开发区必须符合国家产

---

〔16〕 盛科荣、樊杰：《主体功能区作为国土开发的基础制度作用》，载《中国科学院院刊》2016年第1期。

〔17〕 2007年7月26日国务院发布的《关于编制全国主体功能区规划的意见》（国发〔2007〕21号）（已失效）规定：优化开发、重点开发和限制开发区域原则上以县级行政区为基本单元，禁止开发区域按照法定范围或自然边界确定。

业布局和区域发展战略以及主体功能区规划等规划。

（二）开发区与城市群区域

城市群，也称为城市圈、城市带、都市圈、经济圈，是指在特定地域范围内，以中心城市为核心，向周围辐射构成城市的集合。一般以一个以上特大城市为核心，由三个以上大城市为构成单元，依托发达的交通通信等基础设施网络所形成的空间组织紧凑、经济联系紧密，并最终实现高度同城化和高度一体化的城市群体。城市群的显著特点主要反映在经济紧密联系，产业分工与合作，交通与社会生活、城市规划和基础设施建设相互影响等方面。从更大的区域范围来讲，由多个城市群或单个大的城市群即可构成经济圈或都市经济圈。

2018 年 11 月 18 日，中共中央、国务院发布的《关于建立更加有效的区域协调发展新机制的意见》提出：以京津冀城市群、长三角城市群、粤港澳大湾区、成渝城市群、长江中游城市群、中原城市群、关中平原城市群等城市群推动国家重大区域战略融合发展，建立以中心城市引领城市群发展、城市群带动区域发展新模式，推动区域板块之间融合互动发展。

2021 年 3 月 11 日第十三届全国人民代表大会第四次会议批准的《国民经济和社会发展第十四个五年规划和 2035 年远景目标纲要》中第三十章第二节“开拓高质量发展的重要动力源”提出：以中心城市和城市群等经济发展优势区域为重点，增强经济和人口承载能力，带动全国经济效率整体提升。

2021 年 10 月 20 日中共中央、国务院印发了《成渝地区双城经济圈建设规划纲要》，规划范围包括重庆市的中心城区及万州、涪陵等 27 个区（县）以及开州、云阳的部分地区，四川省的成都、自贡等 15 个市，总面积 18.5 万平方公里。

可见，城市群也属于区域经济和产业集群的范畴。但是，由于城市群的范围一般较广，即非指向特定的区域，因此，它不属于一般意义上的开发区。

（三）开发区与示范区

1. 示范区的含义及其种类

示范区，又称为示范园区，它有样板、榜样之意。从我国已建设或评定的示范区的情况来看，同样也是种类繁多。

从名称不同的情况来看，示范区大体可分为以下十多种类型。

（1）国家自主创新示范区。国家自主创新示范区，是指经国务院批准，允许在科技创新、成果转化、创新创业等方面先行先试、探索经验、做出示范的区域。自2009年3月13日批复同意中关村科技园区建设国家自主创新示范区以来，截至2024年6月，国务院批复同意建设23个国家自主创新示范区。具体情况见表1-1。

从上述情况来看，国务院已批复同意建设的23个国家自主创新示范区中的22个都是在现有某个开发区或几个开发区基础上进行建设的，总共涵盖了64个高新技术产业开发区和苏州工业园区，而非新设开发区。唯一例外的是深圳国家自主创新示范区，其范围为深圳市10个行政区和新区。

（2）国家农业高新技术产业示范区。国家农业高新技术产业示范区，是指为了着力打造农业创新驱动发展的先行区和农业供给侧结构性改革的试验区而专门设定或划定的区域。1997年7月13日国务院发布了《关于建立杨凌农业高新技术产业示范区及其实施方案的批复》。这是国务院批准成立的我国第一个农业高新技术产业示范区。2015年10月19日国务院发布了《关于同意建设山东黄河三角洲国家农业高新技术产业示范区的批复》。2018年1月16日国务院办公厅发布了《关于推进农业高新技术产业示范区建设发展的指导意见》第1条第3款“主要目标”提出：“到2025年，布局建设一批国家农业高新技术产业示范区，打造具有国际影响力的现代农业创新高地、人才高地、产业高地……”随后科技部于2018年9月5日印发了《国家农业高新技术产业示范区建设工作指引》，该指引第2条第1款提出建设目标为：“到2025年，在全国范围内建设一批国家农业高新技术产业示范区，打造现代农业创新高地、人才高地、产业高地。探索农业创新驱动发展路径，显著提高示范区土地产出率、劳动生产率和绿色发展水平。依靠科技创新，着力解决制约我国农业农村发展的突出问题，形成可复制、可推广的模式，提升农业可持续发展水平。”2018年10月26日国务院发布了《关于进一步支持杨凌农业高新技术产业示范区发展若干政策的批复》；2019年11月18日国务院发布了《关于同意建设江苏南京国家农业高新技术产业示范区的批复》和《关于同意建设山西晋中国家农业高新技术产业示范区的批复》。2022年4月19日国务院同时发布了关于同意建设新疆昌吉国家农业高新技术产业示范区、内蒙古巴彦淖尔国家农业高新技术产业示范区、河南周口国家农业高新技术产业示范区、黑龙江佳木斯国家农业高新技术产业示范区和吉林长春国家农业高新技术产业示范区的5个批复。至此，国务院已批复同意建设共9个国家农业高新技术产业示范区，基本情况见表1－2。

表 1-1　国家自主创新示范区情况

序号	名称	批复文件名	批准日期	建设范围
1	中关村国家自主创新示范区	国务院关于同意支持中关村科技园区建设国家自主创新示范区的批复	2009.03.13	中关村科技园区
2	武汉东湖国家自主创新示范区	国务院关于同意支持东湖新技术产业开发区建设国家自主创新示范区的批复	2009.12.08	武汉东湖新技术产业开发区
3	上海张江国家自主创新示范区	国务院关于同意支持上海张江高新技术产业开发区建设国家自主创新示范区的批复	2011.01.21	上海张江高新技术产业开发区
4	深圳国家自主创新示范区	国务院关于同意支持深圳建设国家自主创新示范区的批复	2024.05.13	深圳市 10 个行政区和新区
5	苏南国家自主创新示范区	国务院关于同意支持南京、苏州、无锡、常州、昆山、江阴、武进、镇江高新技术产业开发区和苏州工业园区建设苏南国家自主创新示范区的批复	2014.10.20	南京、苏州、无锡、常州、昆山、江阴、武进、镇江高新技术产业开发区和苏州工业园区
6	长株潭国家自主创新示范区	国务院关于同意支持长株潭国家高新区建设国家自主创新示范区的批复	2014.12.11	长沙、株洲、湘潭国家高新技术产业开发区

续表

序号	名称	批复文件名	批准日期	建设范围
7	成都国家自主创新示范区	国务院关于同意成都高新区建设国家自主创新示范区	2015.06.11	成都高新区
8	杭州国家自主创新示范区	国务院关于同意杭州、萧山临江国家级高新技术产业开发区建设国家自主创新示范区的批复	2015.08.25	杭州、萧山临江国家级高新技术产业开发区
9	西安国家自主创新示范区	国务院关于同意西安高新技术产业开发区建设国家自主创新示范区的批复	2015.09.09	西安高新技术产业开发区
10	沈大国家自主创新示范区	国务院关于同意沈大国家高新区建设国家自主创新示范区的批复	2016.04.05	沈阳、大连国家高新技术产业开发区
11	山东半岛国家自主创新示范区	国务院关于同意山东半岛国家高新区建设国家自主创新示范区的批复	2016.04.05	济南、青岛、淄博、潍坊、烟台、威海国家高新技术产业开发区
12	郑洛新国家自主创新示范区	国务院关于同意郑洛新国家高新区建设国家自主创新示范区的批复	2016.04.05	郑州、洛阳、新乡国家高新技术产业开发区
13	合芜蚌国家自主创新示范区	国务院关于同意合芜蚌国家高新区建设国家自主创新示范区的批复	2016.06.16	合肥、芜湖、蚌埠国家高新技术产业开发区

续表

序号	名称	批复文件名	批准日期	建设范围
14	福厦泉国家自主创新示范区	国务院关于同意福厦泉国家高新区建设国家自主创新示范区的批复	2016.06.16	福州、厦门、泉州国家高新技术产业开发区
15	重庆国家自主创新示范区	国务院关于同意重庆高新技术产业开发区建设国家自主创新示范区的批复	2016.07.19	重庆高新技术产业开发区
16	兰白国家自主创新示范区	国务院关于同意兰州、白银高新技术产业开发区建设国家自主创新示范区的批复	2018.02.01	兰州、白银高新技术产业开发区
17	宁波、温州国家自主创新示范区	国务院关于同意宁波、温州高新技术产业开发区建设国家自主创新示范区的批复	2018.02.01	宁波、温州高新技术产业开发区
18	乌昌石国家自主创新示范区	国务院关于同意乌鲁木齐、昌吉、石河子高新技术产业开发区建设国家自主创新示范区的批复	2018.11.23	乌鲁木齐、昌吉、石河子高新技术产业开发区
19	鄱阳湖国家自主创新示范区	国务院关于同意南昌、新余、景德镇、鹰潭、抚州、吉安、赣州高新技术产业开发区建设国家自主创新示范区的批复	2019.08.29	南昌、新余、景德镇、鹰潭、抚州、吉安、赣州高新技术产业开发区

续表

序号	名称	批复文件名	批准日期	建设范围
20	珠三角国家自主创新示范区	国务院关于同意珠三角国家高新区建设国家自主创新示范区的批复	2019.09.29	广州、珠海、佛山、惠州仲恺、东莞松山湖、中山火炬、江门、肇庆国家高新技术产业开发区
21	天津国家自主创新示范区	国务院关于同意支持天津滨海高新技术产业开发区建设国家自主创新示范区的批复	2020.04.13	天津滨海高新技术产业开发区
22	长春、长春净月国家自主创新示范区	国务院关于同意长春、长春净月高新技术产业开发区建设国家自主创新示范区的批复	2022.04.07	长春、长春净月高新技术产业开发区
23	哈大齐国家自主创新示范区	国务院关于同意哈尔滨、大庆、齐齐哈尔高新技术产业开发区建设国家自主创新示范区的批复	2022.05.09	哈尔滨、大庆、齐齐哈尔高新技术产业开发区

表 1－2　国家农业高新技术产业示范区情况（截至 2024 年 6 月）

序号	名称	批复文件	批准日期	升级前的名称
1	陕西杨凌农业高新技术产业示范区	国务院关于建立杨凌农业高新技术产业示范区及其实施方案的批复	1997.07.13	武功县杨陵特区
		国务院关于进一步支持杨凌农业高新技术产业示范区发展若干政策的批复	2018.10.26	
2	山东黄河三角洲国家农业高新技术产业示范区	国务院关于同意建设山东黄河三角洲国家农业高新技术产业示范区的批复	2015.10.19	东营国家农业科技园区
3	江苏南京国家农业高新技术产业示范区	国务院关于同意建设江苏南京国家农业高新技术产业示范区的批复	2019.11.18	南京白马国家农业科技园区
4	山西晋中国家农业高新技术产业示范区	国务院关于同意建设山西晋中国家农业高新技术产业示范区的批复	2019.11.18	山西太谷农业高新技术产业示范区
5	新疆昌吉国家农业高新技术产业示范区	国务院关于同意建设新疆昌吉国家农业高新技术产业示范区的批复	2022.04.19	新疆昌吉国家农业科技园区
6	内蒙古巴彦淖尔国家农业高新技术产业示范区	国务院关于同意建设内蒙古巴彦淖尔国家农业高新技术产业示范区的批复	2022.04.19	内蒙古巴彦淖尔国家农业科技园区
7	河南周口国家农业高新技术产业示范区	国务院关于同意建设河南周口国家农业高新技术产业示范区的批复	2022.04.19	河南周口国家农业科技园区
8	黑龙江佳木斯国家农业高新技术产业示范区	国务院关于同意建设黑龙江佳木斯国家农业高新技术产业示范区的批复	2022.04.19	黑龙江建三江国家农业科技园区
9	吉林长春国家农业高新技术产业示范区	国务院关于同意建设吉林长春国家农业高新技术产业示范区的批复	2022.04.19	吉林公主岭国家农业科技园区

从上述情况来看，国家农业高新技术产业示范区基本也都是某个国家农业科技园区（陕西杨凌农业高新技术产业示范区除外）升级而成。根据2018年1月22日科技部、原农业部、水利部、原国家林业局、中国科学院、中国农业银行发布的《国家农业科技园区管理办法》（2020年修订）的规定，国家农业科技园区是由国家农业科技园区协调指导小组批准建设。它不列入中国开发区的名录，在升级为国家农业高新技术产业示范区后，也未列入中国开发区的名录。因此，国家农业高新技术产业示范区不属于一般意义上的开发区。

（3）综合改革类示范区。综合改革类示范区主要有以下具体类型：

①中国特色社会主义先行示范区。例如，2019年8月9日中共中央、国务院发布了《关于支持深圳建设中国特色社会主义先行示范区的意见》。

②共同富裕示范区。例如，2021年5月20日中共中央、国务院发布了《关于支持浙江高质量发展建设共同富裕示范区的意见》，明确战略定位，具体为四个方面：高质量发展高品质生活先行区；城乡区域协调发展引领区；收入分配制度改革试验区；文明和谐美丽家园展示区。

③国家服务业扩大开放综合示范区。例如，2020年8月28日国务院发布了《关于深化北京市新一轮服务业扩大开放综合试点建设国家服务业扩大开放综合示范区工作方案的批复》。

④国家可持续发展议程创新示范区。例如，2016年12月3日国务院发布了《关于印发中国落实2030年可持续发展议程创新示范区建设方案的通知》。2018年2月13日国务院发布了《关于同意深圳市建设国家可持续发展议程创新示范区的批复》。2019年5月6日国务院分别发布了《关于同意承德市建设国家可持续发展议程创新

示范区的批复》《关于同意临沧市建设国家可持续发展议程创新示范区的批复》《关于同意郴州市建设国家可持续发展议程创新示范区的批复》。

⑤现代化建设示范区。例如,2013 年 4 月 25 日发改委发布了《关于印发苏南现代化建设示范区规划的通知》。

从上述情况来看,综合改革类示范区不属于一般意义上的开发区。

(4)产业类示范区。产业类示范区主要有以下具体类型:

①保险创新综合示范区。例如,浙江省宁波市建设保险创新综合示范区。2014 年 7 月 28 日原中国保险监督管理委员会和浙江省人民政府联合发布了《关于在浙江省宁波市建设保险创新综合示范区的通知》。

②"中国制造 2025"国家级示范区。"中国制造 2025"城市试点示范工作 2016 年 8 月 18 日正式启动,宁波获批全国首个试点示范城市。2017 年 11 月 20 日国务院办公厅发布了《关于创建"中国制造 2025"国家级示范区的通知》,明确"直辖市市辖区和副省级市、地级市均可申请创建示范区,距离相近、产业关联度高的城市可联合申请创建示范区"。

③国家科技成果转移转化示范区。2017 年 10 月 10 日科技部发布了《关于印发国家科技成果转移转化示范区建设指引的通知》。截至 2023 年 12 月,科技部批复支持建设的国家科技成果转移转化示范区共 12 家,分别是河北京南、宁波、浙江、山东济青烟、上海闵行、江苏苏南、吉林长吉图、四川成德绵、广东珠三角、湖北汉襄宜、安徽合芜蚌示范区和重庆。

④国家传感网创新示范区。2012 年 8 月 5 日国务院发布了《关于无锡国家传感网创新示范区发展规划纲要(2012—2020 年)的

批复》。

⑤承接产业转移示范区。例如,2010 年 1 月 20 日发改委发布了《关于印发皖江城市带承接产业转移示范区规划的通知》。

从上述情况来看,产业类示范区不属于一般意义上的开发区。

(5)国家新型工业化产业示范基地。国家新型工业化示范基地,“是指现有产业园区(集聚集群区)按照新型工业化要求改造提升,经省级示范基地培育创建,形成的主导产业特色鲜明、发展水平和规模效益居行业领先地位,在协同创新、集群集约、智能融合、绿色安全等方面具有示范作用,走在全国前列的产业集聚集群区”[18]。

自 2009 年开始,工业和信息化部开展组织创建“国家新型工业化产业示范基地”创建工作。2017 年 1 月 3 日工业和信息化部印发了《国家新型工业化产业示范基地管理办法》。截至 2023 年 12 月,工业和信息化部已分 10 批次组织创建的国家新型工业化产业示范基地共 445 家。

从上述情况来看,国家新型工业化示范基地都是在已有的产业园区(集聚集群区)的基础上升级而成的,因此不属于新设立的开发区。

(6)农业类示范区。农业类示范区主要有以下具体类型:

①基本农田保护示范区。2005 年 10 月 18 日,原国土资源部发布了《设立基本农田保护示范区工作方案》;2006 年 3 月 23 日,原国土资源部发布了《关于编制基本农田保护示范区建设方案的通知》(已失效)。2006 年 11 月 20 日,原国土资源部发布了《关于正式确定国家基本农田保护示范区的通知》,正式确定 116 个县(市、区)为国家基本农田保护示范区。

---

〔18〕《国家新型工业化产业示范基地管理办法》(2017 年 1 月 3 日工业和信息化部发布)第 2 条。

②农村综合改革示范区。2011 年 3 月 3 日，原农业部发布了《关于开展农村综合改革示范区试点工作的意见》。截至 2023 年 12 月，共有 18 个省区市列入试点名单。

③农业标准化示范区。1995 年 9 月 19 日，国家技术监督局发布了《农业标准化示范区管理办法（试行）》（已失效）。根据 2023 年 4 月 12 日国家标准化管理委员会公示的《第十批国家农业标准化示范区目标考核合格项目名单》，确定“国家生态节约型宿根植物生产标准化示范区”等 105 个目标考核合格项目。

④农业现代化示范区。2009 年 11 月 6 日，原农业部发布了《关于创建国家现代农业示范区的意见》。根据农业农村部、财政部、发改委近三年（2021 ~ 2023 年）每年列入农业现代化示范区创建名单的县（市、区）均为 100 个。

⑤国家级海洋牧场示范区。2017 年 9 月 1 日，原农业部发布了《国家级海洋牧场示范区管理工作规范（试行）》（已被修改）。截至 2024 年 7 月，农业农村部先后公布了 9 批共 189 个国家级海洋牧场示范区名单。

从上述情况来看，农业类示范区不属于一般意义上的开发区。

（7）生态、环境、文旅类示范区。生态、环境、文旅类示范区主要有以下类型：

①长三角生态绿色一体化发展示范区。例如，2019 年 10 月 25 日国务院发布了《关于长三角生态绿色一体化发展示范区总体方案的批复》。

②国家生态建设示范区。截至 2004 年 10 月，原环境保护部先后批准了 9 批全国生态示范区建设试点。2012 年 4 月 30 日，原环境保护部发布了《国家生态建设示范区管理规程》。

③生态文明先行示范区。2013 年 5 月 23 日，原环境保护部发布

了《国家生态文明建设试点示范区指标(试行)》。2014 年 3 月 10 日国务院发布了《关于支持福建省深入实施生态省战略加快生态文明先行示范区建设的若干意见》。截至 2023 年 10 月,共命名 7 批生态文明建设示范区。其中,2023 年 10 月 27 日生态环境部办公厅印发的《关于命名第七批生态文明建设示范区的公告》,决定命名为第七批生态文明建设示范区的地区共 104 个。

④水土保持生态建设示范区。2004 年 2 月 4 日,水利部发布《关于开展水土保持生态建设示范区建设的通知》(已失效)。根据 2023 年 12 月 28 日水利部发布的《关于公布 2023 年度国家水土保持示范名单的通知》,共认定 55 个行政区为国家水土保持示范县、9 个水土保持科技示范园为国家水土保持科技示范园、39 个生态清洁小流域和 20 个生产建设项目为国家水土保持示范工程。

⑤国家生态旅游示范区。2012 年 9 月 29 日,原国家旅游局、原环境保护部发布了《国家生态旅游示范区管理规程》和《国家生态旅游示范区建设与运营规范(GB/T26362—2010)评分实施细则》。截至 2023 年 12 月,已评定的国家生态旅游示范区共 112 个。

⑥中国—新加坡天津生态城建设国家绿色发展示范区。例如,2014 年 10 月 3 日国务院办公厅发布了《关于同意中国—新加坡天津生态城建设国家绿色发展示范区实施方案的复函》。

⑦国家林业产业示范园区。2016 年 7 月 1 日,原国家林业局发布《国家林业产业示范园区认定命名办法》(已被修改)。2018 年 7 月 24 日,国家林业和草原局公布首批认定命名国家林业产业示范园区的名单,共 15 家园区。2022 年 2 月 10 日,国家林业和草原局公布第二批认定命名国家林业产业示范园区名单,共 59 家园区。

⑧国家旅游科技示范园区。2021 年 11 月 19 日,文化和旅游部发布了《国家旅游科技示范园区管理办法(暂行)》。根据文化和旅

游部发布《关于发布2022年国家旅游科技示范园区名单的通知》和《关于发布2023年国家旅游科技示范园区公示名单的公示》，分别确定12家单位为2022年国家旅游科技示范园区和8家园区为2023年国家旅游科技示范园区。

⑨ISO 14000国家示范区。[19] 2001年10月31日，原国家环境保护总局发布了《ISO 14000国家示范区创建条件》（已失效）；2006年5月17日，原国家环境保护总局发布了《ISO 14000国家示范区管理办法》。原国家环境保护总局于2006年5月17日发布的《ISO 14000国家示范区管理办法》第2条规定，省级以上（含省级）经济技术开发区、高新技术产业开发区、出口加工区、保税区、工业园区等在达到《ISO 14000国家示范区创建标准及评价方法》后，可申请创建ISO 14000国家示范区。可见，ISO 14000国家示范区不是新设的开发区。

从以上情况来看，各类生态、环境、文旅类示范区也不属于一般意义上的开发区。

（8）知识产权保护类示范区。知识产权保护类示范区主要有以下类型：

①国家地理标志产品保护示范区。2021年2月10日，国家知识产权局发布了《国家地理标志产品保护示范区建设管理办法（试行）》。2021年、2022年、2023年国家知识产权局批准筹建的国家地理标志产品保护示范区分别为50个、29个和20个。

②国家知识产权示范园区。例如，2017年12月26日国家知识产权局发布了《关于确定国家知识产权示范园区的通知》，确定北京经济技术开发区等8个园区为国家知识产权示范园区，示范工作周

---

[19] ISO 14001是环境管理体系认证标准的代号，是由国际标准化组织（ISO）制订的环境管理体系系列标准之一。

期为2018年1月至2020年12月。又如,2022年8月24日国家知识产权局发布的《关于确定国家知识产权强县建设试点示范县和国家级知识产权强国建设试点示范园区的通知》,确定22个园区为国家级知识产权强国建设示范园区,64个园区为国家级知识产权强国建设试点园区,试点示范时限自2022年8月至2025年7月。

从以上情况来看,知识产权保护类示范区不属于一般意义上的开发区。

(9)合作类示范区。合作类示范区,又分为国内合作类和国际合作类。

①全国乡镇企业东西合作示范区。1995年6月12日,原农业部发布了《全国乡镇企业东西合作示范区管理办法(试行)》(已失效)。

②国家东中西区域合作示范区。例如,2011年6月8日,发改委印发的《国家东中西区域合作示范区建设总体方案的通知》,明确示范区设在连云港市连云区,包括徐圩新区和连云港经济技术开发区、连云港国际商务中心、连云港区、连云港保税物流中心。

③经贸合作示范区。例如,2019年9月20日国务院向山东省人民政府和商务部发布了《关于中国—上海合作组织地方经贸合作示范区建设总体方案的批复》。

④国际合作示范区。例如,2012年4月13日国务院办公厅发布了《关于支持中国图们江区域(珲春)国际合作示范区建设的若干意见》;2020年4月21日国务院发布了《关于中韩(长春)国际合作示范区总体方案的批复》。

从以上情况来看,合作类示范区不属于一般意义上的开发区。

(10)公共安全、服务类示范区。公共安全、服务类示范区主要有以下类型:

①国家公共文化服务体系示范区。2011年11月9日,原文化部

发布了《创建国家公共文化服务体系示范区(项目)过程管理几项规定(暂行)》。截至2023年12月,文化和旅游部、财政部先后公布了4批国家公共文化服务体系示范区(项目)创建资格名单。

②践行新发展理念的公园城市示范区,例如,2022年1月28日国务院发布了《关于同意成都建设践行新发展理念的公园城市示范区的批复》。

③全国社会工作人才队伍建设试点示范区。2010年1月14日,民政部发布了《关于命名首批社会工作人才队伍建设试点示范区(县、市)和试点示范单位的决定》。

④全国社区教育示范区,2010年9月16日,教育部发布了《关于推荐全国社区教育示范区的通知(2010)》。2010年8月10日教育部发布了《社区教育示范区评估标准(试行)》。

⑤全国社区卫生服务示范区。2005年5月16日,原卫生部办公厅、民政部办公厅、国家中医药管理局办公室发布了《关于进一步做好创建全国社区卫生服务示范区有关工作的通知》。

⑥全国中医药特色社区卫生服务示范区,2005年8月17日,国家中医药管理局发布了《关于命名第一批全国中医药特色社区卫生服务示范区的决定》。

⑦慢性非传染性疾病综合防控示范区。2011年3月17日卫生部,发布了《慢性非传染性疾病综合防控示范区管理办法》。

⑧国家安全产业示范园区。2018年10月18日,工业和信息化部、应急管理部发布《国家安全产业示范园区创建指南(试行)》(已失效)。

从以上情况来看,公共安全、服务类示范区均不属于一般意义上的开发区。

(11)其他类示范区。其他类示范区,如2012年4月6日国家民族事务委员会发布了《关于推进武陵山片区创建民族团结进步示范区的实施意见》。这些示范区,也不属于一般意义上的开发区。

2. 开发区与示范区的区别与联系

从以上所归纳的各类示范区的具体情况可以看出,绝大多数类型的示范区不属于一般意义上的开发区,故不在本书研究范围之列。

但是,也有少数类型的示范区是在某类开发区基础上进行建设或升级而成的。例如,国家自主创新示范区一般是在某个或某几个高新技术产业开发区或科技园区等基础上进行建设的;国家新型工业化产业示范基地一般是在现有某个经济开发区或者高新技术产业开发区等基础上进行建设的;国家农业高新技术产业示范区一般由农业科技园区升级而成,且国务院已明确将国家农业高新技术产业示范区纳入国家高新技术产业开发区序列。

(四)开发区与新区(综合配套改革试验区)

新区,又被称为中国的"新特区",实际上是"综合改革试验区"的简称。"国家级新区是由国务院批准设立,承担国家重大发展和改革开放战略任务的综合功能区。"[20] 2005 年 6 月 21 日,国务院常务会议正式批准上海浦东新区进行综合改革试点,因而浦东新区成为第一个综合配套改革试验区。2006 年,天津滨海新区升格为国家级新区,此后重庆两江新区、浙江舟山群岛新区、甘肃兰州新区、广东南沙新区、陕西西咸新区、贵州贵安新区、青岛西海岸新区、大连金普新区、四川天府新区、湖南湘江新区、南京江北新区、福州新区、云南滇中新区、哈尔滨新区、长春新区、江西赣江新区、河北雄安新区等共 19 个国家级新区陆续成立。此外,国务院还专门批准建设了几个以"综

---

〔20〕 2015 年 4 月 15 日发改委、原国土资源部、原环境保护部、住建部发布的《关于促进国家级新区健康发展的指导意见》。

合配套改革试验区”命名的区域，如成都、重庆城乡统筹综合配套改革试验区、沈阳经济区新型工业化综合配套改革试验区、武汉城市圈“两型”社会建设综合配套改革试验区〔21〕等。这些“综合配套改革试验区”的目标定位与“新区”是一致的。

2019年12月31日，国务院办公厅《关于支持国家级新区深化改革创新加快推动高质量发展的指导意见》（国办发〔2019〕58号）提出，优化新区管委会机构设置，健全法治化管理机制，科学确定管理权责，进一步理顺与所在行政区域以及区域内各类园区、功能区的关系。

可见，国家级新区（或称综合配套改革试验区）不属于一般意义上的开发区。各类开发区尽管名目繁多，但都有一个共同点，即定位于经济功能。而“国家级新区则着眼于提升城市综合功能”〔22〕。此外，从现已设立的19个国家级新区的情况来看，每个国家级新区的地域面积和经济体量均明显大于各类开发区（包括国家级开发区）〔23〕，有的国家级新区是以某个国家级开发区和其他数个开发区为基础设立的，有的国家级新区甚至覆盖了数个国家级开发区。因此，尽管有些学者和统计数据将国家级新区纳入中国开发区的范围，〔24〕但是本书未将国家级新区列入所研究的开发区范畴之内，在此作特别说明。

（五）开发区与其他特殊类型地区

其他特殊类型地区主要有：

---

〔21〕“两型”社会建设综合配套改革试验区，全称为“全国资源节约型和环境友好型社会建设综合配套改革试验区”。经国务院批准的还有一个，即长株潭城市群“两型”社会建设综合配套改革试验区。

〔22〕曹云：《国家级新区比较研究》，社会科学文献出版社2014年版，第18页。

〔23〕中国（海南）自由贸易试验区、海南自由贸易港因范围覆盖海南岛全岛，范围和面积较大，是开发区中的特例。

〔24〕例如，梁盛平、张召堂主编：《中国开发区建设与发展》，人民出版社2022年版。

第一,沿边重点开发开放试验区。截至 2023 年 12 月,国务院已批准设立广西东兴、云南勐腊(磨憨)、云南瑞丽、内蒙古二连浩特、内蒙古满洲里、黑龙江绥芬河—东宁、广西凭祥、广西百色、新疆塔城等 9 个沿边重点开发开放试验区。

第二,内陆开放型经济试验区。截至 2023 年 12 月,国务院先后批准设立了宁夏、贵州、江西 3 个内陆开放型经济试验区。

第三,服务贸易创新发展试点地区。截至 2023 年 12 月,已被国务院列为全面深化服务贸易创新发展试点地区有:北京、天津、上海、重庆(涪陵区等 21 个市辖区)、海南、大连、厦门、青岛、深圳、石家庄、长春、哈尔滨、南京、杭州、合肥、济南、武汉、广州、成都、贵阳、昆明、西安、苏州、威海和河北雄安新区、贵州贵安新区、陕西西咸新区等省、市(区域)。

第四,现代服务业合作区。例如,深圳前海深港现代服务业合作区[25]。

由于以上这些特殊地区实际上都是带有综合改革开放政策目标的,且试验、试点区域一般对应于行政区划范围,因此,不作为本书研究的对象范围。

此外,在我国还有一些其他特殊类型地区的认定或划定,如革命老区、贫困地区等。尽管这些类型的地区也普遍存在经济不发达、欠发达等情况,但是由于解决这类特殊地区的经济发展和人民生活困

---

〔25〕 2010 年 8 月 26 日,国务院批复同意《前海深港现代服务业合作区总体发展规划》。2011 年 1 月 10 日,深圳前海管理局正式挂牌。2011 年 7 月 6 日,《深圳经济特区前海深港现代服务业合作区条例》正式公布并实行,赋予前海管理局探索法定机构管理模式。2012 年 6 月 27 日,国务院发布了《关于支持深圳前海深港现代服务业合作区开发开放有关政策的批复》。支持深圳前海深港现代服务业合作区实行比经济特区更加特殊的先行先试政策……

难主要通过财政转移支付的方式[26],所以这些特殊类型地区也不纳入本书所研究的开发区范畴。

三、我国开发区的类型划分

改革开放以来,我国已设立名目繁杂、数量众多的开发区。下面主要从名称、功能或目标定位、级别三方面进行分类。

(一)按照名称划分

我国开发区除了经济特区以外,常见的名称有经济技术开发区(经开区)、高新技术产业开发区(高新区)、工业园区、产业园区等。经过笔者调查研究发现,我国开发区名目十分繁多,有40多种,具体情况在第二章第三节"我国开发区设立和发展中存在的问题"中详加说明。

另外,我国自2013年以来成立的中国自贸区和2021年成立的海南自贸港,也都属于开发区的范畴。

(二)按照主要功能或目标定位划分

开发区的共同点都是为了发展经济而专门设立并享受特殊经济政策的区域。但按照主要目标或功能定位的不同,大体可以划分为以下三大类。经济特区类、经济(技术)开发区类、自贸区(港)类[27]。

1. 经济特区

关于"经济特区"的范畴,有狭义和广义之分,且在现实中有多种所指。

---

[26] 《国民经济和社会发展第十三个五年规划纲要》第40章"扶持特殊类型地区发展"明确提出:加大对革命老区、民族地区、边疆地区和困难地区的支持力度,实施边远贫困地区、边疆民族地区和革命老区人才支持计划,推动经济加快发展、人民生活明显改善。

[27] 准确地应称为"自由贸易园区",后文再对此作出说明与解释。

有学者归纳认为,"沿着中国改革开放的历史轨迹,经济特区可以大致分为四种类型:典型经济特区、广义经济特区、新兴经济特区和经济特区的拓展形式"[28]。"所谓典型经济特区,又可以称为早期经济特区,主要是指中国改革开放初期创建的,作为国家整体战略部署的,由国家层面具体划定的,全面实行特殊经济政策和特殊行政、经济管理体制的,具有特定功能并承担特定使命的城市。主要包括深圳,珠海、汕头、厦门、海南等早期综合性经济特区。"[29]"所谓广义经济特区是指典型经济特区创建之后,国务院相继批复成立的国家级新区、国家级高新区(科技园区)、保税区、出口加工区、保税物流园区、保税港区、综合保税区以及国家综合配套改革试验区等具有特定试验功能的经济特区形态。"[30]"新兴经济特区主要是指21世纪初,随着中国改革开放整体布局的拓展,由沿海开放到沿边开放战略的实施,相继成立的新疆喀什经济特区和霍尔果斯经济特区[31]。这是继改革开放初期典型经济特区之后,再次被中央批复的冠以城市名称的经济特区"[32]。"所谓经济特区的拓展形式是就自由贸易试验区、湾区经济带而言的。"[33]

但也有学者认为,"中国经济特区现象由不同时期的经济特区、开发开放新区、自由贸易区等共同构成,根据设立的逻辑依据、功能与内涵,在30多年里,中国经济特区经历了快速的演化过程,出现了

---

[28] 陶一桃、鲁志国等:《中国经济特区简史》,学林出版社2020年版,第3页。

[29] 陶一桃、鲁志国等:《中国经济特区简史》,学林出版社2020年版,第3页。

[30] 陶一桃、鲁志国等:《中国经济特区简史》,学林出版社2020年版,第3页。

[31] 许多文献资料中有"新疆喀什经济特区"和"霍尔果斯经济特区"的表述,但这属于误传。实际名称分别为"新疆喀什经济开发区"和"新疆霍尔果斯经济开发区"。

[32] 陶一桃、鲁志国等:《中国经济特区简史》,学林出版社2020年版,第3页。

[33] 陶一桃、鲁志国等:《中国经济特区简史》,学林出版社2020年版,第3页。

三代经济特区”[34]。具体为：第一代经济特区以深圳为代表，即在20世纪80年代同时建立的4个经济特区——深圳、珠海、汕头和厦门。第二代经济特区以浦东开发开放新区为代表，包括天津滨海开发开放区等。第三代中国经济特区以喀什为代表，建立于2000年以后，包括喀什、舟山等开发区和较早前建立的武汉、长沙—株洲—湘潭两型发展试验区以及成渝城乡统筹发展试验区。[35]

此外，2022年2月18日由上海市第十五届人民代表大会常务委员会第三十九次会议通过的《中国（上海）自由贸易试验区临港新片区条例》（自2022年3月1日起施行）第4条第1款规定：“根据国家规定，临港新片区参照经济特区管理，支持临港新片区自主发展、自主改革和自主创新。”如果认真解读该条文，中国（上海）自贸区临港新片区也应该纳入广义的经济特区范畴。

因此，为了避免概念使用的混乱，在此特别说明：本书所称经济特区是狭义上的经济特区，特指我国改革开放之初为探索经济体制改革和扩大对外开放之路而专门设立的深圳、珠海、汕头、厦门、海南5个经济特区。

另外特别说明：由于经济特区的法律地位和经济特区立法权比较特殊[36]，所以本书不将经济特区的立法问题纳入研究内容。

2. 经济（技术）开发区

开发区有狭义、广义和最广义之分。

---

〔34〕 袁易明：《中国经济特区的动态演化与实践使命》，载《特区实践与理论》2015年第4期。

〔35〕 袁易明：《中国经济特区的动态演化与实践使命》，载《特区实践与理论》2015年第4期。

〔36〕 根据《立法法》第84条第1款的规定，经济特区所在地的省、市的人民代表大会及其常务委员会根据全国人民代表大会的授权决定，制定法规，在经济特区范围内实施。

狭义的开发区，仅指以“开发区”命名开发区，即包括经济开发区（或经济技术开发区）和高新技术产业开发区等。有的地方立法采用此范畴。例如，《江苏省开发区条例》（2018 年）第 2 条第 2 款规定：“本条例所称开发区，包括经国务院批准设立的国家级经济技术开发区、高新技术产业开发区和省人民政府批准设立的省级经济开发区、高新技术产业开发区。”又如，《河南省开发区高质量发展促进条例》（2023 年）第 2 条第 2 款规定：“本条例适用于由国务院或者省人民政府批准设立的高新技术产业开发区、经济（技术）开发区和省人民政府批准设立的先进制造业开发区、现代服务业开发区。”值得注意的是，河南省的该条例适用的范围，不仅包括经济开发区和高新技术产业开发区，还包括先进制造业开发区、现代服务业开发区。

广义的开发区，是指为产业集聚或产业发展而专门开发建设或划定的区域。也就是除上述以“开发区”命名的狭义上的开发区以外，还包括不冠以“开发区”名称的其他各类产业园区，如工业园区、软件园区等。例如，2020 年 7 月 24 日广西壮族自治区第十三届人民代表大会常务委员会第十七次会议通过的《广西壮族自治区开发区条例》第 2 条第 2 款规定：“本条例所称开发区，是指经国务院、自治区人民政府批准设立的，或者经自治区人民政府开发区主管部门审批、确认后报自治区人民政府备案的实行特殊政策的区域，包括经济（技术）开发区、高新技术产业开发区、工业园（区）、工业集中区、工业示范园区、产业园（区）、产业示范区、出口加工区、边（跨）境经济合作区等。”又如，《辽宁省开发区条例》第 2 条第 2 款、第 3 款规定：“本条例所称开发区，是指由国务院和省人民政府批准设立，为实现特定发展目标和方向，具有明确管辖边界和管理范围，享受特殊政策的区域。包括经济技术开发区、边（跨）境经济合作区、海关特殊监管区域、高新技术产业开发区、农产品加工示范集聚区等具有开发区性质的各类园区。国家法律、行政法规和政策另有规定的，从其规定。”

最广义的开发区，泛指各类开发区，即除了上述广义的开发区以外，还包括经济特区、自贸区（港）和其他各类开发区。

从最具代表性和权威性的《中国开发区审核公告目录》（2018 年版）公布的开发区名单[37]和中国开发区网[38]的统计数据来看，两者中“中国开发区”均为广义的开发区，但是具体包括的类型又有所不同。前者中的“中国开发区”不包括中国自贸区；而后者中的“中国开发区”不仅包括中国自贸区，而且还包括自创区（国家自主创新示范区）和国家级新区。《中国开发区审核公告目录》（2018 年版）未将中国自贸区纳入审核目录，可能因为中国自贸区不存在由发改委、科技部、原国土资源部、住建部、商务部、海关总署进行审核的问题，似乎可以理解。但是，国家自主创新示范区是基于现有某个或某几个开发区而进行建设的，不是新设的开发区，因此，中国开发区网将国家自主创新示范区作为专门的一类开发区，显然在数量统计上有重复计算的问题。

此外，本书认为，将“国家级新区”归入开发区也不够严谨和科学，主要理由有：第一，国家级新区由国务院批准设立，是承担国家重大发展和改革开放战略任务的综合功能区，而不是通常意义上的开发区。第二，如果将国家级新区纳入开发区之列，那么则应当同时将具有类似功能和目标任务的诸如国家综合配套改革示范区、国家重点开发开放试验区等都纳入进来。第三，《国民经济和社会发展第十四个五年规划和 2035 年远景目标纲要》第四十章“建设更高水平开放型经济新体制”第二节“提升对外开放平台功能”中提出“统筹推

---

〔37〕 2018 年 2 月 26 日，经国务院同意，发改委、科技部、原国土资源部、住建部、商务部、海关总署联合发布。

〔38〕 中国开发区网：https://www.cadz.org.cn，该网站由中国开发区协会主办。

进各类开放平台建设，打造开放层次更高、营商环境更优、辐射作用更强的开放新高地。……创新提升国家级新区和开发区……”这表明国家级新区和开发区属于平行或并列关系，而不是包含与被包含的关系。

因此，作为本书主要类型划分的“经济(技术)开发区”，是指除经济特区和自由贸易区类型以外的其他各类经济开发区。

3. 自由贸易区

“自由贸易区”一词，使用较广泛，但在不同语境下有着不同的含义。在英文中相应的两个词组 Free Trade Area(FTA)与 Free Trade Zone(FTZ)在设立主体、法律依据、核心政策等诸多方面都存在显著的差别。

“自由贸易区(Free Trade Area，简称 FTA)是指两个以上的主权国家或单独关税区通过签署协定，在世界贸易组织最惠国待遇的基础上，相互进一步开放市场，分阶段取消绝大部分货物的关税壁垒和非关税壁垒，改善服务和投资的市场准入条件，从而形成的实现贸易和投资自由化的特定区域。自由贸易区是经济一体化组织中最普遍的形式。”[39]例如，1994 年 1 月正式宣告成立的北美自由贸易区(North America Free Trade Area)依据的是美国、加拿大、墨西哥三国于 1992 年 8 月 12 日签署的《北美自由贸易协定》(North American Free Trade Agreement)；2010 年 1 月正式建立的中国—东盟自由贸易区(China and ASEAN Free Trade Area)依据的就是 2002 年 11 月我国同东盟 10 国签署的《中国—东盟全面经济合作框架协议》。这种含义下的自由贸易区(FTA)，可以简单概括为：由两国或多国政府之间依据协议设立，涵盖所有成员国的关境。

---

[39] 黄加宁：《经济全球化背景下的中国自由贸易区之路》，载《时代法学》2012 年第 3 期。

Free Trade Zone(FTZ),是在国境内划分出的独立区域,是指某一国或地区在其境内划出的特定区域,在该区域内给予特殊优惠税收和监管政策。这种特殊区域类似于世界海关组织所定义的自由区(Free Zone):“指缔约方境内的一部分,进入这一部分的任何货物,就进口税费而言,被视为在关境之外。”

为了避免翻译和表述上的混乱,2008 年商务部及海关总署发函就两者表述进行规范:“Free Trade Area”为“自由贸易区”,“Free Trade Zone”为“自由贸易园区”。

因此,Free Trade Area(FTA)实质上属于自由贸易协议(或协定)区,不属于本书所研究的开发区范畴。

故在此特别说明:本书所称自由贸易区仅相当于自由贸易园区(FTZ)的范畴,包括国际上常见的自由(贸易)港、自由经济区、过境区、出口加工区以及我国设立的中国自由贸易试验区、保税区等特定区域。但是为了表述的简便,本书仍将这些开发区统称为自由贸易区。关于国外自由贸易区的分类情况将在第四章中介绍,下面先简单归纳我国自由贸易区的分类情况。

(1)自贸区。2013 年 9 月我国成立了首个中国自贸区——中国(上海)自贸区,加上后来陆续成立的,共 22 个中国自贸区,其中包括 2018 年成立的中国(海南)自贸区。

(2)自贸港。目前国务院已批准建立的只有海南自贸港。2020 年 6 月 3 日,海南自贸港 11 个重点园区同时挂牌成立。

(3)海关特殊监管区。我国海关特殊监管区,或称为海关特殊监管区域,是指经国务院批准,设立在中华人民共和国关境内,赋予承接国际产业转移、联接国内国际两个市场的特殊功能和政策,由海关为主实施封闭监管的特定经济功能区域。“海关特殊监管区一般设立在港口作业区及与其相连的特定区域内,具有国际中转、国际配送、国际采购、国际转口贸易、出口加工、商品展示、口岸管理等功能。"[40]海关特殊监管区实行"境内关外"的运作和监管模式。改革开放以来,国务院先后批准设立了保税区、保税港区、保税物流园区、综合保税区、出口加工区、跨境工业区等6类海关特殊监管区域。

①保税区,是指受海关监督和管理,可以较长时间存储商品的区域,又称保税仓库区。"保税区具有保税仓储、出口加工、转口贸易三个主要功能,享有'免征、免税、保税'政策,是享受相关政策最优惠的经济区域之一。"[41]在《中国开发区审核公告目录》(2018年版)中共11个保税区。此后,其中6个陆续升级为为综合保税区。截至2023年12月,仅剩下大连保税区、上海外高桥保税区、宁波保税区、福田保税区、珠海保税区共5个保税区。

②保税港区,是指设立在国家对外开放的口岸或相邻区域内,具有口岸、物流、加工等功能的综合性特定区域,其同时享受保税区和出口加工区的税收和外汇政策。在《中国开发区审核公告目录》(2018年版)中共14个。此后,其中的12个保税港区陆续升级为综合保税区。截至2023年12月,仅剩下张家港和海南洋浦2个保税港区。

③保税物流园区,是指在保税区内或毗邻的特定港区内设立的,专门发展现代国际物流业的区域,主要承担采购、分销和配送等国际中转功能。在《中国开发区审核公告目录》(2018年版)中有4个,分别为:天津保税物流园区、上海外高桥保税物流园区、厦门象屿保税物流园区、广州保税物流园区。此后这些保税物流园区全部陆续升

〔40〕 郭洪伟等:《开发区法治建设与产业发展研究》,首都经济贸易大学出版社2021年版,第7页。

〔41〕 郭洪伟等:《开发区法治建设与产业发展研究》,首都经济贸易大学出版社2021年版,第7页。

级为或并入综合保税区。

④出口加工区，是指经国家批准设立，由海关监管，享受减免各种税费，专门制造、加工、装配出口商品的特殊封闭区域，其产品绝大部分供出口。货物从境内区外进出加工区视同进出口，海关按进出口货物进行监管。在《中国开发区审核公告目录》（2018年版）中，出口加工区归入“海关特殊监管区域”，共有27个。此后，出口加工区陆续升级为综合保税区。截至2021年12月，出口加工区仅存1个，即广东广州出口加工区。[42] 2023年12月海关总署公布的海关特殊监管区中已没有“出口加工区”这种类型。

⑤跨境工业区，是指设立在边境地区，有专门口岸通道连接，进行跨境出口工业生产的区域。截至2023年12月，仅设立了1个跨境工业区即珠澳跨境工业区。

⑥综合保税区，是指设立在内陆地区具有保税港区功能的海关特殊监管区。该区在《中国开发区审核目录》（2018年版）中共78个。海关总署官网的统计显示，截至2023年12月，我国综合保税区共163个。

尽管各类具体的海关特殊监管区域有其主要的特殊功能，不能等同于一般意义上的自由贸易园区，但是这些特殊区域总体上都属于自由贸易园区的功能范畴，并且我国已成立的中国自贸区大多包含若干海关特殊监管区域或主要由若干海关特殊监管区域所组成，如中国（上海）自贸区在2013年9月成立之初就是由上海市外高桥保税区、外高桥保税物流园区、洋山保税港区和上海浦东机场综合保税区4个海关特殊监管区域所组成。

---

〔42〕 海关总署自贸区和特殊区域发展司：《截至2021年12月底全国海关特殊监管区域分布及名单》（2022年1月18日发布），载中华人民共和国海关总署网，http://www.customs.gov.cn/zms/hgtsjgqy0/hgtsjgqyndqk/4129084/index.html。

因此笔者认为，将海关特殊监管区域归入自由贸易园区类型相较于归入经济（技术）开发区类型，更符合其实际功能和目标定位，以此分类为基础完善相关法律制度更具针对性和合理性。

（三）按照行政级别划分

根据开发区的行政级别，目前我国的开发区可以分为国家级开发区和省级开发区。

1. 国家级开发区

国家级开发区，是指经国务院批准设立的各类开发区。

国家高新技术产业开发区，是指经国务院批准的高新技术产业开发区。

根据《中国开发区审核公告目录》（2018年版）的分类，国家级开发区包括经济技术开发区、高新技术产业开发区、海关特殊监管区、边境/跨境经济合作区和其他类型开发区五大类。

国家级经济技术开发区，是由国务院批准设立，实施特定改革开放政策的现代产业园区。它利用政府特批的经费强化基础设施建设和投资环境，通过吸引外资形成高水平的产业集聚区。

国家级高新技术产业开发区，是由国务院批准成立，以发展高新技术、实现产学研融合而设置的特定区域。主要依靠知识密集、技术密集及对外开放等优势，吸收国内外先进科技资源和管理方式，集中发展国家政策支持的高新技术产业，促进科技成果转化。

海关特殊监管区，前文已述及，在此不重复。

2. 省级开发区

省级开发区，是指经省级人民政府批准设立的各类开发区。

根据《中国开发区审核公告目录》（2006年版），省级开发区大致分为三类：省级经济开发区、省级高新技术产业园区和省级特色工业园区。省级经开区和省级高新技术园区的发展定位与国家级类似。

省级特色工业园区是以区域特色经济为基础进行适当集中布局，以优势企业为主导中小企业集群式发展的专业化产业区，并由此形成产业整体竞争优势。

3. 市县级开发区

市县级开发区，是指经市县人民政府批准设立的各类开发区。由于市县级开发区规模一般相对较小，且更注重地方特色，目前纳入统一立法规制的可行性不大，故不作为本书的研究范围。

第二节 开发区建设的经济学理论分析

关于包括开发区、贫困落后区等在内的一些特殊经济区的建设和发展问题，是区域经济学、经济地理学、产业经济学、发展经济学、空间经济学、人文地理学、城市科学等诸学科所共同关注的问题，形成了十分丰富的理论，包括经济区位理论、增长极理论、产业集群理论、辐射理论、点轴与网络开发理论、梯度转移理论、循环累积因果理论、地域综合体理论、大推动理论、发展轴理论、区域经济发展理论等理论。本部分选择其中的增长极理论、循环累积因果理论、梯度转移理论和产业集群理论四种较具代表性的理论进行阐述。

一、增长极理论

“增长极”(development poles)，又称“发展极”。增长极理论被认为是西方区域经济学中经济区域观念的基石，是非均衡发展理论(不平衡发展论)最重要的依据之一。

“增长极”的概念和理论最早是由法国经济学家弗朗索瓦·佩鲁

(Francois Perroux)在《经济空间:理论与应用》(1950年)和《略论增长极的概念》(1955年)等著述中提出的。佩鲁认为,"'增长极'是由主导部门和有创新能力的企业在某些地区或大城市的聚集发展而形成的经济活动中心,它恰似一个'磁场极',能产生吸引或辐射作用,促进自身并推动其他部门和地区的经济增长"[43]。佩鲁指出:"增长并非同时出现在所有地方,它以不同的强度首先出现在一些增长点或增长极上,然后通过不同的渠道向外扩散,并对整个经济产生不同的最终影响。"[44]

增长极理论后由布德维尔(J. Boudeville)、赫希曼(A. Hirschman)等学者进一步论证并得以不断丰富、发展和成熟。

佩鲁的弟子、法国经济学家布德维尔(J. Boudeville)继承研究了佩鲁的理论,提出了转化为空间单位的增长极理论模型,并正式提出了"区域增长极"的概念。[45] 布德维尔认为,"经济空间是经济变量在地理空间之中或之上的运用"[46]。"增长极既是经济空间上的某些企业,也是地理空间上产业集聚的城镇。"[47]

美国经济学家赫希曼则提出了增长极会产生"极化效应(polarizing effect)"和"涓滴效应(trickling down effect)"的观点。极化效应,是指由于增长极主导产业的发展,会对周围产生一定的向心力和吸引力,而将周围地区的原材料、劳动力等资源吸引过来,接着将外

[43] 孙久文主编:《区域经济学》,首都经济贸易大学出版社2006年版,第131页。

[44] 孙久文主编:《区域经济学》,首都经济贸易大学出版社2006年版,第118页。

[45] 施祖麟编著:《区域经济发展:理论与实证》,社会科学文献出版社2007年版,第124-125页。

[46] 曾艳红:《区域开发研究中的增长极理论及其应用——以十堰二汽为例》,载《经济地理》1992年第2期。

[47] 施祖麟编著:《区域经济发展:理论与实证》,社会科学文献出版社2007年版,第126页。

区的资金、技术、人才、产品,甚至某些建设项目也吸引过来。[48] 涓滴效应,是指由于增长极地区的快速发展,通过产品、技术、资本、人才等的流动,对其他地区的促进、带动作用,提高其他地区的就业机会,消费水平和劳动生产力,引发周围地区的技术进步,从而促进周围地区的发展。[49] 赫希曼认为,增长极(城市)的增长对周围区域有一系列直接的经济形响,有些有利,有些则不利。有利的影响称为"涓滴效应",不利的影响称为"极化效应"。[50] 就空间而论,应当首先发展条件较好的地区,以此带动其他地区的发展。[51]

增长极的吸引和扩散作用表现为四个方面:技术的创新与扩散;产生规模经济;资本的集中与输出;形成聚集经济效果。[52] "增长极的产生,使人口、资本、技术等生产要素高度聚集,产生'城市化趋向',形成经济区域。"[53]

当然,增长极有自然增长极和人工增长极。自然禀赋好的发达地区拥有的是自然增长极;而落后和欠发达地区和国家就需要决策者、政策制定者通过公共投资、基础设施建设以及配套激励等措施,创造增长点。

增长极的形成有两种途径:一是通过市场机制自发调节形成;二是由政府通过经济计划和重点投资,鼓励和补贴创新型企业和推进

---

〔48〕 施祖麟编著:《区域经济发展:理论与实证》,社会科学文献出版社 2007 年版,第 123 页。

〔49〕 施祖麟编著:《区域经济发展:理论与实证》,社会科学文献出版社 2007 年版,第 123–124 页。

〔50〕 曾艳红:《区域开发研究中的增长极理论及其应用——以十堰二汽为例》,载《经济地理》1992 年第 2 期。

〔51〕 张秀生、卫鹏鹏主编:《区域经济理论》,武汉大学出版社 2005 年版,第 51 页。

〔52〕 施祖麟编著:《区域经济发展:理论与实证》,社会科学文献出版社 2007 年版,第 121 页。

〔53〕 施祖麟编著:《区域经济发展:理论与实证》,社会科学文献出版社 2007 年版,第 121 页。

型企业的发展，主动建立增长极。[54]“开发区可以看成是增长极，它导致集聚经济的发生和发展，从外部吸收了大量资金、技术和人才，形成了开发区在空间上的集聚，进而不断地向外输出新产品和‘衍生’出新企业，以强大的力量把区内的产品、资本、技术、信息乃至观念向外辐射，形成开发区空间上的扩散。”[55]“在开发区土地集约利用中，增长极理论的主要应用为以下两方面：第一，在开发区的有限土地内，应挑选能够产生极化效应的企业入驻，然后通过有关的生产和服务职能在开发区内集中，产生规模经济，从而促进极化中心本身的经济增长；第二，要通过合理的土地利用类型配置，使开发区实现扩散效应，向周围地区进行要素和经济活动输出，从而刺激和推动周围地区的经济发展。”[56]

因此，增长极理论是解释和支撑开发区建设和发展强有力的理论之一。“用增长极理论对照开发区的发展，可以说我国的各类开发区具有典型的‘增长极’功能。……开发区通过对企业的集聚，实现了产业集聚效应和规模效应，提升了产业档次，为城市化发展提供强有力的经济支撑”[57]

二、循环累积因果理论

循环累积因果理论是在缪尔达尔（G. Myradal）的循环因果原理的基础上，经卡尔多（N. Kaldor）等人提出具体理论模式发展形

---

〔54〕 施祖麟编著：《区域经济发展：理论与实证》，社会科学文献出版社 2007 年版，第 127 页。

〔55〕 闫国庆等：《开发区治理》，中国社会科学出版社 2006 年版，第 5 页。

〔56〕 罗玫、蒋建洪：《开发区土地集约利用评价及其信息系统研究》，经济科学出版社 2021 年版，第 27 页。

〔57〕 厉无畏、王振主编：《中国开发区的理论与实践》，上海财经大学出版社 2004 年版，第 58－59 页。

成的。[58]

瑞典经济学家缪尔达尔,在《进退维谷的美国:黑人问题和现代民主》(1944 年)一书中提出"循环累积因果关系"原理,并在《经济理论和不发达地区》(1957 年)和《亚洲戏剧:各国贫困问题考察》(1968 年)等论著中,使用"回流效应"和"传播效应"等概念,说明经济发达地区(增长极)对欠发达地区的双重作用和影响。缪尔达尔认为:"在发展过程中经济和非经济的力量都会导致不平等的现象,经济发展并非一个由非均衡向均衡变化的过程。"[59]"一旦区域间发展水平出现差距,条件较好且发展较快的区域就会在发展过程中不断地为自己积累有利因素。由于在这类区域聚集所形成的外部经济与内部经济越来越大,这种已有的优势会越来越大。落后区域有限的优势(如劳动力价格便宜)不足以抵消这些聚集优势。从区域关系角度考察,区域经济差距的出现与扩大主要是由于发达区域具有上升循环运动的优势,而落后区域始终难以摆脱下降循环运动的泥潭。"[60]缪尔达尔强调指出,"市场机制的作用总是倾向于扩大而不是缩小地区间的差距"[61]。他认为,"区域的发展过程将是一个不平衡的发展过程,如果听任其自由发展,区域将会在循环累积因果关系的作用下产生贫者越贫,富者越富的马太效应"[62]。因此发展快的地区将发展得更快,发展慢的地区将发展得更慢,这就是"循环积累因果原理"。"如果某个区域由于受到外部因素(政治的或是经济

---

[58] 张秀生主编:《区域经济学》,武汉大学出版社 2007 年版,第 42 页。

[59] 施祖麟编著:《区域经济发展:理论与实证》,社会科学文献出版社 2007 年版,第 129 页。

[60] 张可云:《区域经济政策》,商务印书馆 2005 年版,第 72 页。

[61] 施祖麟编著:《区域经济发展:理论与实证》,社会科学文献出版社 2007 年版,第 135 页。

[62] 施祖麟编著:《区域经济发展:理论与实证》,社会科学文献出版社 2007 年版,第 132 页。

的)的作用实现了比其他地方更快的经济增长,并且这种较快的经济增长累积到一定的程度,那么地区之间的经济发展水平,生产要素收益等均会产生差异,于是循环累积因果效应就会发生了。"[63]缪尔达尔认为,发达区域的增长对落后区域增长的影响会产生引致效应。这种引致效应有两种,即扩散效应(spread effects)与回流效应(backwash effects)。前者是有利的效应,包括发达区域为落后区域的产品(主要是初级产品)提供市场以及创新的传播。但一般而言,前者要逊于后者。后者是不利效应,指劳动力、资本、商品与劳务不均衡地从落后区域流向富裕地区。区域经济差距的存在,主要是由于回流效应起着主宰地位,扩展效应不足。故区域增长是一个不均衡的增长过程。[64] 因此,缪尔达尔主张,在经济发展过程中,优先发展有优势的地区是十分必要的,因为经济社会的资源是有限的,如果将政策支持全面铺开,各个地区争抢有限的经济资源,反而会导致经济活动效率低下,最终的结果无疑阻碍了整个经济的增长。但是,当那些发达地区在政策的支持下获得较快发展之时,政府应该采取措施避免循环累积因果效应所造成的贫富差距无限扩大的情况。[65]

循环累积因果理论给我们的启示在于:在经济发展初期,政府应当采用不平衡发展战略,优先发展有较强增长势头的地区,求得较好的投资效率和较快的增长速度,通过这类发达地区的扩散效应来带动其他地区的发展。我国在改革开放之初,优先发展沿海和东部地区,让一部分地区、一部分人先富起来,再先富带动后富,似乎与该理

---

〔63〕 施祖麟编著:《区域经济发展:理论与实证》,社会科学文献出版社 2007 年版,第 133 页。

〔64〕 郭熙保主编:《发展经济学经典论著选》,中国经济出版社 1998 年版,第 345 - 363 页;张秀生主编:《区域经济学》,武汉大学出版社 2007 年版,第 42 页。

〔65〕 施祖麟编著:《区域经济发展:理论与实证》,社会科学文献出版社 2007 年版,第 137 页。

论不谋而合。但是,当经济发展到一定水平时,为了防止累积性循环因果造成的贫富差距无限制扩大,政府应主动制定一系列特殊政策来刺激落后地区的发展,或者在落后地区设立开发区,迅速缩小地区间的差距。

三、梯度转移理论

梯度转移理论,也称为梯度推移理论。在区域经济学、经济地理学中,为了度量区间经济发展水平的差异性,引入了经济发展梯度的概念,用于标识“等级”、“水平”与“顺序”。梯度是指区域之间经济总体水平的差异,而不仅仅是技术水平的差异。[66]

任何一个区域,都不同程度地存在着内部经济技术发展不平衡问题,并在客观上形成一种空间景观分异。在不同的景观带之间,因为经济活动的强度、规模和表现形式等的不一致,直接产生了非平衡性的经济引力与张力,被称为“经济梯度力”。经济梯度力的作用在地域上也不平衡,并往往使得新兴产业与部门优先集中高梯度地区,促进其发展,然后向低梯度地区逐渐推移。[67]“产业布局一般都是由中心地向周围辐射,其经济技术水平逐级递减,这样就形成了地区间经济发展水平的差别即梯度。”[68]

梯度转移理论认为,梯度发展中同时起作用的有三种效应,即极化效应、扩展效应和回程效应。极化效应的作用会使生产进一步向条件好的高梯度地区集中;扩展效应会促使生产向其周围的低梯度地区扩散;回程效应的作用则是削弱低梯度地区,促使高梯度地区进

---

〔66〕 李小建主编:《经济地理学》,高等教育出版社 1999 年版,第 221 页。

〔67〕 武友德、潘玉君等编著:《区域经济学导论》,中国社会科学出版社 2004 年版,第 167 - 168 页。

〔68〕 刘茂松:《反梯度推移发展论——湖南经济超越发展的经济学思考》,湖南人民出版社 2000 年版,第 21 页。

一步发展。一个地区只要它的经济发展到一定水平，超过了起飞阶段，就会产生一种自我发展的能力，可以不断地积累有利因素，为自己进一步发展创造有利条件。[69] “任何一个区域都可以通过创新和引进两个途径获得新技术和新产业。对于经济不发达地区或边缘地区来说，技术引进更具现实意义。”[70] “技术扩散有利于欠发达地区从发达地区引进资金、技术，利用本地区低工资、市场竞争弱等优势，发展新兴产业，提高区域核心竞争力，尽快缩短与发达地区的差距。”[71]

20 世纪 70 年代末 80 年代初，梯度转移理论被引入我国生产力总体布局与区域经济研究中。我国东部、中部、西部，沿海和内地的经济发展水平，呈现出从高到低的阶梯状梯度。基于梯度推移理论，“首先要让有条件的高梯度地区，引进掌握先进技术，先发展一步，然后逐步依次向处于二级梯度、三级梯度的地区推移。随着经济的发展，推移的速度加快，也就可逐步缩小地区间的差距，实现经济分布的相对均衡”[72]。

从我国改革开放之初设立经济特区和各类开发区，实施的就是非均衡发展战略，也就是优先发展高梯度地区，让一部分人、一部分地区先富起来，再通过梯度转移带动低梯度地区后富起来，最终实现共同富裕。1978 年 12 月 13 日，邓小平同志在中共中央工作会议上明确指出：“在经济政策上，我认为要允许一部分地区、一部分企业、一部分工人农民，由于辛勤努力成绩大而收入先多一些，生活先好起

---

〔69〕 施祖麟编著：《区域经济发展：理论与实证》，社会科学文献出版社 2007 年版，第 38 页。

〔70〕 张秀生主编：《区域经济学》，武汉大学出版社 2007 年版，第 221 页。

〔71〕 张秀生主编：《区域经济学》，武汉大学出版社 2007 年版，第 221 页。

〔72〕 张建平、李红梅等编著：《区域经济理论与实践》，中央民族大学出版社 2007 年版，第 245 页。

来。……带动其他地区、其他单位的人们向他们学习。这样，就会使整个国民经济不断波浪式地向前发展，使全国各族人民都比较快地富裕起来。”为此，党中央和国务院决定采取允许一部分人、一部分地区先富起来的非均衡发展战略(“增长极”战略)，并开始创办经济特区实行经济体制改革，允许这些特殊的地区利用体制改革优势和特殊政策优势，通过设立各类经济特区、开发区等，先发展起来。“随后通过‘增长极’的‘回流效应’和‘涓滴效应’，采取梯度转移战略，带动落后地区的发展，最终走向共同富裕。因此，邓小平同志的先富后富理论与非均衡发展战略不谋而合。”〔73〕

四、产业集群理论

产业集群(Industrial Clustering)，也称为产业集聚，是指集中于一定区域内特定产业的众多具有分工合作关系的企业和有关机构、组织的空间集聚体。“产业群或产业集群一般被定义为在某一特定领域中，大量产业联系密切的企业以及相关支撑机构在空间上集聚，并形成强劲、持续竞争优势的现象。”〔74〕“产业集聚是指属于某种特定的产业及其相关支撑产业，或属于不同类型的产业在一定地域范围内的地理集中、产业资本要素在空间范围内不断汇集的一个过程。”〔75〕“顾名思义，产业集群就是一群同一地理位置从事同一产业的企业群。”〔76〕

---

〔73〕 丁焕峰、徐险峰等编著：《开发区发展的经济学理论与实证》，华南理工大学出版社2017年版，第184－185页。

〔74〕 厉无畏、王振主编：《中国开发区的理论与实践》，上海财经大学出版社2004年版，第34页。

〔75〕 丁焕峰、徐险峰等编著：《开发区发展的经济学理论与实证》，华南理工大学出版社2017年版，第21页。

〔76〕 施祖麟编著：《区域经济发展：理论与实证》，社会科学文献出版社2007年版，第156页。

阿尔弗雷德·韦伯(Alfred Weber)认为,“集聚可分两个阶段,第一阶段,仅通过企业自身的扩大,发展而产生集聚优势,这是初级阶段,第二阶段是各个企业通过相互联系的组织而地方集中化,这也是最重要的高级集聚阶段”。[77] “工业不论是仅仅通过工厂扩张的集中化倾向而集聚,还是这种倾向的深化影响而吸引工业集中,都依赖若干工厂紧密地地方联合产生优势大小。”[78]影响工业集聚有4个因素:技术设备的发展;劳动力组织的发展;市场化因素;经常性开支成本。[79] 技术设备的发展使生产过程专业化,专业化的生产部门更要求工业的集聚;劳动力的高度分工要求完善的、灵活的劳动力组织,劳动力组织有利于集聚的发生;集聚可以产生广泛的市场化,批量购买和销售降低了生产的成本,提高了效率;集中化可使“基础设施”共享,从而降低“一般性开支”,同时一般开支的降低还会进一步的集中化。[80]

波特(Michael E. Porter)认为:许多企业集聚在同一地域既竞争又合作,形成一个坚实的作战网络。产业集群的竞争优势来自四方面:一是外部经济效应;二是空间交易成本的节约;三是学习和创新效益;四是品牌与广告效应。产业集群的核心内容是其竞争力的形成和竞争优势的发挥,这是产业集群在市场经济中生存和发展的根

---

〔77〕［德］阿尔弗雷德·韦伯:《工业区位论》,李刚剑等译,商务印书馆1997年版,译者前言第Ⅷ页。

〔78〕［德］阿尔弗雷德·韦伯:《工业区位论》,李刚剑等译,商务印书馆1997年版,第118页。

〔79〕参见［德］阿尔弗雷德·韦伯:《工业区位论》,李刚剑等译,商务印书馆1997年版,第118－120页。

〔80〕参见［德］阿尔弗雷德·韦伯:《工业区位论》,李刚剑等译,商务印书馆1997年版,译者前言第Ⅷ页。

本保障。[81]

我国也有不少学者赞同并论证了产业集群理论。例如,有学者认为:“产业集群的发展使得区域按劳动分工理论形成专业化产区,有利于提升区域竞争力;有利于产业持续创新,实现区域持续发展;有利于促进地区经济结构的调整升级,推进区域城市化进程。”[82]另有学者认为:“集聚现象的重要特点之一就是地理集中性,这种产业地理集中能够产生广泛的集聚经济效应,包括成本效应、协同效应与溢出效应。”[83]“集聚是促进发达地区、城市、城市密集区、专业化地区、产业密集带等形成和发展的主要力量。”[84]

不难看出,产业集群理论也能够很好地帮助我们理解各国政府以不同的方式推动建设各类开发区的建设和发展。国外在区域治理和推进经济开发区产业集群发展的实践过程中,结合各自的特点,形成了轴轮式产业集群、多核式产业集群、网状式产业集群、混合式产业集群等不同的开发区产业集群模式。[85] 我国开发区的发展主要形成了空间聚集的产业集群、依托专业市场的产业集群、中卫型产业集群和依托企业集团的“小巨人”等四种产业集群发展模式。[86]

综上所述,我国各类开发区的建设和发展,可以从增长极理论、循环累积因果理论、梯度转移理论、产业集群理论等诸多经济学说中

---

〔81〕 See Michael E. Porter, *Clusters and the New Economics of Competiton*, Harvard Business Review, Vol. 76:6 (1998).

〔82〕 孙久文主编:《区域经济学》,首都经济贸易大学出版社2006年版,第183页。

〔83〕 丁焕峰、徐险峰等编著:《开发区发展的经济学理论与实证》,华南理工大学出版社2017年版,第22-24页。

〔84〕 张秀生主编:《区域经济学》,武汉大学出版社2007年版,第86页。

〔85〕 丁焕峰、徐险峰等编著:《开发区发展的经济学理论与实证》,华南理工大学出版社2017年版,第66页。

〔86〕 丁焕峰、徐险峰等编著:《开发区发展的经济学理论与实证》,华南理工大学出版社2017年版,第67-68页。

找到较充分的理论依据。

第三节　开发区立法规制的法理基础

一、克服“两个失灵”

“两个失灵”，一个是指“市场失灵”；另一个是指“政府失灵”。

（一）“市场失灵”的含义及其在开发区建设发展中的主要表现

1.“市场失灵”的含义及其一般表现

无论是西方发达资本主义国家的经济发展史，还是新中国成立以来经济建设的经验和教训，都充分证明市场机制对社会资源配置的基础性作用是其他任何组织或力量所无法替代的。市场机制的核心是优胜劣汰的竞争机制和主要受供求关系影响的价值规律。毋庸置疑市场机制配置资源是最为有效的，但市场机制并非完美无缺，其自身也存在无法或不能有效克服的缺陷，这就是“市场失灵”。“市场失灵”，“是指市场发挥作用的条件不具备或者不完全而造成的市场机制不能发挥作用的情形”〔87〕；“就是指由于市场机制本身的某些缺陷和外部条件的某种限制，而使得单纯的市场机制无法把资源配置到最佳的状态”〔88〕；“是指由于内在功能性缺陷和外部缺陷引起的市场机制在资源配置的某些领域运作不灵”〔89〕。

市场这只“看不见的手”有时会引导经济走上错误的道路，市场

〔87〕 李昌麒、刘瑞复主编：《经济法》，法律出版社2004年版，第34－35页。

〔88〕 伍伯麟主编：《社会主义市场经济学教程》，复旦大学出版社1993年版，第317页。

〔89〕 吴强：《政府行为与区域经济协调发展》，经济科学出版社2006年版，第5页。

机制有时会出现失灵的情况,在这些情况下,市场失灵会导致生产或消费的无效率,从而存在政府治疗这些疾病的职能。[90] “市场不是万能的,市场机制也固有许多自身不可克服的缺陷,以致在资源配置上失灵和失效,即不能或难以实现资源的高效配置,这已为十九世纪末以来资本主义经济的发展状况,特别是周期性经济危机所证明。”[91]

时至今日,中外学者关于“市场失灵”的著述可谓汗牛充栋。诺贝尔经济学奖获得者斯蒂格利茨将“市场失灵”概括为公共产品、外部性、垄断尤其是自然垄断等方面。[92] 我国有的学者将市场失灵的主要表现形式概括为市场的不完全、市场的不普遍、信息失灵、外部性问题、公共产品短缺和存在经济周期等6个方面。[93] 也有学者将市场失灵的主要表现归结为:不完全竞争、不完善信息、外部性、公共产品短缺、社会分配不公以及宏观经济运行不稳等6个方面。[94]

2.“市场失灵”在开发区建设发展中的主要表现

(1)市场自身不会提供开发区建设发展所需的公共产品和服务。无论在发达地区或者其他自然禀赋相对较好的地区,还是在落后地区或者其他自然禀赋相对较差的地区设立开发区,在每个开发区建设之初,都涉及水、电、油、气、道路、网络等必要的基础设施和配套的学校、医院,甚至托儿所、幼儿园等生活设施。在开发区建设和发展过程中还涉及必要的管理和协调等公共服务。这些公共产品无法由

---

〔90〕 [美]萨缪尔森、[美]诺德豪斯:《经济学》(第12版)(上册),中国发展出版社1992年版,第78-79页。

〔91〕 王全兴:《经济法基础理论专题研究》,中国检察出版社2002年版,第80页。

〔92〕 [美]斯蒂格利茨:《政府为什么干预经济——政府在市场经济中的角色》,郑秉文译,中国物资出版社1998年版,第69页。

〔93〕 李昌麒、刘瑞复主编:《经济法》,法律出版社2004年版,第35页。

〔94〕 王全兴:《经济法基础理论专题研究》,中国检察出版社2002年版,第85-86页。

市场主体或市场自身来提供。

(2)市场机制难以自动实现开发区的合理布局。市场机制所产生的效率从微观和个体层面来看无疑是最为有效的。然而,市场主体追求和实现自身或个体利益和效率的最大化,并不能带来宏观和整体效益和效率的最大化。就全国整体经济和社会发展的角度而言,各类开发区合理布局对于区域经济协调发展或均衡发展至关重要。然而,市场机制不会自动实现开发区在区域之间的合理布局或平衡。正如前文中循环累积因果理论所指出的那样,“市场机制的作用总是倾向于扩大而不是缩小地区间的差距”[95]。

(3)市场难以自动合理调整开发区的产业结构。产业结构,是指各产业的构成及各产业之间的联系和比例关系。开发区产业结构是否合理,不仅涉及开发区内的主导产业特征是否明显和恰当的问题,因为它直接影响该开发区的产业集聚功能的发挥;而且还涉及开发区之间的产业布局是否合理问题,因为这直接影响开发区能否实现差异化的发展。尽管绝大多数开发区具有产业集聚功能或效果,但是开发区的产业集聚功能和效果往往不是市场自动形成的。特别在开发区建设之初,产业集聚在很大程度上需要政府引导。我国目前许多开发区主导产业不突出,同质化现象较普遍。而市场机制之所以难以实现开发区的合理布局,是因为市场参与者的宏观经济信息不完备(包括不全面、不准确、不及时),难以作出恰当的决策,而且市场参与者在决策和行动时主要关心的是其个体的效率和效益,一般也不可能从宏观、整体、全局的角度去行事。

(4)开发区的市场主体容易出现短期和外部不经济行为。市场活动都具有外部性,包括正外部效应和负外部效应。由于市场参与

[95] 施祖麟编著:《区域经济发展:理论与实证》,社会科学文献出版社 2007 年版,第 135 页。

者均为理性的“经济人”，而且在许多情形下其理性是有限的，在从事经济活动时往往会综合评估成本和将来可能的收益与风险，且与生俱来的人性中追逐高收益的贪婪也会不时地显现。在开发区的建设发展中，开发区内的市场主体也不例外，在追逐短期利益和自身利益时，往往漠视社会责任而出现短期投机、外部不经济行为，甚至可能进行违规、违法行为，损害他人权益和社会公共利益的行为。

（二）“政府失灵”的含义及其在开发区建设发展中的主要表现

1.“政府失灵”的含义及其一般表现

由于市场机制存在诸多其自身无法克服的缺陷——“市场失灵”，于是早期以凯恩斯主义为代表的政府（国家）干预论便应运而生，并曾一度在西方主要的资本主义国家盛行，使许多国家得以迅速摆脱经济危机。在主张政府干预论的学者们看来，在市场不能自动有效地调节供需平衡的情况下，需要独立于市场之外的国家干预来弥补市场经济的这种内在缺陷。

但是，国家干预主义是以国家为理性与道德人假设作为前提的，而西方国家经济发展史已证明该假设是不成立的。政府不是万能，其理性是有限的。政府在许多情况下同样会出现“失灵”，被称为“政府失灵”或“政府缺陷”。世界著名经济学家阿瑟·刘易斯（W. Arthur Lewis）认为：如果没有高瞻远瞩的政府的积极推动，没有一个国家能够在经济上取得进展。此外，说明政府干预经济生活造成不良后果的例子很多，因此很容易提出种种警告要人们提防政府参与经济生活。政府可能会由于做得太少或做得太多而遭到失败。[96]另一著名经济学家詹姆斯·布坎南（James M. Buchanan）甚至认为，

---

〔96〕［英］阿瑟·刘易斯：《经济增长理论》，周师铭等译，商务印书馆1983年版，第463页。

"政府的缺陷至少与市场一样严重"[97]。

可以说,"政府失灵既包括政府干预不到位,又包括政府干预错位,还包括政府干预不起作用"[98]。有学者认为,政府失灵很容易表现在以下几个方面:政府运行效率低下、过度干预、公共产品供应不足、政府不受产权约束、预算分配偏离社会需要、权力寻租。[99] 也有学者将政府缺陷的主要表现归纳为:内部性、寻租行为、信息不完善、不完全竞争、官僚机构膨胀、政府效率递减。[100]

2."政府失灵"在开发区建设发展中的主要表现

(1)政府对开发区规划或布局容易出现失误。如前所述,政府干预论者的主张基于政府作为理性人的假设。然而,现实中的政府也不是全知全能和良知理性的,即政府也可能由于宏观经济信息不完备(信息不全面、不准确、不及时),管理经验和能力不足以及其他主客观原因,导致对开发区规划或布局出现失误。

(2)政府在开发区的建设发展中提供公共产品不充分、不及时。在开发区建设发展中,必要的基础设施和公共服务由于市场本身和市场主体不愿意或无能力提供,因此需要政府解决。但是,由于中央政府财力有限,而各地经济发展又不平衡,加上公共产品具有较强的正外部性,因此,特别是经济欠发达和落后的地方政府即便意识到在本地建设开发区的意义重大,但也容易出现提供公共产品不充分、不及时,进而影响开发区建设进程的现象。

(3)政府在开发区设立和监管中可能出现权力寻租或者权力滥用。政府既是行政管理者,同时也具有"经济人"固有的理性,会谋求

---

[97] [美]詹姆斯·M.布坎南:《自由、市场和国家——80年代的政治经济学》,平新乔、莫扶民译,上海三联书店1989年版,第28页。

[98] 殷洁:《区域经济法论纲》,北京大学出版社2009年版,第22页。

[99] 李昌麒、刘瑞复主编:《经济法》,法律出版社2004年版,第38页。

[100] 王全兴:《经济法基础理论专题研究》,中国检察出版社2002年版,第85-86页。

自身或相关主体的利益最大化。法国启蒙思想家孟德斯鸠曾指出："一切有权力的人都容易滥用权力，这是万古不易的一条经验。"[101] 布坎南认为，统治者与代理人都是与委托者一样具有"理性人"行为倾向的人，只不过具有了公职身份。他们既不会比常人更坏，也不会比常人更好。[102] 在开发区的建设发展中，同样容易出现权力寻租现象或者权力滥用行为。现实中，开发区官员贪腐犯罪和违规审批土地出让等事例也屡见不鲜。

(4)政府按照传统行政管理模式对开发区监管易出现低效或无效。开发区的活力和动力不仅在于产品和技术创新，而且很大程度上取决于体制机制的改革创新。许多开发区在创建之初，所在地地方政府可能通过简政放权提高办事效率。但是在开发区基本成型后，特别是在取得一些成效后，政府各部门便开始过多插手开发区的管理事务，要求开发区管理设置对口部门，于是开发区管理机构逐步向传统行政管理机构回归，易出现机构臃肿、人浮于事、效率低下等现象。

(三)小结：开发区立法规制是克服"两个失灵"的必由之路

市场机制在开发区的建设发展过程中，有助于产业集聚和经济增长极的形成，但是，市场不是万能的。在开发区的建设发展中由于主客体原因，容易出现"市场失灵"，因此需要通过政府干预或协调以及法律规制等手段来矫正或弥补市场机制的不足。但是，政府也不是万能。在开发区的建设发展中，同样由于主客体原因，也容易出现"政府失灵"，因此，更有必要加快制定和不断完善开发区立法，使政

---

[101] [法]孟德斯鸠：《论法的精神》(上册)，张雁深译，商务印书馆1982年版，第154页。

[102] [美]詹姆斯·M.布坎南：《自由、市场和国家——80年代的政治经济学》，平新乔、莫扶民译，上海三联书店1989年版，第29－41页。

府规划、决策和监督、管理开发区的行为法治化。依法治"区(开发区)",既是防范"市场失灵",同时也是匡正"政府失灵"最有效的手段和办法。

二、全面依法治国基本方略

党的十一届三中全会以来,党深刻总结我国社会主义法治建设的成功经验和深刻教训,把依法治国确定为党领导人民治理国家的基本方略,取得了历史性成就,中国特色社会主义法律体系已经形成。2014 年 10 月 23 日,党的十八届四中全会通过了《中共中央关于全面推进依法治国若干重大问题的决定》(以下简称《全面依法治国决定》),明确提出:"全面推进依法治国,总目标是建设中国特色社会主义法治体系,建设社会主义法治国家。"党的十八大以来,以习近平同志为核心的党中央高度重视法治建设,从中国特色社会主义全局出发,从国家治理现代化高度,提出了全面依法治国重大战略部署。2019 年 10 月 31 日,党的十九届四中全会通过了《中共中央关于坚持和完善中国特色社会主义制度　推进国家治理体系和治理能力现代化若干重大问题的决定》,进一步明确要求"加快形成完备的法律规范体系、高效的法治实施体系、严密的法治监督体系、有力的法治保障体系,加快形成完善的党内法规体系"。因此,在我国全面推进依法治国并推进国家治理体系和治理能力现代化的背景下,加快完善开发区立法具有十分重要的现实意义和长治久安的战略意义。

(一)依法治"区"是全面依法治国的必然要求

开发区已成为我国经济和社会发展不可或缺的重要组成部分,开发区的健康、可持续发展,关乎我国经济和社会的健康、可持续发展。依法治"区"是全面依法治国的应有之义,是全面依法治国的重要组成,是全面依法治国背景下的时代要求。

第一，依法治“区”有助于加快形成全国统一开放、竞争有序的现代市场体系。在改革开放初期，由于我国没有可供借鉴的成熟经验，各地在改革、创新、发展的大背景下结合本地的实际情况探索新路，设立了各类开发区，边建设、边规范，形成了各地、各部门的法规、规章、政策不统一的现状，这是可以理解的。但是，在我国深化改革、扩大开放，全面推进依法治国的背景下，开发区的法治趋向统一是必然的要求。2019 年 10 月 22 日国务院发布的《优化营商环境条例》第 5 条规定：“国家加快建立统一开放、竞争有序的现代市场体系，依法促进各类生产要素自由流动，保障各类市场主体公平参与市场竞争。”第 7 条第 3 款规定：“国家鼓励和支持各地区、各部门结合实际情况，在法治框架内积极探索原创性、差异化的优化营商环境具体措施……”

第二，依法治“区”有助于提升我国法治社会的国际声誉。现代市场经济本质上是法治经济。法治是最好的营(宜)商环境。[103] 开发区是我国对外开放的前沿阵地和形象窗口。因此，开发区的法治状况直接影响着我国法治状况在国际社会的声誉和国际竞争力。

自党的十八届四中全会提出全面推进依法治国的方略以来，我国各级、各地政府高度重视优化营商环境，推动“放管服”改革。从世界银行近年公布的全球《营商环境报告》情况来看，我国在全球 190 个经济体中的营商环境排名得到持续提升，从 2015 年的第 90 位，提升到 2016 年的第 84 位，2017 年的第 78 位，再到 2018 年的第 46 位，再到 2019 年的第 31 位，充分体现了我国在优化营商环境方面取得

[103] 营商环境，英文为 business environment。2021 年 9 月 16 日，世界银行决定停止发布《全球营商环境报告》(Doing Business，DB)及相关数据，并宣布世界银行将研究一种新的方法评估商业和投资环境。2022 年 12 月，世界银行发布了最新的《宜商环境评估体系概念说明》(Business Enabling Environment，BEE)，标志着世界银行对全球商业环境评估进入新阶段。

的成效,极大地提升了我国在国际社会中的形象和声誉。

为了进一步优化营商环境,保障公平竞争,《优化营商环境条例》第4条明确规定:"优化营商环境应当坚持市场化、法治化、国际化原则,以市场主体需求为导向,以深刻转变政府职能为核心,创新体制机制、强化协同联动、完善法治保障,对标国际先进水平,为各类市场主体投资兴业营造稳定、公平、透明、可预期的良好环境。"

尽管当今全球安全局势持续动荡,国际社会经济持续低迷,但是我国进一步扩大对外开放,积极应对国际竞争的基本方向未变。因此,我国加快完善包括自贸区、海关特殊监管区在内的开发区的立法,并依法治"区"显得越来越迫切和重要。

(二)加快完善开发区立法是依法治区的前提和基础

开发区之所以"特殊",很大程度上就在于它享有特殊政策和待遇,并担负着先行先试、改革和创新发展等特殊使命。但是,开发区的这些"特殊"也应纳入法治轨道,这是全面依法治国的必然要求。

改革开放之初,我国开发区大多在政策推动和政府主导下设立并发展,这是特殊历史时期的特殊形式方式。也正是由于当时法治供给的不足,所以也曾出现乱象。有些地方"出现了不顾实际条件,盲目设立和扩建名目繁多的各类开发区,造成大量圈占耕地和违法出让、转让国有土地的现象,严重损害了农民利益和国家利益"[104]。经过多次清理整顿,并随着各地逐步建章立制,我国开发区无序发展的状况得到了有效遏制。我国开发区在带动地方经济发展、吸纳就业、加快城镇化进程等方面发挥了十分巨大的作用。

但是,不可否认,目前我国开发区的法治状况还不十分理想,主

---

〔104〕 国务院办公厅《关于暂停审批各类开发区的紧急通知》(国办发明电〔2003〕30号,2003年7月18日发布)。

要表现为各类开发区的基本法律、法规尚未创制，开发区的管理体制机制还有待完善。

《全面依法治国决定》明确提出，法律是治国之重器，良法是善治之前提。建设中国特色社会主义法治体系，必须坚持立法先行，发挥立法的引领和推动作用，抓住提高立法质量这个关键。实现立法和改革决策相衔接，做到重大改革于法有据、立法主动适应改革和经济社会发展需要。实践证明行之有效的，要及时上升为法律。实践条件还不成熟、需要先行先试的，要按照法定程序作出授权。对不适应改革要求的法律法规，要及时修改和废止。因此，加快我国开发区的立法进程，及早实现有法可依，是依法治“区”十分紧迫的任务。

第二章　我国开发区设立和发展概况及存在的问题

第一节　我国开发区设立与发展概况

我国名目繁多、数量众多的开发区，都是改革开放的产物。如前文所述，按照主要功能和目标定位，我国开发区大致分为经济特区、经济（技术）开发区和自由贸易区三大类型。由于我国经济特区已被赋予特殊的地方经济立法权限，故不作为本书研究范围，下面仅就其他经济（技术）开发区和自由贸易区的有关情况分别进行论述。

一、我国经开区、高新区等开发区的设立与发展概况

我国开发区的设立和发展，大体经历了初创探索期、高速扩张期、清理整顿期和稳定发展期几个阶段。

1978 年 12 月召开的党的十一届三中全会确立了以经济建设为中心的基本路线，拉开了中国改革开放的序幕。我国最早设立的开发区是 1979 年设立的深圳蛇口工业区。1979 年，党中央、国务院决定对广东、福建两省在对外开放经济活动中实行特殊政策和灵活措施。根据这一决定，从 1980 年开始，先后兴办了深圳、珠海、汕头、厦门 4 个经济特区。1984 年第一个国家级经济技术开发区——大连经济技术开发区正式成立。

1984年3月26日至4月6日，根据党中央、国务院的决定，沿海部分城市座谈会在北京召开，形成了《沿海部分城市座谈会纪要》，决定进一步开放14个沿海港口城市和海南岛，逐步兴办经济技术开发区。1984年9～12月，大连、秦皇岛、烟台、青岛、宁波、广州、湛江、天津、连云港、南通等经济技术开发区相继获国务院批准建立。

为了应对国际竞争和新技术革命，1985年3月13日中共中央通过的《关于科学技术体制改革的决定》明确提出"加快新兴科技产业发展，要在全国选择若干智力密集区，采取特殊政策，逐步形成具有不同特色的新兴产业开发区"。1985年，原国家科学技术委员会向国务院和中央财经领导小组提交了《关于支持发展新兴技术产业的请示》，提出在北京、上海、武汉、广州等地试办高新区。1985年7月，深圳市、中国科学院与深圳市人民政府共建了我国第一个高新技术产业园区即深圳科技工业园。1988年5月，在中关村电子一条街的基础上，国务院批准创建了中国第一个国家级高新技术产业开发区即"北京市新技术产业开发试验区"。同年8月，旨在推动高新技术成果商品化、产业化和国际化的"火炬计划"开始实施。

1991年3月，继北京市新技术产业开发试验区之后，国务院又批准建立了26个国家级高新技术产业开发区，并发布了第一个全国性的关于高新技术产业开发区的政策文件《关于批准国家高新技术产业开发区和有关政策规定的通知》。1992年11月，国务院在已经批准建立的27个国家级高新技术产业开发区的基础上，又批准建立了25个国家级高新技术产业开发区，使高新技术产业开发区分布在除西藏、青海、宁夏以及港澳台地区以外的所有省份。

为了推进两岸经贸关系的发展，加快我国改革开放，1989年5月国务院正式批准厦门市杏林地区、海沧地区及福州马尾经济技术开发区未开发部分18平方公里为台商投资区。[1]

由于经济技术开发区并非实行全封闭的管理，它与国内其他地区经济的密切联系仍然保持了下来，在充分利用国内、国际两个市场、两种资源方面拥有更大的发展余地，促进了经济技术开发区的早期发展，但也使其投资环境受到国内其他地区经济政策和传统经济体制的影响，因此，各地方政府积极探索新的发展外向型经济的方式。例如，天津建立了保税仓库，深圳沙头角成立了保税工业区等。1990年，国务院在批准上海浦东新区开发开放规划的同时，批准设立了我国第一个保税区——上海外高桥保税区；同年9月批准了《海关对进出上海外高桥保税区货物、运输工具和个人携带物品的管理办法》（已失效）。1991年，又批准了天津港保税区、深圳福田和沙头角保税区。

1992年邓小平同志南方谈话以后，我国掀起了对外开放和引进外资的新一轮高潮，出现了"开发区热"。1992年3～10月，国务院先后批准兴办温州、营口、威海、福清融侨等4个经济技术开发区；1993年4～5月，国务院又批准兴办东山、哈尔滨、长春、沈阳、杭州、芜湖、武汉、重庆、萧山、昆山、惠州大亚湾、广州南沙12个经济技术开发区；1994年8月，北京、乌鲁木齐2个经济技术开发区获准建立。至此，我国共建立了32个国家级经济技术开发区。

为发展我国与周边国家的经济贸易和睦邻友好关系、繁荣少数民族地区经济，从1992年起国务院分三次批准开放了黑龙江、吉林、内蒙古、新疆、广西、云南等省份的13个边境城市，并同意在黑河、绥芬河、珲春、满洲里、丹东、伊宁、塔城、博乐、凭祥、瑞丽、畹町、河口、二连浩特、东兴14个边境口岸城市设立边境经济合作区，在满

---

〔1〕 1992年12月国务院又正式批准厦门集美地区为台商投资区。截至2023年12月，国务院批准的4个台商投资区，全部在福建省。

洲里中俄边境开设边民互市贸易区，发展边境贸易和加工出口工业。

随着西部大开发战略的启动，国家级经济技术开发区开始从沿海、沿江城市逐渐向内陆中心城市推进，并不断发展壮大。2000年2月，国务院正式批准建设合肥、西安、郑州、成都、长沙、昆明、贵阳7个国家级经济技术开发区；2000年4月，南昌、石河子2个国家级经济技术开发区获准兴建；2000年7月，国务院批准设立呼和浩特、西宁2个国家级经济技术开发区；2001年5月南宁，6月太原、银川，9月拉萨4个国家级经济技术开发区获国务院批准建立。上述15个国家级经济技术开发区作为中西部建立起来的一种新型经济区，日渐成为中国内陆中心城市经济体制改革的“试验区”和对外开放的“窗口”，在启动西部大开发战略中无疑具有重要的地位和作用。

2000年，我国国家级经济技术开发区已经达到54个（含实行经济技术开发区政策的苏州工业园区、上海金桥出口加工区、宁波大榭经济技术开发区、厦门海沧投资区、海南洋浦开发区）；国家级高新技术产业开发区总数为53个。

2000年4月27日，国务院正式批准设立出口加工区。为了有利于运作，国家将出口加工区设在已建成的开发区内，并选择若干地区进行试点，首批批准进行试点的有15个出口加工区。2002年6月，经国务院批准，新增10个出口加工区。2003年3月，又新增了南京等13个出口加工区，至此，全国共有38个出口加工区。

各类开发区的设立在推动我国经济高速发展、技术飞速进步，推动我国工业化、城镇化的进程，以及深化经济体制改革、扩大对外开放等方面都发挥了重要作用。但是，我国各地开发区过热的背后也同时出现了乱象。为此,2003 年国务院连续三次发文[2],开始对开发区进行全面清理整顿。2003 年 12 月 30 日发改委、原国土资源部、原建设部、商务部发布的《关于清理整顿现有各类开发区的具体标准和政策界限的通知》(发改外资〔2003〕2343 号)(已失效)第 2 条中“(二)省级开发区和省级政府所属部门批准设立的开发区”第 3 款明确要求:“对省级政府所属部门未经省级政府同意擅自批准设立的各类开发区,一律摘牌,由省级政府按省级以下开发区的整改要求,统一组织进行整改。”第 2 条中“(三)省级以下开发区”的第 1 款明确:“省级以下开发区是指违反国务院规定的两级审批制度,由省级以下各级政府擅自批准设立的各类开发区。省级以下开发区由省级政府按照‘撤消、核减、整合’的要求统一进行整改。”

经过 2003 年至 2006 年对全国开发区的清理整顿,我国开发区的数量由以前的 6800 多家大幅减至 1568 家,[3]对于促进和规范开发区发展发挥了积极作用。

根据发改委、原国土资源部、原建设部发布的《中国开发区审核公告目录》(2006 年版),我国共设有 222 个国家级开发区,[4]其中经济技术开发区 49 个,高新技术产业开发区 53 个,台商投资区 4 个,保税区 15 个,旅游度假区 12 个,边境经济合作区 14 个,出口加工区 58 个。全国共 1568 个开发区,包括国务院批准设立的 222 个,省级人民政府批准设立的 1346 个,如表 2－1 所示:

---

〔2〕 2003 年 7 月 18 日国务院办公厅发布《关于暂停审批各类开发区的紧急通知》(国办发明电〔2003〕30 号);2003 年 7 月 30 日国务院办公厅发布《关于清理整顿各类开发区加强建设用地管理的通知》(国办发〔2003〕70 号);2003 年 11 月 3 日国务院发布《关于加大工作力度进一步治理整顿土地市场秩序的紧急通知》(国发明电〔2003〕7 号)。

〔3〕 2007 年 3 月 27 日发改委、原国土资源部、原建设部发布的《中国开发区审核公告目录》(2006 年版)。

〔4〕 国家级开发区包含保税区、出口加工区、边境经济合作区等海关特殊监管区域。

表 2－1　中国开发区数量统计(2006 年)

级别(审批部门)	类型	数量
国家级(国务院批准设立)	经济技术开发区	49
	高新技术产业开发区	53
	保税区	15
	出口加工区	58
	边境经济合作区	14
	其他类型开发区	33
	小计	222
省级开发区(省区市人民政府批准设立)	省级开发区	1346
合计		1568

数据来源:根据 2007 年 3 月 27 日发改委、原国土资源部、原建设部发布的《中国开发区审核公告目录》(2006 年版)整理。

2008 年国务院启动省级经济技术开发区升级工作。2010 年以后,各省市区又筹建申报了数量不等的省级开发区。

根据 2018 年 2 月 26 日发改委、科技部、原国土资源部、住建部、商务部、海关总署发布的《中国开发区审核公告目录》(2018 年版)显示,截至 2018 年,全国共有 552 个国家级开发区和 1991 家省级开发区,合计 2543 家,具体情况如表 2－2。

表 2－2　中国开发区数量统计(2018 年)

级别(审批部门)	类型	数量
国家级(国务院批准设立)	经济技术开发区	219
	高新技术产业开发区	156
	海关特殊监管区*	135

续表

级别(审批部门)	类型	数量
国家级(国务院批准设立)	边境/跨境合作区	19
	其他类型开发区	23
	小计	552
省级(自治区、直辖市人民政府批准设立)	省级开发区	1991
合计		2543

数据来源:根据2018年2月26日发改委、科技部、原国土资源部、住建部、商务部、海关总署发布的《中国开发区审核公告目录》(2018年版)整理。

* 据海关总署网站公布的数据,截至2023年12月底,全国海关特殊监管区域共171个,其中,保税港区2个、保税区5个、跨境工业区1个、综合保税区163个。

二、我国自贸区(港)的设立与发展概况

(一)中国自贸区

2013年上半年,商务部、上海市人民政府会同国务院有关部门拟定《中国(上海)自由贸易试验区总体方案(草案)》,上报国务院审批。2013年7月3日,国务院常务会议讨论并原则通过该方案草案。2013年9月18日,国务院《关于印发中国(上海)自由贸易试验区总体方案的通知》。2013年9月29日,中国第一个自贸区——中国(上海)自贸区正式挂牌成立。[5] 2014年6月28日,国务院批准了《中国(上海)自由贸易试验区进一步扩大开放的措施》。

2015年4月8日,国务院发布《关于印发中国(广东)自由贸易试验区总体方案的通知》《关于印发中国(天津)自由贸易试验区总

[5] 中国(上海)自贸区在2013年9月成立之初涵盖4个片区:外高桥保税区、外高桥保税物流园区、洋山保税港区和上海浦东机场综合保税区,后扩至8个片区。

体方案的通知》《关于印发中国(福建)自由贸易试验区总体方案的通知》。随即成立了中国(广东)自贸区、中国(天津)自贸区、中国(福建)自贸区。

2017年3月15日,国务院发布了《关于印发中国(辽宁)自由贸易试验区总体方案的通知》《关于印发中国(浙江)自由贸易试验区总体方案的通知》《关于印发中国(河南)自由贸易试验区总体方案的通知》《关于印发中国(湖北)自由贸易试验区总体方案的通知》《关于印发中国(重庆)自由贸易试验区总体方案的通知》《关于印发中国(四川)自由贸易试验区总体方案的通知》《关于印发中国(陕西)自由贸易试验区总体方案的通知》。随即成立了中国(辽宁)自贸区、中国(浙江)自贸区、中国(河南)自贸区、中国(湖北)自贸区、中国(重庆)自贸区、中国(四川)自贸区、中国(陕西)自贸区。

2018年9月24日,国务院批复同意设立中国(海南)自贸区并印发《中国(海南)自由贸易试验区总体方案》,实施范围为海南岛全岛。

2019年7月27日,国务院发布《关于印发中国(上海)自由贸易试验区临港新片区总体方案的通知》。2019年8月20日,中国(上海)自贸区临港新片区正式揭牌。

2019年8月26日,国务院印发《关于同意新设6个自由贸易试验区的批复》,同意设立中国(山东)自贸区、中国(江苏)自贸区、中国(广西)自贸区、中国(河北)自贸区、中国(云南)自贸区、中国(黑龙江)自贸区。随即成立了这6个中国自贸区。

2020年9月21日,国务院发布《关于印发北京、湖南、安徽自由贸易试验区总体方案及浙江自由贸易试验区扩展区域方案的通知》。随即中国(北京)自贸区、中国(湖南)自贸区、中国(安徽)自贸区正式成立。

2023年10月21日,国务院发布《中国(新疆)自由贸易试验区总体方案》。2023年11月1日,中国(新疆)自贸区正式揭牌。至此,我国已批准成立了22个自贸区,形成了覆盖东西南北中的试点格局(见表2-3)。

表2-3　中国自贸区基本情况(截至2024年6月)

序号	批次	名称	分布片区	成立时间
1	1	中国(上海)自贸区	上海外高桥保税区	2013.09
			上海外高桥保税物流园区*	
			洋山保税港区	
			上海浦东机场综合保税区	
			陆家嘴金融片区	2015.04
			金桥开发片区	
			张江高科技片区	
			临港新片区	2019.07
2	2	中国(广东)自贸区	广州南沙新区片区	2015.04
			深圳前海蛇口片区	
			珠海横琴新区片区	
3		中国(天津)自贸区	天津港片区	2015.04
			天津机场片区	
			滨海新区中心商务片区	
4		中国(福建)自贸区	平潭片区	2015.04
			厦门片区	
			福州片区	

续表

序号	批次	名称	分布片区	成立时间
5	3	中国（辽宁）自贸区	大连片区	2017.03
			沈阳片区	
			营口片区	
6		中国（浙江）自贸区	舟山离岛片区	2017.03
			舟山岛北部片区	
			舟山岛南部片区	
			宁波片区	2020.09
			杭州片区	
			金义片区	
7		中国（河南）自贸区	郑州片区	2017.03
			开封片区	
			洛阳片区	
8		中国（湖北）自贸区	武汉片区	2017.03
			襄阳片区	
			宜昌片区	
9		中国（重庆）自贸区	两江片区	2017.03
			西永片区	
			果园港片区	
10		中国（四川）自贸区	成都天府新区片区	2017.03
			成都青白江铁路港片区	
			川南临港片区	
11		中国（陕西）自贸区	中心片区	2017.03
			西安国际港务区片区	
			杨凌示范区片区	

续表

序号	批次	名称	分布片区	成立时间
12	4	中国（海南）自贸区	海南岛全岛	2018.09
13	5	中国（山东）自贸区	济南片区	2019.08
			青岛片区	
			烟台片区	
14		中国（江苏）自贸区	南京片区	2019.08
			苏州片区	
			连云港片区	
15		中国（广西）自贸区	南宁片区	2019.08
			钦州港片区	
			崇左片区	
16		中国（河北）自贸区	雄安片区	2019.08
			正定片区	
			曹妃甸片区	
			大兴机场片区	
17		中国（云南）自贸区	昆明片区	2019.08
			红河片区	
			德宏片区	
18		中国（黑龙江）自贸区	哈尔滨片区	2019.08
			黑河片区	
			绥芬河片区	

续表

序号	批次	名称	分布片区	成立时间
19	6	中国(北京)自贸区	科技创新片区	2020.09
			国际商务服务片区	
			高端产业片区	
20		中国(湖南)自贸区	长沙片区	2020.09
			岳阳片区	
			郴州片区	
21		中国(安徽)自贸区	合肥片区	2020.09
			芜湖片区	
			蚌埠片区	
22	7	中国(新疆)自贸区	乌鲁木齐片区	2023.11
			喀什片区	
			霍尔果斯片区	

*外高桥保税物流园区已于2021年4月15日转型升级为上海外高桥港综合保税区。

（二）自贸港

2017年10月18日，党的十九大报告提出，“赋予自由贸易试验区更大改革自主权，探索建设自由贸易港。”

2018年9月24日，国务院发布《关于同意设立中国（海南）自由贸易试验区的批复》和《关于印发中国（海南）自由贸易试验区总体方案的通知》，实施范围为海南岛全岛。

2020年6月1日，中共中央、国务院印发了《海南自由贸易港建设总体方案》，明确实施范围为海南自贸港的实施范围为海南岛全岛。

2020年6月3日，海南自贸港11个重点园区同时挂牌，正式成立。

(三)海关特殊监管区

1990年4月18日,党中央、国务院宣布开发开放上海浦东。我国第一个海关特殊监管区域——上海外高桥保税区设立。

根据海关部署官网的数据统计,截至2012年,已批准设立了110个海关特殊监管区域,包括12个保税区,47个出口加工区,5个保税物流园区,14个保税港区,30个综合保税区,2个跨境工业园区。

2012年10月27日国务院发布《关于促进海关特殊监管区域科学发展的指导意见》(国发〔2012〕58号)明确提出:"在基本不突破原规划面积的前提下,逐步将现有出口加工区、保税物流园区、跨境工业区、保税港区及符合条件的保税区整合为综合保税区";"新设立的特殊监管区域,原则上统一命名为'综合保税区'"。[6]

《中国开发区审核公告目录》(2018年版)显示海关特殊监管区相关数据共计135个。截至2021年12月底,全国31个省、市、自治区共有海关特殊监管区域168个。其中,保税港区2个,综合保税区156个,保税区8个,出口加工区1个(广东广州出口加工区),跨境工业区1个(珠澳跨境工业区珠海园区)。[7]

根据海关部署网站的最新的数据统计,截至2023年12月底,全国海关特殊监管区域共171个,其中,保税港区2个(张家港保税港区、海南洋浦保税港区),保税区5个(大连保税区、上海外高桥保税区、宁波保税区、福田保税区、珠海保税区),珠澳跨境工业区(珠海园

---

〔6〕 国务院《关于促进海关特殊监管区域科学发展的指导意见》(国发〔2012〕58号),2012年10月27日发布。

〔7〕 海关总署自贸区和特殊区域发展司:《截至2021年12月底全国海关特殊监管区域分布及名单》(2022年1月18日发布),载 http://www.customs.gov.cn/zms/hgtsjgqy0/hgtsjgqyndqk/4129084/index.html。

区)1 个,综合保税区 163 个。

从上述情况来看,海关特殊监管区的具体类型已由最初的保税区、出口加工区、保税物流园区、保税港区、综合保税区、跨境工业园区六种类型减至保税港区、保税区、跨境工业区和综合保税区四种类型,而且综合保税区占绝对多数,占比超过 95%。

第二节 我国开发区设立和发展取得的成就

本节仍大致按经济(技术)开发区和自由贸易区两大类型重点总结我国开发区设立以来所取得的经济成就。

一、我国经开区、高新区等开发区取得的成就

“自 1984 年设立首批国家级经济技术开发区以来,我国各类开发区发展迅速,成为推动我国工业化、城镇化快速发展和对外开放的重要平台,对促进体制改革、改善投资环境、引导产业集聚、发展开放型经济发挥了不可替代的作用。”[8]开发区现已成为经济增长最快、市场最具活力、吸引外资最集中、投资环境最完备、运行体制最新、经济效益最好的区域之一;形成了具有较好的综合投资环境、较好的体制优势和发展潜力大、资金密集产业占主导地位的优势;在发挥窗口、辐射、示范和带动作用等方面取得了明显成效,成为区域经济发

---

〔8〕 2018 年 2 月 26 日发改委发布的《中国开发区审核公告目录》(2018 年版)说明。

展的新的增长点。[9]

下面以国家级经济技术开发区近5年的主要经济指示的统计数据为例，说明其经济建设成就（见表2-4）。

表2-4　国家级经济技术开发区主要经济指标总体情况（2019—2023年）

主要指标	内容	2019年	2020年	2021年	2022年	2023年
数量	国家级经开区（个）	218	217	230	230	229
生产总值	金额（万亿元）	10.8	11.6	13.7	15	15.7
	同比增长（%）	8.3	6.4	15.4	8.7	6.4
	同期全国平均增幅（%）	6.1	2.3	8.1	—	—
	增幅高于全国平均水平（%）	2.2	4.1	7.3	—	—
	占同期GDP比重（%）	10.9	11.5	11.9	11.4	—
财政收入	金额（万亿元）	2.1	2.1	2.5	2.5	2.7
	同比增长（%）	5.6	2.8	12.1	-3.3	5
	同期全国平均增幅（%）	3.8	—	—	—	—
	增幅高于全国平均水平（%）	1.8	—	—	—	—
	占全国财政收入比重（%）	10.9	11.7	12.5	12.9	—

[9] 丁焕峰、徐险峰等编著：《开发区发展的经济学理论与实证》，华南理工大学出版社2017年版，前言第1页。

续表

主要指标	内容	2019 年	2020 年	2021 年	2022 年	2023 年
税收收入	金额(万亿元)	1.9	1.9	2.2	2.3	2.5
	同比增长(%)	2.9	2.3	14.3	-0.8	9.4
	同期全国平均增幅(%)	1.0	—	—	—	—
	增幅高于全国平均水平(%)	1.9	—	—	—	—
	占全国税收收入比重(%)	11.7	12.4	12.9	13.7	—
进出口总额	金额(万亿元)	6.3	6.7	8.7	10	10.1
	同比增长(%)	1.6	4.8	21.9	11.1	1
	占全国进出口总额比重(%)	19.9	20.8	22.3	21.5	—
实际使用外资和外商投资企业再投资额	金额(亿美元)	532	611	684	423	395
	同比增长(%)	8.5	17.5	14	9.2	-2.7
	占全国利用外资比重(%)	20	23.1	—	20.5	—

资料来源:根据商务部外资司发布的相应年份《国家级经济技术开发区主要经济指标情况》数据整理。表格说明:“—”为缺数据。

可见,近5年(2019—2023年)国家级经济技术开发区的生产总值增幅均明显超过同期全国生产总值平均增幅。除了实际使用外资和外商投资企业再投资额在2022年、2023年有所减少以外,国家级经济技术开发区的财政收入、税收收入、进出口总额均保持稳步增长的态势。

二、我国自贸区(港)取得的成就

我国自贸区自成立以来,在先行先试和体制机制改革创新方面树立了很好的典范,探索并形成了许多可复制、可推广的宝贵经验。例如,上海自贸区行政审批改革就呈现出从行政审批到备案管理、从正面清单到负面清单、从中央集权到简政放权、从立法先行到制度创新等四大转变。[10] 国务院及有关部门先后发布了6批自贸区改革试点经验(见表2-5)。

表2-5　中国自贸区可复制推广的改革试点经验(共6批)

批次	文件名称	发布部门	发布日期
1	关于推广中国(上海)自由贸易试验区可复制改革试点经验的通知(国发〔2014〕65号)	国务院	2014.12.21
2	关于做好自由贸易试验区新一批改革试点经验复制推广工作的通知(国发〔2016〕63号)	国务院	2016.11.02
3	关于做好自由贸易试验区第三批改革试点经验复制推广工作的函(商资函〔2017〕515号)	商务部、交通运输部、原国家工商行政管理总局、原国家质量监督检验检疫总局、国家外汇管理局	2017.07.26

〔10〕丁晓华:《司法视野下的自贸区行政审批改革研究》,载《上海审判实践》2015年第1期。

续表

批次	文件名称	发布部门	发布日期
4	关于做好自由贸易试验区第四批改革试点经验复制推广工作的通知(国发〔2018〕12号)	国务院	2018.05.03
5	关于做好自由贸易试验区第五批改革试点经验复制推广工作的通知(国函〔2019〕38号)	国务院	2019.04.14
6	关于做好自由贸易试验区第六批改革试点经验复制推广工作的通知(国函〔2020〕96号)	国务院	2020.06.28

回顾自贸区建设10年来的重大成就,商务部国际贸易经济合作研究院发表的《中国自由贸易试验区十周年发展报告(2013—2023)》做了较好的总结,归纳为以下5个方面:(1)率先实施外商投资准入前国民待遇加负面清单管理模式,推动外商投资管理体制实现历史性变革;(2)率先建立以国际贸易"单一窗口"、高效便利海关监管为核心的贸易管理模式,有力支撑贸易强国建设;(3)探率先实施"证照分离"等一系列政府管理改革,促进营商环境改善和政府职能加快转变;(4)率先探索自由贸易账户等一批开创性举措,金融开放创新稳步突破;(5)率先推出跨境服务贸易负面清单管理模式,推进服务业综合开放。[11]

海南自贸港自2020年设立以来,在体制机制创新方面进展顺利。"海南自贸港制度集成创新三年行动60项任务全面完成,累计发布制度创新案例134项,其中8项被国务院向全国复制推广、6项

〔11〕 参见商务部国际贸易经济合作研究院:《中国自由贸易试验区十周年发展报告2013—2023》,第6-19页,载中华人民共和国商务部官网,http://zmqgs.mofcom.gov.cn/cms_files/oldfile//zmqgs/202312/20231201150113946.pdf。

得到国务院大督查表扬。"[12] 以"零关税"、低税率、简税制和"五自由便利和一安全有序流动"为主框架的自贸港政策制度体系已基本构建完成。[13] "自贸港建设有力提升海南经济外向度。2023 年,海南货物贸易进出口总值超 2300 亿元,同比增长 15.3%;实际使用外资和对外直接投资分别达 227.1 亿元、38.8 亿美元;人民币跨境收支首次突破 3000 亿元,增长 1.2 倍。"[14] "截至 2023 年底,'零关税'累计进口货值 195.7 亿元;加工增值内销免关税政策扩大至全省重点园区,享惠企业累计内销货值 46.7 亿元;企业和个人'两个 15%'所得税政策享惠面不断扩大,其中企业享惠主体 4000 余户次。"[15]

第三节 我国开发区设立和发展中存在的问题

从以上总体情况来看,我国各类开发区对我国国民经济和社会发展的贡献是十分巨大、无可替代的,且均呈良好发展态势。但是,我国开发区在设立和发展中还是存在不少问题。主要有以下几方面。

---

〔12〕《海南自贸港制度集成创新三年行动(2020—2022 年)顺利收官》,载海南自由贸易港官网,https://www.hnftp.gov.cn/zdcx/guojia/202301/t20230126_3350859.html。

〔13〕吴茂辉:《海南:自贸港建设成型起势 对外开放成效卓著》,载《经济参考报》2024 年 4 月 2 日,第 A05 版。

〔14〕吴茂辉:《海南:自贸港建设成型起势 对外开放成效卓著》,载《经济参考报》2024 年 4 月 2 日,第 A05 版。

〔15〕吴茂辉:《海南:自贸港建设成型起势 对外开放成效卓著》,载《经济参考报》2024 年 4 月 2 日,第 A05 版。

一、名目繁杂,无序发展

我国自 1979 年设立第一个开发区蛇口工业区和 1980 年设立第一经济特区深圳经济特区以来,从中央到地方,设立了名目繁多的开发区域。[16] 从开发区的名称来看,除五大经济特区以外,至少包括以下十五类四十余种具体类型。

(一)经济开发区

经济开发区,是指在沿海开放城市和其他开放城市划定小块的区域,集中力量建设完善的基础设施,创建符合国际水准的投资环境。通过吸收利用外资,兴办工业项目,发展加工出口产品,形成以高新技术产业为主的现代工业结构,成为所在城市及周围地区发展对外经济贸易的重点区域。

经开区的具体名称有:

1. 经济区。在《中国开发区审核公告目录》(2018 年版)中,以"经济区"命名的有 7 个,分别为:沈阳近海经济区、大连花园口经济区、大连循环产业经济区、大洼临港经济区、兴城滨海经济区、广西北部湾经济区、天津空港经济区。

2. 经济开发区。例如,海南洋浦经济开发区、北京石龙经济开发区、北京良乡经济开发区等。在《中国开发区审核公告目录》(2018 年版)中,以"经济开发区"命名的共 966 个,其中 3 个为国务院批准设立;省级人民政府批准设立 963 个。

3. 经济技术开发区。例如,北京经济技术开发区、东丽经济技术开发区、天津经济技术开发区等。在《中国开发区审核公告目录》

〔16〕 有的地方将这些特别区域统称为"开发区"。例如,《中国开发区审核公告目录》(2018 年版)实际包括了除中国自由贸易试验区以外的其他各种类型的开发区。

(2018 年版)中,以“经济技术开发区”命名的共 234 个。

(二)高新技术产业开发区

高新技术产业开发区,是指经国务院或省级人民政府批准,以发展高新技术产业为目的的特定区域。高新技术产业开发区,是以智力密集和开放环境等条件为依托,主要依靠国内的科技和经济实力,充分吸收和借鉴国外先进科技资源、资金和管理手段,通过实施高新技术产业的优惠政策和各项改革措施,实现软硬环境的局部优化,最大限度地把科技成果转化为现实生产力而建立起来的集中区域。

高新区的具体名称有:

1. 高新技术产业开发区。例如,天津滨海高新技术产业开发区、石家庄高新技术产业开发区、唐山高新技术产业开发区、保定高新技术产业开发区等。在《中国开发区审核公告目录》(2018 年版)中,以“高新技术产业开发区”命名的共 252 个,其中国务院批准设立 148 个,省级人民政府批准设立 104 个。

2. 高新技术产业园区。例如,大连高新技术产业园区、深圳市高新技术产业园区、上海未来岛高新技术产业园区、南京白下高新技术产业园区。在《中国开发区审核公告目录》(2018 年版)中,以“高新技术产业园区”命名的共 38 个,均为国务院批准设立。

3. 高新技术产业经济区。在《中国开发区审核公告目录》(2018 年版)中,以“高新技术产业经济区”命名的只有 1 个,即金山高新技术产业经济区。

4. 新技术产业园区。例如,天津新技术产业园区(2009 年更名为天津滨海高新技术产业开发区)。

5. 新兴技术开发区。在《中国开发区审核公告目录》(2018 年版)中,以“新兴技术开发区”命名的只有 1 个,即澧河泾新兴技术开发区。

（三）工业（园）区

工业（园）区，具体名称有：

1. 工业区。例如，天津海河工业区、天津潘庄工业区、天津大邱庄工业区、南昌昌东工业区等。在《中国开发区审核公告目录》（2018年版）中，以“工业区”命名的共12个。

2. 工业园。例如，天津京滨工业园、河北石家庄矿区工业园、安徽定远盐化工业园、广东恩平市工业园等。在《中国开发区审核公告目录》（2018年版）中，以“工业园”命名的共17个。

3. 科技工业园。在《中国开发区审核公告目录》（2018年版）中，以“科技工业园”命名的共3个，分别为沈阳海峡两岸科技工业园、南京海峡两岸科技工业园、眉县科技工业园。

4. 工业园区。例如，苏州工业园区、北京房山工业园区、北京昌平小汤山工业园区、天津中北工业园区等。在《中国开发区审核公告目录》（2018年版）中，以“工业园区”命名的共487个。

5. 海峡两岸科技工业园。在《中国开发区审核公告目录》（2018年版）中，以“海峡两岸科技工业园”命名的共有4个，分别是沈阳海峡两岸科技工业园、南京海峡两岸科技工业园、成都海峡两岸科技工业园、江西海峡两岸科技工业园。

6. 工业集中区。例如，柳河工业集中区、扶余工业集中区、龙井工业集中区、汪清工业集中区等。在《中国开发区审核公告目录》（2018年版）中，以“工业集中区”命名的共有81个。

7. 工业新区。在《中国开发区审核公告目录》（2018年版）中，以“工业新区”命名的只有1个，即哈尔滨香坊工业新区。

8. 深加工园区。在《中国开发区审核公告目录》（2018年版）中，以“深加工园区”命名的只有2个，即友谊农产品深加工园区、包头金属深加工园区。

（四）产业（园）区

产业（园）区，具体名称有：

1. 产业园。例如，天津专用汽车产业园、辽宁北方新材料产业园、伊春市南岔新能源产业园、安徽淮南现代煤化工产业园等。在《中国开发区审核公告目录》（2018 年版）中，以“产业园”命名的共有 32 个。

2. 产业园区。例如，中国—马来西亚钦州产业园区、天津大港石化产业园区、太原不锈钢产业园区、包头铝业产业园区等。在《中国开发区审核公告目录》（2018 年版）中，以“产业园区”命名的共有 94 个。

3. 产业集聚区。例如，郑州马寨产业集聚区、郑州中牟汽车产业集聚区、巩义市产业集聚区、新郑市新港产业集聚区等。在《中国开发区审核公告目录》（2018 年版）中，以“产业集聚区”命名的共有 105 个，均为省级人民政府批准设立。

4. 软件园。在《中国开发区审核公告目录》（2018 年版）中，以“软件园”命名的只有 1 个，即南京徐庄软件园。

5. 广告产业园区。例如，北京国家广告产业园区、青岛国家广告产业园区、芜湖国家广告产业园区等国家工商行政管理总局于 2011 年首批批准的 9 个国家级广告产业园区。但是，在《中国开发区审核公告目录》（2018 年版）并没有将国家广告产业园区列入其中。

（五）投资区

投资区，具体名称有：

1. 投资区。在《中国开发区审核公告目录》（2018 年版）中，以“投资区”命名的有 1 个，即福州元洪投资区，其创办于 2002 年 5 月，2003 年经中国食品协会批准为“中国食品示范园区”，2005 年 9 月由国务院正式核准为国家级工业园区。

2. 台商投资区。台商投资区是具有中国特色的，通过税收、文化等方式吸引台资投资的特殊区域，主要分布在福建省内。在《中国开发区审核公告目录》(2018 年版)中，以“台商投资区”命名的有 4 个，分别是：福州台商投资区、厦门海沧台商投资区、泉州台商投资区、漳州台商投资区。

3. 台商投资开发区。在《中国开发区审核公告目录(2018 年版)》中，以“台商投资开发区”命名的有 2 个，分别是：厦门杏林台商投资开发区、厦门集美台商投资开发区。

(六)科技园区

在《中国开发区审核公告目录》(2018 年版)中，以“科技园区”命名的只有 1 个，即“中关村科技园区”，属于国家级高新技术产业开发区。

(七)金融贸易区

在《中国开发区审核公告目录》(2018 年版)中，以“金融贸易区”命名的只有 1 个，即“上海陆家嘴金融贸易区”，于 1990 年开发开放浦东后成立。“金融贸易区”被列入国家级“其他类型开发区”。

(八)旅游度假区

国家级旅游度假区，是为进一步扩大对外开放，开发利用我国丰富的旅游资源，促进我国旅游业由观光型向观光度假型转变，鼓励外商投资开发旅游设施和经营旅游项目，加快旅游事业发展而设立的开发区。“国家旅游度假区是在一定区域范围内，以旅游经济为龙头，以度假、游览、康体休闲为导向的高水平、高创汇的国际性行业区域。”[17] 在《中国开发区审核公告目录》(2018 年版)中，经国务院批

---

〔17〕 丁焕峰、徐险峰等编著：《开发区发展的经济学理论与实证》，华南理工大学出版社 2017 年版，第 2 页。

准设立的国家级旅游度假区有 11 个，包括：大连金石滩、上海佘山、无锡太湖、苏州太湖、杭州之江、湄洲岛、武夷山、青岛石老人、北海银滩、三亚亚龙湾和昆明滇池国家旅游度假区。

（九）示范（园）区

示范（园）区，具体名称有：

1. 示范区。在《中国开发区审核公告目录》（2018 年版）中，以"示范区"命名的有 6 个，分别是黄河三角洲农业高新技术产业示范区、杨凌农业高新技术产业示范区、吉林化学工业循环经济示范区、抚远中俄沿边开放示范区、粤桂县域经济产业合作示范区、广西贺州华润循环经济产业示范区。其中前 2 个为国务院批准设立，后 4 个为省级人民政府批准设立。

2. 示范园。在《中国开发区审核公告目录》（2018 年版）中，以"示范园"命名的只有 1 个，即百色新山铝产业示范园，属于省级人民政府批准设立。

3. 示范园区。在《中国开发区审核公告目录》（2018 年版）中，以"示范园区"命名的只有 2 个，分别是贵港国家生态工业示范园区、科左后旗自主创新承接产业转移示范园区，属于省级人民政府批准设立。

4. 示范基地。例如，天津滨海民营经济成长示范基地、泰来工业示范基地、甘南县工业示范基地、拜泉工业示范基地等。在《中国开发区审核公告目录》（2018 年版）中，以"示范基地"命名的共有 14 个。

5. 国家自主创新示范区。例如，中关村国家自主创新示范区、武汉东湖国家自主创新示范区、上海张江国家自主创新示范区、苏南国家自主创新示范区、长株潭国家自主创新示范区等。截至 2022 年 4 月，共有 22 个，均为国务院批准建设。

6. 国家农业高新技术产业示范区。在《中国开发区审核公告目录》(2018年版)中,以“农业高新技术产业示范区”命名的共有2个。截至2023年12月,共有陕西杨凌、山东黄河三角洲、山西晋中、江苏南京、新疆昌吉、内蒙古巴彦淖尔、河南周口、黑龙江佳木斯、吉林长春等9个国家农业高新技术产业示范区。

(十)互市贸易区

互市贸易区,是指设立在我国陆路边境20千米以内,可以进行规定限额商品交换活动的区域。在《中国开发区审核公告目录》(2018年版)中,以“互市贸易区”命名的只有2个,分别是满洲里中俄互市贸易区、中俄东宁—波尔塔夫卡互市贸易区。互市贸易区被列入国家级“其他类型开发区”。

(十一)自贸区(港)

自贸区(港),具体名称有:

1. 中国自贸区。例如:中国(海南)自贸区、中国(福建)自贸区、中国(广东)自贸区等。

2. 自贸港。2020年6月成立的海南自贸港,是我国设立的唯一的自贸港。

(十二)保税(港)区

保税(港)区,保税区,是经国务院批准的开展国际贸易和保税业务的区域。保税(港)区类似于国际上的自由贸易区,区内允许外商投资经营国际贸易,发展保税仓储、加工出口等业务。保税(港)区属于海关特殊监管区域。

保税(港)区的具体名称有:

1. 保税区。例如,大连保税区、上海外高桥保税区、宁波保税区、福州保税区、厦门象屿保税区等。

2. 保税港区。例如，海南洋浦保税港区、张家港保税港区。

3. 保税物流园区。在《中国开发区审核公告目录》(2018 年版)中有 4 个，分别是天津保税物流园区、上海外高桥保税物流园区、厦门象屿保税物流园区、广州保税物流园区。但现已全部升级为综合保税区。

4. 综合保税区。例如，北京天竺综合保税区、天津滨海新区综合保税区、石家庄综合保税区、曹妃甸综合保税区等。

(十三)出口加工区

原有出口加工区如天津出口加工区、河北秦皇岛出口加工区、内蒙古呼和浩特出口加工区、辽宁大连出口加工区等。出口加工区属于“海关特殊监管区域”。

(十四)跨境工业区

以“跨境工业区”命名的只有 1 个，即珠澳跨境工业区。跨境工业区属于“海关特殊监管区域”。

(十五)边(跨)境经济合作区

边(跨)境经济合作区，“是我国为了加强与周边国家的产业合作、边民往来而建立的发展边境贸易和加工出口的区域”[18]。

边(跨)境经济合作区，一般设立在我国沿边开放城市，具体名称分为：

1. 边境经济合作区。例如，满洲里边境经济合作区、二连浩特边境经济合作区、伊宁边境经济合作区、塔城边境经济合作区、吉木乃边境经济合作区等。在《中国开发区审核公告目录》(2018 年版)中，

---

〔18〕 郭洪伟等：《开发区法治建设与产业发展研究》，首都经济贸易大学出版社 2021 年版，第 7 页。

以“边境经济合作区”命名的共有20个。

2. 跨境经济合作区。在《中国开发区审核公告目录》(2018年版)中,跨境经济合作区有2个,分别为中国老挝磨憨—磨丁经济合作区、中哈霍尔果斯国际边境合作中心中方配套区。

为了直观起见,现将上述我国各类开发区情况制成表2-6。

表2-6 我国开发区名称类型及相关情况

序号	名称	举例或说明
1	经济区	沈阳近海经济区、大连花园口经济区、大连循环产业经济区、大洼临港经济区等
2	经济开发区	海南洋浦经济开发区、新疆喀什经济开发区、新疆霍尔果斯经济开发区、北京石龙经济开发区等
3	经济技术开发区	北京经济技术开发区、东丽经济技术开发区、天津经济技术开发区、西青经济技术开发区等
4	高新技术产业开发区	天津滨海高新技术产业开发区、石家庄高新技术产业开发区、唐山高新技术产业开发区等
5	高新技术产业园区	大连高新技术产业园区、深圳市高新技术产业园区、上海未来岛高新技术产业园区等。均为国务院批准设立
6	高新技术产业经济区	金山高新技术产业经济区
7	新兴技术开发区	上海市漕河泾新兴技术开发区
8	新技术产业园区	天津新技术产业园区(已更名为天津滨海高新技术产业开发区)
9	工业区	天津海河工业区、天津潘庄工业区、天津大邱庄工业区、南昌昌东工业区等

续表

序号	名称	举例或说明
10	工业园	天津京滨工业园、河北石家庄矿区工业园、安徽定远盐化工业园等
11	科技工业园	沈阳海峡两岸科技工业园、南京海峡两岸科技工业园、眉县科技工业园
12	工业园区	苏州工业园区、北京房山工业园区、北京昌平小汤山工业园区等
13	海峡两岸科技工业园	沈阳海峡两岸科技工业园、南京海峡两岸科技工业园、成都海峡两岸科技工业园、江西海峡两岸科技工业园
14	工业集中区	柳河工业集中区、扶余工业集中区、龙井工业集中区、汪清工业集中区等
15	工业新区	哈尔滨香坊工业新区
16	深加工园区	友谊农产品深加工园区、包头金属深加工园区
17	产业园	天津专用汽车产业园、辽宁北方新材料产业园、伊春市南岔新能源产业园等
18	产业园区	中国—马来西亚钦州产业园区、天津大港石化产业园区等
19	产业集聚区	郑州马寨产业集聚区、郑州中牟汽车产业集聚区、巩义市产业集聚区等。均为省级人民政府批准设立
20	软件园	南京徐庄软件园
21	投资区	福州元洪投资区
22	台商投资区	福州台商投资区、厦门海沧台商投资区、泉州台商投资区等
23	台商投资开发区	厦门杏林台商投资开发区、厦门集美台商投资开发区
24	科技园区	中关村科技园区

续表

序号	名称	举例或说明
25	金融贸易区	上海陆家嘴金融贸易区
26	国家级旅游度假区	大连金石滩国家旅游度假区、上海佘山国家旅游度假区、无锡太湖国家旅游度假区等
27	示范区	吉林化学工业循环经济示范区、抚远中俄沿边开放示范区等
28	示范园	百色新山铝产业示范园,为省级人民政府批准设立
29	示范园区	贵港国家生态工业示范园区、科左后旗自主创新承接产业转移示范园区,均为省级人民政府批准设立
30	示范基地	天津滨海民营经济成长示范基地、泰来工业示范基地、甘南县工业示范基地等
31	国家自主创新示范区	中关村国家自主创新示范区、武汉东湖国家自主创新示范区、上海张江国家自主创新示范区等
32	农业高新技术产业示范区	杨凌农业高新技术产业示范区、黄河三角洲农业高新技术产业示范区等
33	互市贸易区	满洲里中俄互市贸易区、中俄东宁—波尔塔夫卡互市贸易区
34	自贸区	中国(上海)自贸区、中国(福建)自贸区、中国(广东)自贸区等共22个
35	自贸港	海南自贸港
36	保税区	大连保税区、上海外高桥保税区、宁波保税区、福田保税区、珠海保税区共5个
37	保税港区	海南洋浦保税港区、张家港保税港区共2个
38	保税物流园区	在《中国开发区审核公告目录》(2018年版)中有天津、上海外高桥、厦门象屿、广州等4个保税物流园区。现均已升级或并入综合保税区

续表

序号	名称	举例或说明
39	综合保税区	北京天竺综合保税区、北京大兴国际机场综合保税区、北京中关村综合保税区、天津滨海新区综合保税区等共 163 个
40	跨境工业区	珠澳跨境工业区(珠海园区)1 个
41	出口加工区	天津出口加工区、河北秦皇岛出口加工区、内蒙古呼和浩特出口加工区、辽宁大连出口加工区、吉林珲春出口加工区、上海漕河泾出口加工区、上海嘉定出口加工区等
42	边境经济合作区	满洲里边境经济合作区、二连浩特边境经济合作区、丹东边境经济合作区、珲春边境经济合作区、和龙边境经济合作区、绥芬河边境经济合作区、黑河边境经济合作区、东兴边境经济合作区等
43	跨境经济合作区	中国老挝磨憨—磨丁经济合作区、中哈霍尔果斯国际边境合作中心中方配套区

资源来源:(1)基础数据根据《中国开发区审核公告目录》(2018 年版)整理;(2)海关特殊监管区的数据,根据海关总署公布的全国海关特殊监管区(截至 2023 年 12 月底)数据整理;(3)其他数据根据国务院相关部门网站发布的数据整理。

从表 2－6 情况可以看出,我国各地设立的开发区名称五花八门,十分杂乱,有四十多种,而且新的名称还在不断出现。

我国开发区名目繁杂的主要原因就是缺少统一的命名规则,导致具有相同功能或性质的开发区,使用了多个相似的名称。例如,与经济技术开发区相似的名称有经济区、经济开发区等;与高新技术开发区名称近似的有高新技术产业开发区、高新技术产业园区、高新技术产业经济区、新技术产业园区、新兴技术开发区等。最为混乱的是与产业园区名称近似的,如工业区、工业园、科技工业园、工业园区、工业集中区、工业新区、深加工园区、产业园、产业园区、产业集聚区等多种名称。

此外,我国开发区不仅名目繁杂,而且“一园多区”“一区多园”“园中园”“区中区”以及同一开发区具有多重身份属性的现象十分普遍。例如,中国(上海)自贸区在最初设立时其范围涵盖上海市外高桥保税区、外高桥保税物流园区、洋山保税港区、上海浦东机场综合保税区、金桥出口加工区、张江高科技园区和陆家嘴金融贸易区7个区域。[19] 2020年8月底,国务院(国函〔2020〕124号)正式批复上海外高桥保税物流园区整合优化为“上海外高桥港综合保税区”,即同时存在“上海外高桥保税区”“上海外高桥港综合保税区”,让非专业人士难以分辨。又如,苏南国家自主创新示范区是在南京、苏州、无锡、常州、昆山、江阴、武进、镇江等8个高新技术产业开发区和苏州工业园区基础上进行建设的。中关村科技园区,它既是国家高新技术产业开发区,又是国家自主创新示范区,同时还是北京市国家服务业扩大开放综合示范区的重点园区。

海关特殊监管区域“发展中也存在种类过多、功能单一、重申请设立轻建设发展等问题”[20]。为此,2012年10月27日国务院专门发布了《关于促进海关特殊监管区域科学发展的指导意见》(国发〔2012〕58号)。2015年8月28日国务院办公厅又发布了《加快海关特殊监管区域整合优化方案》,其第2条“推进海关特殊监管区域整合”中的“(五)整合类型”明确提出“逐步将现有出口加工区、保税物流园区、跨境工业区、保税港区及符合条件的保税区整合为综合保税区。新设立的海关特殊监管区域统一命名为综合保税区”。经过此后几年的整合,大多数海关特殊监管区域已更名为综合保税区。根

〔19〕 调整和扩区后的中国(上海)自贸区由上海外高桥保税区、上海外高桥港综合保税区、洋山保税港区、上海浦东机场综合保税区、陆家嘴金融片区、金桥开发片区、张江高科技片区、临港新片区8个片区组成。

〔20〕 国务院《关于促进海关特殊监管区域科学发展的指导意见》(国发〔2012〕58号,2012年10月27日发布)。

据海关总署公布的数据,截至2023年12月,全国海关特殊监管区共171个,其中,保税港区2个(张家港保税港区、海南洋浦保税港区),保税区5个(大连保税区、上海外高桥保税区、宁波保税区、福田保税区、珠海保税区),珠澳跨境工业区(珠海园区)1个、综合保税区163个。因此,海关特殊监管区的类型实际已由原先的六类减至目前的四类,这也为今后统一规制海关特殊监管区创造了极大的便利。

开发区名目繁杂、身份重叠、政策叠加,必然对市场主体参与、政府监督管理(如国民经济数据统计)以及法律规制、政策适用等带来诸多不便甚至难题。因此,尽早通过开发区立法确立相对统一命名规则,减少开发区名目和数量显得十分必要。

二、重复建设,浪费资源

我国各地纷纷设立的各类开发区存在比较明显的低水平重复建设的问题。一方面,许多开发区特色不明显,而且园区内的产业关联度不强,集群性不高;另一方面,盲目圈地甚至故意过量圈地,造成大量的土地闲置,土地资源特别是农业耕地浪费现象严重。

"自1984年设立首批国家级经济技术开发区以来,我国各类开发区发展迅速,成为推动我国工业化、城镇化快速发展和对外开放的重要平台,对促进体制改革、改善投资环境、引导产业集聚、发展开放型经济发挥了不可替代的作用。但在开发区发展过程中,也出现了数量过多、布局不合理、低水平重复建设、恶性竞争等问题。"[21] 由于受地方利益驱动和房地产热的影响,曾一度出现了全国范围内的"开发区热",造成混乱局面,甚至违背了开发区设立的目的和发展规律。各地开发区重复建设的现象严重,区内区、园中园屡见不鲜。"1992

〔21〕 参见2018年3月2日发改委发布的《〈中国开发区审核公告目录〉(2018年版)说明》。

年一些地方政府擅自下放土地审批权，部分开发区管委会独立行使土地规划、征用、划拨和出让权，造成乱批滥占土地。"[22]"在一些省会城市或稍大一些的城市，一个城市范围内开发区多达5—6个。"[23]"许多中等城市同时成立几种类型开发区的现象普遍存在，甚至在一个只有十万人口的小城市就同时设有国家级经济技术开发区和高新技术产业开发区。"[24]"当国家实行宏观调控政策、紧缩银根后，一些开发区摊子铺得过大，缺乏资金，没能及时完成区内的基础施工及配套工程，加上外商投资能力有限，导致已占用的土地大量闲置。"[25]据原国家建设部1993年公布的数据，"在全国设立的县级以上开发区曾一度达到6000多个，规划占地达1.5万平方公里，比当时中国城市用地面积总量1.34万平方公里还多出0.16万平方公里"[26]。"这不仅仅造成了大量土地的浪费和优质耕地的撂荒，而且，为了达到'七通一平'，还有大量的社会资本被无效地凝固在开发区的土地上，造成了'种田不能、不开发亦不能'的尴尬境地。"[27]

1993年4月28日国务院发布《关于严格审批和认真清理各类开发区的通知》，明确指出："设立各类开发区，实行国务院和省、自治区、直辖市人民政府两级审批制度。省、自治区、直辖市以下各级人民政府不得审批设立各类开发区。"

但是，由于受开发区土地转让费不需上缴而可用于滚动开发等

---

〔22〕 闫川：《开发区蔓延反思及控制》，中国建筑工业出版社2008年版，第20页。

〔23〕 张可云：《区域经济政策》，商务印书馆2005年版，第476页。

〔24〕 张召堂：《中国开发区可持续发展战略》，中共中央党校出版社2003年版，第68页。

〔25〕 闫川：《开发区蔓延反思及控制》，中国建筑工业出版社2008年版，第20页。

〔26〕 何清涟、张祥平：《"圈地运动"与中国社会心理的变迁》，载《战略与管理》2000年第4期。

〔27〕 张召堂：《中国开发区可持续发展战略》，中共中央党校出版社2003年版，第68页。

利益的驱动，各地方政府设立开发区的热情仍很高涨。有些地方“出现了不顾实际条件，盲目设立和扩建名目繁多的各类开发区，造成大量圈占耕地和违法出让、转让国有土地的现象，严重损害了农民利益和国家利益”[28]。“国务院研究室宏观经济司的一份统计数据表明，目前我国已有各类开发区中经国务院批准的只有232家，省级批准的也不过1019家。换句话说，有超过8成的开发区不在国家规划范围之内。”[29]“一些地方和部门擅自批准设立名目繁多的各类开发区包括园区、度假区，随意圈占大量耕地和违法出让、转让土地，越权出台优惠政策，导致开发区过多过滥，明显超出了实际需要，严重损害了农民利益和国家利益。”[30]

在这种情况下，1997年，中共中央、国务院又下发了《关于进一步加强土地管理切实保护耕地的通知》（中发〔1997〕11号），再次要求各级地方政府撤销未经国务院或省级人民政府批准的各类开发区。根据国务院通知的精神，各地方政府对已经批准的开发区进行了清理，撤销了一批不具备开发条件的开发区，但仍保留了大部分的省级开发区。2003年国务院连续三次发文，国务院办公厅《关于暂停审批各类开发区的紧急通知》（国办发明电〔2003〕30号，2003年7月18日发布）、国务院办公厅《关于清理整顿各类开发区加强建设用地管理的通知》（国办发〔2003〕70号，2003年7月30日发布）、国务院《关于加大工作力度进一步治理整顿土地市场秩序的紧急通知》（国发明电〔2003〕7号，2003年11月3日发布），开始对开发区进行全面清理整顿。

---

〔28〕 国务院办公厅《关于暂停审批各类开发区的紧急通知》（国办发明电〔2003〕30号，2003年7月18日发布）。

〔29〕 李琳：《园区经济："圈地运动"的美丽谎言》，载《中国城市经济》2004年第8期。

〔30〕 国务院办公厅《关于清理整顿各类开发区加强建设用地管理的通知》（国办发〔2003〕70号，2003年7月30日发布）。

经过2003年至2006年对全国开发区的清理整顿，我国开发区的数量由以前的3000多家大幅减至1568家，[31]对于促进和规范开发区发展发挥了积极的作用。

尽管如此，各地政府为了本地经济，一直以来仍有增区、扩区的冲动。《中国开发区审核公告目录》(2018年版)的数据显示，我国国家级和省级开发区的数量又已增至2543个，其中国家级开发区522个和省级开发区1991个。2018年的数据相较于2006年的数据，12年间新增开发区975个，平均每年增加81个。

三、多头管理，政出多门

我国各类开发区目前实行的是发改委、商务部、科技部、海关总署、文化与旅游部等多部门管理体制。具体而言，发改委开发区的发展规划，指导和协调经济技术开发区和海关特殊监管区域的工作；商务部归口管理国家级经济技术开发区、中国自贸区以及边境合作区、跨境合作区等；科技部归口国家高新技术产业开发区、国家自主创新示范区(自创区)、农业高新技术产业示范区等；海关总署归口管理综合保税区、保税区、保税港区、保税物流园区、出口加工区、跨境工业园区等；文化和旅游部归口管理国家旅游度假区。

管理体制混乱体现在，一方面容易出现相互扯皮推诿和重复、交叉管理等现象；另一方面容易出现管理措施和手段针对性不强等效率低下的问题。例如，鼓励和引导科技创新的特殊政策，究竟是针对高新技术产业开发区的所有企业，还是更应该针对被认定高新技术企业的企业？显然，在高新技术产业开发区开办的企业并不全都是高新技术企业，而在高新技术产业开发区以外的开发区开办的企业

---

[31]　《中国开发区审核公告目录》(2006年版)，2007年3月27日发布。

也有许多实际上属于或者已经被认定为高新技术企业。根据现行的《高新技术企业认定管理办法》(2016年修订)[32]第2条规定:“本办法所称的高新技术企业是指:在《国家重点支持的高新技术领域》内,持续进行研究开发与技术成果转化,形成企业核心自主知识产权,并以此为基础开展经营活动,在中国境内(不包括港、澳、台地区)注册的居民企业。”第5条规定:“科技部、财政部、税务总局负责全国高新技术企业认定工作的指导、管理和监督。”高新技术企业的认定更像是专业性的工作问题,是否有必要由多部门负责认定?而对于高新技术产业开发区的管理这种管理性的工作问题,由科技部归口管理是否最适合?

另外,关于“园中区、区中园、园中园、区中区”的多重开发区功能交叉、重叠的问题,如中国(上海)自贸区是上海外高桥保税区、上海外高桥保税物流园区(已升级为上海外高桥港综合保税区)、洋山保税港区、上海浦东机场综合保税区、陆家嘴金融片区、金桥开发片区、张江高科技片区等片区组成的,其中既有海关特殊监管区域,又有高新技术开发区。目前国务院已批准建设的大多数自主创新示范区的建设范围也包括多个开发区,如山东半岛国家自主创新示范区的建设范围包括济南、青岛、淄博、潍坊、烟台、威海国家高新技术产业开发区;鄱阳湖国家自主创新示范区建设范围包括南昌、新余、景德镇、鹰潭、抚州、吉安、赣州高新技术产业开发区;苏南国家自主创新示范区的建设范围包括南京、苏州、无锡、常州、昆山、江阴、武进、镇江高新技术产业开发区和苏州工业园区。不仅开发区数量多,而且有的类型和归口管理部门还有所不同。从管理协调角度来讲,其难度可想而知,其管理效率不可能很高。

---

〔32〕 2016年1月29日科技部、财政部、国家税务总局发布《关于修订印发〈高新技术企业认定管理办法〉的通知》(国科发火〔2016〕32号)。

四、政府主导，产业集群性不高

我国开发区大多是由政府推动设立的。许多地方政府出于地方利益保护，甚至可能是政绩的考虑，盲目设立和发展开发区。许多开发区内的企业和机构彼此之间的产业和技术关联不强，产业群的整体竞争力不强。

有的工业园区缺乏骨干企业、龙头企业，入园企业的规模也比较弱小，科技含量低，市场竞争力差；有的园区既无长远规划，也无产业规划，更谈不上企业分类集聚。有的园区为了完成“指标”，突出“政绩”，将“草根”企业、“开关”工厂、“空壳”公司等淘汰企业，甚至污染行业招至工业园区。〔33〕

“有些开发区产业结构单一，技术层次低，对外辐射功能不明显。在现有的一些开发区项目中，先进技术比重小，一般性技术较多，一些甚至是二流、三流或将要淘汰的技术。”〔34〕“不同地区的国家级开发区之间、同一地区的不同类型国家级开发区之间，产业发展规划趋同，没有区分差异化的产业特色，同类产业或产品仍然存在重复投资和过度竞争问题。”〔35〕“以高新技术产业开发区为例，产业结构雷同现象十分严重。”“区内企业规模小，缺乏高技术内涵，国际竞争力差，是目前我国高新区的普遍特点。”〔36〕

政府主导模式的另一个弊端是势必影响到市场机制作用的充分

〔33〕 厉无畏、王振主编：《中国开发区的理论与实践》，上海财经大学出版社 2004 年版，第 63 页。

〔34〕 厉无畏、王振主编：《中国开发区的理论与实践》，上海财经大学出版社 2004 年版，第 237 页。

〔35〕 冯烽：《国家级新区和开发区高质量发展研究》，中国社会科学出版社 2022 年版，第 113 页。

〔36〕 张召堂：《中国开发区可持续发展战略》，中共中央党校出版社 2003 年版，第 73－74 页。

发挥。2014年10月30日国务院办公厅发布《关于促进国家级经济技术开发区转型升级创新发展的若干意见》明确提出："国家级经开区要在发展理念、兴办模式、管理方式等方面加快转型，努力实现由追求速度向追求质量转变，由政府主导向市场主导转变，由同质化竞争向差异化发展转变，由硬环境见长向软环境取胜转变。"〔37〕2017年1月19日国务院办公厅发布《关于促进开发区改革和创新发展的若干意见》（国办发〔2017〕7号）进一步提出："经济技术开发区、高新技术产业开发区、海关特殊监管区域等国家级开发区要发挥示范引领作用，突出先进制造业、战略性新兴产业、加工贸易等产业特色……""开发区要贯彻落实创新驱动发展战略，促进科技创新、制度创新，吸引集聚创新资源，提高创新服务水平，推动由要素驱动向创新驱动转变。"

五、分布不均，发展失衡

改革开放之初，我国实行的是"让一部分人、一部分地区先富起来"，"让一部分地区发展快一点"的非均衡发展战略。因此，经济特区和沿海开放城市均在东部地区，其他的开发区也主要集中于东部地区，中部地区相对较少，西部地区则最少。此后，我国区域发展战略有重大调整，即提出并实施了东北振兴、西部开发、中部崛起等协调发展战略。2017年1月19日国务院办公厅发布的《关于促进开发区改革和创新发展的若干意见》（国办发〔2017〕7号）提出"推动各区域开发区协调发展"，推进东部地区现有开发区转型升级；支持中西部地区、东北地区进一步完善开发区软硬件环境；鼓励东部地区开发区与中西部地区、东北地区合作共建开发区。2017年4月14日科

〔37〕 2014年10月30日发布的国务院办公厅《关于促进国家级经济技术开发区转型升级创新发展的若干意见》（国办发〔2014〕54号）。

技部发布的《国家高新技术产业开发区"十三五"发展规划》中也明确提出："国家高新区、自创区的区域布局有待优化。国家高新区在中西部地区分布相对较少……国家自创区在东北及中西部经济欠发达地区还有待布局，支撑东北振兴、西部大开发、一带一路、长江经济带等国家战略的能力需要进一步加强。"[38] 但是，就整体而言，我国开发区地区分布不均衡的现状还客观存在。下面以中国开发区的相关数据予以说明。

从表2－7中可以看出，东部地区的国家级和省级开发区的数量在2006年占全国总数量的48%，接近一半，而西部地区仅占18%，东部和西部的不均衡性特别明显。至2018年，东部地区的国家级和省级开发区数量增加了216个，增幅为29%，在全国的占比下降至38%。而西部地区的开发区数量增加了425个，增幅为147%，在全国的占比上升到28%，各地区间不均衡状况得到一些改善。但是，如果结合东部、中部、西部和东北的国土面积在全国的占比等因素进行综合比较，开发区数量在东部、中部、西部地区之间的非均衡状况还是很明显的。

表2－7 国家级和省级开发区在东中西部和东北地区的数量分布情况（2006年、2018年）

年份	东部地区		中部地区		西部地区		东北地区		合计（个）
	数量（个）	占比（%）	数量（个）	占比（%）	数量（个）	占比（%）	数量（个）	占比（%）	
2006	748	48	401	26	289	18	130	8	1568

〔38〕 2017年4月14日科技部发布的《国家高新技术产业开发区"十三五"发展规划》。

续表

年份	东部地区		中部地区		西部地区		东北地区		合计（个）
	数量（个）	占比（%）	数量（个）	占比（%）	数量（个）	占比（%）	数量（个）	占比（%）	
2018	964	38	625	25	714	28	240	9	2543

数据来源：根据《中国开发区审核公告目录》（2006 年版）和《中国开发区审核公告目录》（2018 年版）整理。〔39〕

从表 2－8 中可以看出，2018 年至今，全国国家级开发区数量和在东部、中部、西部和东北地区分布情况都没有太大的变化，其中东部地区的国家级开发区数量接近全国总数的一半，与中部、西部、东北地区相比，其数量优势还是十分明显的。

表 2－8　国家级开发区在东中西部和东北地区的数量分布情况（截至 2024 年 6 月）

年份	东部地区		中部地区		西部地区		东北地区		合计（个）
	数量（个）	占比（%）	数量（个）	占比（%）	数量（个）	占比（%）	数量（个）	占比（%）	
2018	258	46.74	107	19.38	131	23.73	56	10.14	552
2024	260	45.38	119	20.77	138	24.08	56	9.77	573

数据来源：根据《中国开发区审核公告目录》（2006 年版）和《中国开发区审核公告目录》（2018 年版）整理。

从表 2－9 可以看出，开发区数量和占比排在前 5 名的省（区市）都在东部地区，分别为江苏省、浙江省、山东省、广东省、福建省。而开发区数量和占比靠后的省（区市）大多在西部地区。

〔39〕《中国开发区审核公告目录》（2006 年版）（2007 年 3 月 27 日发改委、原国土资源部、原建设部发布）；《中国开发区审核公告目录》（2018 年版）（2018 年 2 月 26 日发改委、科技部、原国土资源部、住建部、商务部、海关总署发布）。

表2-9　国家级开发区在各省(区市)的分布情况(截至2024年6月)

省区市	开发区数量(个)	占比(%)	省区市	开发区数量(个)	占比(%)
江苏省	67	11.69	黑龙江省	16	2.79
浙江省	38	6.63	广西壮族自治区	15	2.62
山东省	38	6.63	河北省	15	2.62
广东省	32	5.58	吉林省	14	2.44
福建省	30	5.24	内蒙古自治区	12	2.09
新疆维吾尔自治区	25	4.36	天津市	12	2.09
辽宁省	26	4.54	重庆市	10	1.75
安徽省	24	4.19	山西省	7	1.22
湖北省	22	3.84	贵州省	8	1.40
江西省	23	4.01	甘肃省	8	1.40
河南省	21	3.66	海南省	5	0.87
湖南省	22	3.84	宁夏回族自治区	5	0.87
上海市	20	3.49	北京市	3	0.52
四川省	18	3.14	青海省	3	0.52
云南省	16	2.79	西藏自治区	2	0.35
陕西省	16	2.79	合计	573	100

数据来源:基础数据根据《中国开发区审核公告目录》(2018年版),加上2018年以后国务院批复新增的21个国家级高新技术产业开发区。

另有数据表明:从开发区规划面积比较来看,“东部地区国家级开发区规划面积为286,182.5公顷,中部地区为83,762.62公顷,西部地区为1,131,715.62公顷,东北地区为48,559.11公顷”[40]。“全国共有7个省(自治区、直辖市)的国家级开发区规划面积超过3万顷,分别是江苏、浙江、福建、上海、山东、广东和新疆;5个省(自治

〔40〕 冯烽:《国家级新区和开发区高质量发展研究》,中国社会科学出版社2022年版,第61页。

区)国家级开发区规划面积小于5000公顷,分别是山西、贵州、宁夏、青海、西藏。"〔41〕

因此,"开发区的分布特征显然是以东部为多,以发达地区为多,以大中城市为多,这样便引致区域分布的不平衡"〔42〕。开发区布局的不合理,在一定程度上也加剧了东西部的经济差距。

下面就近几年国家级经济技术开发区的东部、中部、西部、东北地区分布与主要经济指标情况进行比较。特别说明的是:因相关数据在2022年之前按照东部、中部、西部3个地区归口统计,2023年按照东部、中部、西部、东北4个地区归口统计,所以分为两张表格列示(见表2-10、表2-11)。

从表2-10和表2-11可以明显看出,东部地区的国家级经济技术开发区在数量上占全国国家级经济技术开发区的近一半;在开发区的生产总值、财政收入、税收收入、进出口总额以及实际使用外资和外商投资企业再投资等方面,占比超过全国国家级经济技术开发区总量的60%。

总之,我国东部地区和中部、西部、东北地区之间无论在开发区的数量方面,还是在经济发展方面,不均衡状况仍是明显的,呈现出明显的"东强西弱"特征。由于开发区在区域经济发展中的特殊作用和意义(可能成为经济增长极),协调区域经济发展,在很大程度上取决于如何协调开发区在地区之间更进一步地合理布局和平衡发展。因此,开发区建设,只有科学规划,合理布局,才能更好地促进东中西部、沿海与内地协调发展,并促进经济和社会全面、可持续发展。

〔41〕 冯烽:《国家级新区和开发区高质量发展研究》,中国社会科学出版社2022年版,第61页。

〔42〕 宋宏:《十字路口的选择:开发区治理体制研究》,安徽人民出版社2016年版,第11页。

表 2-10　2018—2022 年国家级经济技术开发区的东、中、西部分布与主要经济指标情况

年份	内容	东部地区		中部地区		西部地区		合计
		数量	占比	数量	占比	数量	占比	
2018	国家级经开区(个)	107	48.8%	63	28.8%	49	22.4%	219
	生产总值(万亿元)	6.733	66%	2.139	21%	1.330	13%	10.2
	财政收入(万亿元)	1.352	70%	0.378	19%	0.208	11%	1.9
	税收收入(万亿元)	1.215	70%	0.318	18%	0.205	12%	1.7
	进出口总额(万亿元)	5.428	82%	0.568	9%	0.198	3%	61937
	实际使用外资和外商投资企业再投资(亿美元)	306	60%	154	30%	53	10%	513
2019	国家级经开区(个)	107	49.1%	63	28.9%	48	22%	218
	生产总值(万亿元)	6.924	63.9%	2.438	22.2%	1.478	13.9%	10.8
	财政收入(万亿元)	1.466	71%	0.377	18%	0.233	11%	2.1
	税收收入(万亿元)	1.307	70%	0.333	18%	0.215	12%	1.9
	进出口总额(万亿元)	5.478	87%	0.637	10%	0.217	3%	6.3
	实际使用外资和外商投资企业再投资(亿美元)	320	60%	156	30%	55	10%	532

续表

年份	内容	东部地区		中部地区		西部地区		合计
		数量	占比	数量	占比	数量	占比	
2020	国家级经开区(个)	107	49.3%	63	29%	47	21.7%	217
	生产总值(万亿元)	7.4	63.2%	2.7	23.1%	1.6	13.7%	11.6
	财政收入(万亿元)	1.5	71%	0.376	18%	0.246	11%	2.1
	税收收入(万亿元)	1.3	70%	0.337	18%	0.232	12%	1.9
	进出口总额(万亿元)	5.7	85%	0.72	11%	0.262	4%	6.7
	实际使用外资和外商投资企业再投资(亿美元)	359	59%	191	31%	61	10%	611
2021	国家级经开区(个)	112	48.7%	68	29.6%	50	21.7%	230
	生产总值(万亿元)	8.5	62%	3.2	23.4%	2.0	14.6%	13.7
	财政收入(万亿元)	1.8	70%	0.454	18%	0.315	12%	2.5
	税收收入(万亿元)	1.5	68%	0.419	19%	0.28	13%	2.2
	进出口总额(万亿元)	7.3	84.3%	0.976	11.3%	0.385	4.4%	8.7
	实际使用外资和外商投资企业再投资(亿美元)	419	61.3%	193	28.3%	71	10.4%	684

续表

年份	内容	东部地区		中部地区		西部地区		合计
		数量	占比	数量	占比	数量	占比	
2022	国家级经开区(个)	112	48.7%	68	29.6%	50	21.7%	230
	生产总值(万亿元)	9.3	62%	3.4	22.7%	2.3	15.3%	15
	财政收入(万亿元)	1.7	68%	0.476	19%	0.331	13%	2.5
	税收收入(万亿元)	1.5	67%	0.428	19%	0.316	14%	2.3
	进出口总额(万亿元)	8.3	83%	1.2	12%	0.522	5%	10
	实际使用外资和外商投资企业再投资(亿美元)	378	89.4%	31	7.3%	14	3.3%	423

数据来源:根据商务部发布的相应年份的《国家级经济技术开发区主要经济指标情况》整理。

表 2-11　2023 年国家级经济技术开发区的东、中、西部分布与主要经济指标情况

内容	东部地区		中部地区		西部地区		东北地区		合计
	数量	占比	数量	占比	数量	占比	数量	占比	
国家级经开区(个)	103	45%	55	24%	50	22%	21	9%	229
生产总值(万亿元)	9.3	58.9%	3.0	19%	2.4	15.1%	1.1	7%	15.7
财政收入(万亿元)	1.7	63%	0.390	15%	0.389	15%	0.174	7%	2.7
税收收入(万亿元)	1.6	63%	0.393	16%	0.364	14%	0.167	7%	2.5
进出口总额(万亿元)	8	79%	1.1	11%	0.521	5%	0.542	5%	10.1
实际使用外资和外商投资企业再投资(亿美元)	348	88%	24	6%	11	3%	12	3%	395

数据来源:根据《2023 年国家级经济技术开发区主要经济指标情况》整理。

第三章　我国开发区的立法概况及存在的问题

第一节　我国开发区的立法概况

本节对我国开发区的立法概况大致分为经济(技术)开发区和自由贸易区两部分进行总结和分析。其中经济(技术)开发区具体包括经开区、高新区和其他产业园区;自由贸易区具体包括中国自由贸易试验区、自贸港和海关特殊监管区。

一、有关经开区、高新区等开发区的立法概况

(一)中央层面有关经开区、高新区等开发区的立法

截至2024年6月,全国人民代表大会及常委会尚未制定一部关于经济(技术)开发区的法律。国务院除了在1991年3月6日制定发布了《国家高新技术产业开发区若干政策的暂行规定》以外,未出台其他任何关于经开区、高新区等开发区的行政法规。

1. 有关国家级经济技术开发区的行政规章和规范性文件

截至2024年6月,国务院和各有关部门发布且现行有效的有关国家级经济技术开发区的行政规章和规范性文件,见表3-1。

表3－1　有关国家级经济技术开发区的行政规章和规范性文件

序号	名称	制定部门	公布日期	施行日期	修改时间
1	关于推进国家级经济技术开发区创新提升打造改革开放新高地的意见	国务院	2019.05.18	2019.05.18	—
2	关于十四个国家级经济技术开发区财政政策问题的复函	国务院办公厅	1996.08.12	1996.08.12	—
3	国家高新技术产业开发区基本建设银行贷款投资计划管理暂行规定	原国家计划委员会、原国家科学技术委员会	1997.01.20	1997.01.20	—
4	国家级经济技术开发区扩建审批原则和审批程序	商务部	2005.08.17	2005.08.17	—
5	国家级经济技术开发区经济社会发展"十一五"规划纲要	商务部、原国土资源部	2006.07.21	2006.07.21	—
6	国家级经济技术开发区国家级边境经济合作区等基础设施项目贷款中央财政贴息资金管理办法	财政部	2014.04.28	2014.04.28	—
7	关于促进国家级经济技术开发区转型升级创新发展的若干意见	国务院办公厅	2014.10.30	2014.10.30	—

续表

序号	名称	制定部门	公布日期	施行日期	修改时间
8	关于完善国家级经济技术开发区考核制度促进创新驱动发展的指导意见	国务院办公厅	2016.03.16	2016.03.16	—
9	关于加强国家级经济技术开发区安全生产工作的通知	商务部	2016.12.07	2016.12.07	—
10	国家级经济技术开发区综合发展水平考核评价办法（2021 年版）	商务部	2021.09.28	2022.01.01	—

2. 有关国家高新技术产业开发区的行政法规、规章和规范性文件

截至 2024 年 6 月，国务院各有关部门发布且现行有效的有关国家高新技术产业开发区的行政规章和规范性文件，见表 3－2。

表 3－2　有关国家高新技术产业开发区的行政法规、规章和规范性文件

序号	名称	制定部门	公布日期	施行日期	修改时间
1	国家高新技术产业开发区若干政策的暂行规定	国务院	1991.03.06	1991.03.06	—
2	关于促进国家高新技术产业开发区高质量发展的若干意见	国务院	2020.07.13	2020.07.13	—

续表

序号	名称	制定部门	公布日期	施行日期	修改时间
3	关于完善国家级经济技术开发区考核制度促进创新驱动发展的指导意见	国务院办公厅	2016.03.16	2016.03.16	—
4	关于促进开发区改革和创新发展的若干意见	国务院办公厅	2017.01.19	2017.01.19	—
5	国家高新技术产业开发区管理暂行办法	国家科学技术委员会	1996.11.04	1996.11.04	—
6	国家高新技术产业开发区基本建设银行贷款投资计划管理暂行规定	原国家计划委员会、原国家科学技术委员会	1997.01.20	1997.01.20	—
7	关于严格控制调整国家高新技术产业开发区规划面积的通知	原国家科学技术委员会	1997.03.24	1997.03.24	—
8	关于加强国家高新技术产业开发区知识产权工作的若干意见	原国家科学技术委员会	1998.03.18	1998.03.18	—
9	高新技术企业认定管理办法	科技部、财政部、国家税务总局	2008.04.14	2008.01.01	2016
10	关于加速国家高新技术产业开发区发展的若干意见	科技部	1999.08.11	1999.08.11	—

续表

序号	名称	制定部门	公布日期	施行日期	修改时间
11	国家高新技术产业开发区"十五"和2010年发展规划纲要	科技部	2001.09.12	2001.09.12	—
12	关于进一步支持国家高新技术产业开发区发展的决定	科技部	2002.01.31	2002.01.31	—
13	关于国家高新技术产业开发区管理体制改革与创新的若干意见	科技部	2002.03.05	2002.03.05	—
14	国家高新技术产业开发区技术创新纲要	科技部	2005.01.13	2005.01.13	—
15	关于印发发挥国家高新技术产业开发区作用促进经济平稳较快发展若干意见的通知	科技部	2009.07.07	2009.07.07	—
16	国家高新技术产业开发区"十二五"发展规划纲要(已失效)	科技部	2013.01.18	2013.01.18	—
17	关于印发国家高新技术产业开发区创新驱动战略提升行动实施方案的通知	科技部	2013.03.12	2013.03.12	—
18	国家高新技术产业开发区"十三五"发展规划	科技部	2017.04.14	2017.04.14	—
19	国家高新技术产业开发区综合评价指标体系	科技部	2021.04.22	2021.04.22	2024

续表

序号	名称	制定部门	公布日期	施行日期	修改时间
20	关于国家高新技术产业开发区高新技术产品出口基地认定的通知	科技部、原对外贸易与经济合作部	2000.03.16	2000.03.16	—
21	关于印发促进国家高新技术产业开发区进一步发展增强自主创新能力的若干意见的通知	科技部、发改委、原国土资源部	2007.03.30	2007.03.30	—

(二)地方层面有关经开区、高新区等开发区的立法

自20世纪80年代中后期以来,各地在边设立、边治理、边规范开发区的过程中,各省、自治区、直辖市以及一些较大的市、设区的市陆续制定和发布了一些有关开发区的地方性法规、地方政府规章以及规范性文件。例如,北京市的《北京经济技术开发区条例》、《中关村科技园区条例》(已失效),天津市的《天津经济技术开发区管理条例》(已失效)、《天津经济技术开发区企业登记管理规定》(已失效),上海市的《上海市经济技术开发区条例》《上海市漕河泾新兴技术开发区暂行条例》《上海市促进张江高科技园区发展的若干规定》,等等。这些条例和规定对各开发区的地位、职能、优惠措施等进行了规定,有力地推动了各地开发区的快速发展。

下面将有关经济(技术)开发区的地方立法分为省级与省级以下地方性法规、规章和规范性文件分别进行归纳。

1. 有关经开区、高新区等开发区的省级地方性规定

截至2024年6月,各省(区市)制定发布且现行有效的有关经济(技术)开发区的地方性法规、规章和规范性文件见表3-3。

表 3－3　有关经济（技术）开发区的省级地方性规定（截至 2024 年 6 月）

序号	省区市	名称	制定部门	公布日期	施行日期	修改时间
1	北京市	北京经济技术开发区条例	北京市人大常委会	1995.04.14	1995.06.01	—
		北京市人民政府关于实施《北京经济技术开发区条例》办法	北京市人民政府	1998.04.29	1998.06.01	2006
		关于由北京经济技术开发区管理委员会行使部分行政权力和办理部分公共服务事项的决定	北京市人民政府	2019.12.31	2019.12.31	—
2	天津市	天津经济技术开发区条例	天津市人大常委会	2003.01.09	2003.03.01	2016 2019
		天津国家自主创新示范区条例	天津市人大常委会	2020.05.18	2020.07.01	2021
3	上海市	上海市经济技术开发区条例	上海市人大常委会	1988.11.10	1989.01.01	—
		上海市漕河泾新兴技术开发区暂行条例	上海市人大常委会	1990.04.08	1990.05.01	—
4	重庆市	关于重庆高新技术产业开发区行政管理事项的决定	重庆市人大常委会	2019.12.24	2019.12.24	—
5	黑龙江省	—	—	—	—	—

续表

序号	省区市	名称	制定部门	公布日期	施行日期	修改时间
6	吉林省	—	—	—	—	—
7	辽宁省	辽宁省开发区条例	辽宁省人大常委会	2018.10.11	2019.01.01	—
8	河北省	河北省经济技术开发区条例	河北省人大常委会	1992.10.30	1992.12.01	1997 2010
		河北省高新技术产业开发区条例	河北省人大常委会	2002.03.30	2002.06.01	—
9	河南省	河南省高新技术产业开发区管理办法	河南省人民政府	2016.12.15	2016.12.15	2021
		河南省经济技术开发区管理办法（试行）	河南省人民政府	2017.12.20	2017.12.20	—
		河南省开发区高质量发展促进条例	河南省人大常委会	2023.11.30	2024.03.01	—
10	山东省	山东省经济开发区条例	山东省人大常委会	2016.07.22	2016.10.01	—
		山东省省级生态工业园区管理办法	山东省商务厅	2017.12.25	2018.02.01	2022
11	江苏省	江苏省开发区条例	江苏省人大常委会	2018.01.24	2018.05.01	

续表

序号	省区市	名称	制定部门	公布日期	施行日期	修改时间
12	浙江省	宁波经济技术开发区条例	浙江省人大常委会	1988.05.18	1988.05.18	1993 2001
		温州经济技术开发区条例	浙江省人大常委会	1992.09.27	1992.09.27	2001
		杭州经济技术开发区条例	浙江省人大常委会	1994.05.05	1994.05.05	2001
		萧山经济技术开发区条例	浙江省人大常委会	1994.05.05	1994.05.05	2001
		浙江省高新技术产业园区管理暂行办法	浙江省科学技术委员会	1997.09.26	1997.09.26	2009
13	福建省	福州市经济技术开发区条例	福建省人大常委会	1993.09.24	1993.09.24	2002
		福建省东山经济技术开发区条例	福建省人大常委会	1995.11.24	1995.11.24	2002
14	广东省	湛江经济技术开发区条例	广东省人大常委会	1993.06.02	1993.06.02	—
		广东省省级高新技术产业开发区管理办法	广东省人民政府	2019.08.09	2019.10.01	—
15	海南省	海南省产业园区管理暂行办法	海南省人民政府	2020.12.13	2021.01.12	—
		海南自贸港洋浦经济开发区条例	海南省人大常委会	2021.12.30	2022.01.01	—
		海南自贸港海口国家高新技术产业开发区条例	海南省人大常委会	2022.03.25	2022.05.01	—

续表

序号	省区市	名称	制定部门	公布日期	施行日期	修改时间
16	山西省	山西省开发区条例	山西省人大常委会	2019.01.30	2019.03.01	—
17	安徽省	芜湖经济技术开发区条例	安徽省人大常委会	1993.11.10	1993.11.10	2002 2004 2005 2007
		安徽省省级开发区条例	安徽省人大常委会	1997.01.30	1997.05.01	2002 2004
		安徽省省级高新技术产业开发区暂行办法	安徽省人民政府	2011.07.01	2011.07.01	—
18	湖北省	湖北省开发区条例	湖北省人大常委会	2019.11.29	2020.03.01	—
19	湖南省	湖南省开发区管理办法	湖南省人民政府	1996.03.28	1996.03.28	2011
20	江西省	江西省开发区条例	江西省人大常委会	2019.08.07	2019.10.01	—
21	内蒙古自治区	内蒙古自治区工业园区管理办法	内蒙古自治区人民政府	2021.11.26	2021.11.26	2023
		内蒙古自治区高新技术产业开发区管理办法	内蒙古自治区人民政府	2003.04.16	2003.04.16	2022

续表

序号	省区市	名称	制定部门	公布日期	施行日期	修改时间
22	宁夏回族自治区	—	—	—	—	—
23	新疆维吾尔自治区	石河子经济技术开发区管理条例	新疆维吾尔自治区人大常委会	2005.05.27	2005.07.01	—
		阿拉尔经济技术开发区条例	新疆维吾尔自治区人大常委会	2016.09.29	2016.11.01	—
		喀什经济开发区条例	新疆维吾尔自治区人大常委会	2016.09.29	2016.11.01	—
		霍尔果斯经济开发区条例	新疆维吾尔自治区人大常委会	2017.11.29	2018.01.01	—
24	西藏自治区	西藏拉萨国家级经济技术开发区管理办法	西藏自治区人民政府	2011.09.14	2011.09.14	—
25	青海省	—	—	—	—	—
26	陕西省	陕西省经济技术开发区条例	陕西省人大常委会	1994.01.10	1994.01.10	2002 2004 2015

续表

序号	省区市	名称	制定部门	公布日期	施行日期	修改时间
27	甘肃省	—	—	—	—	—
28	四川省	成都科技密集开发区暂行办法	四川省人民政府	1988.11.02	1988.11.02	—
29	贵州省	贵州省开发区条例	贵州省人大常委会	2012.05.25	2012.07.01	—
30	云南省	—	—	—	—	—
31	广西壮族自治区	广西壮族自治区高新技术产业开发区条例	广西壮族自治区人大常委会	2001.05.26	2001.06.01	2011 2016
		广西壮族自治区产业园区管理暂行办法	广西壮族自治区人民政府	2009.05.04	2009.05.04	2019
		中国—马来西亚钦州产业园区条例	广西壮族自治区人大常委会	2014.11.27	2015.01.01	2017
		广西壮族自治区经济技术开发区管理办法	广西壮族自治区人民政府	2018.04.12	2018.04.12	—
		广西壮族自治区开发区条例	广西壮族自治区人大常委会	2020.07.24	2020.09.01	—

从表3－3情况来看，截至2024年6月，全国绝大多数省、自治区、直辖市已制定了有关经济（技术）开发区的省级地方性法规、规章和规范性文件。但还有几个省（自治区、直辖市）尚未出台任何省级地方性规定，包括黑龙江、吉林、宁夏、青海、甘肃和云南等。

从表3－3中省级地方性法规、省级政府和部门规章及规范性文件来看，呈现出以下状况：

第一，从制定部门来看，多数是省级人大常委会，少数是省级人民政府，还有个别是省级政府的有关部门，如《浙江省高新技术产业园区管理暂行办法》是由浙江省科学技术委员会制定的。

第二，从名称方面来看，各省（自治区、直辖市）采用了“开发区”“经济开发区”“经济技术开发区”“高新技术产业开发区”“工业园区”等不同的名称。

第三，从适用范围来看，既有适用于国家级和省级开发区的规范，也有仅适用于省级开发区的规范；既有同时适用于经开区和高新区的规范，也有仅适用于经开区或仅适用于高新区的规范。另外还有一些是仅适用某个特定的开发区的规范，如广西壮族自治区人大常委会发布的《中国—马来西亚钦州产业园区条例》。

2. 有关经开区、高新区等开发区的省级以下地方性规定

截至2024年6月，有关经开区和高新区等开发区，已制定并现行有效的省级以下地方性法规、地方政府规章见表3－4。

表 3－4　有关经开区、高新区等开发区的省级以下相关规定（截至 2024 年 6 月）

序号	省区市	名称	制定部门	公布日期	施行日期	修改时间
1	北京市	—	—	—	—	—
2	天津市	—	—	—	—	—
3	上海市	—	—	—	—	—
4	重庆市	—	—	—	—	—
5	黑龙江省	哈尔滨经济技术开发区条例	哈尔滨市人大常委会	1993.09.17	1993.09.17	2002
		鹤岗市工业园区管理办法（试行）	鹤岗市人民政府	2009.08.25	2009.08.25	2009
6	吉林省	吉林市高新技术产业开发区管理条例	—	—	—	—
		长春高新技术产业开发区条例	长春市人大常委会	2003.08.26	2003.10.01	—
		长春汽车经济技术开发区条例	长春市人大常委会	2014.03.28	2014.06.01	—
7	辽宁省	大连经济技术开发区条例	大连市人大常委会	1987.07.31	1987.07.31	1992 2010
		鞍山高新技术产业开发区管理条例	鞍山市人大常委会	1995.02.17	1995.02.17	2002
		大连高新技术产业园区条例	大连市人大常委会	2010.10.25	2010.12.01	—

续表

序号	省区市	名称	制定部门	公布日期	施行日期	修改时间
8	河北省	石家庄高新技术产业开发区管理条例	石家庄市人大常委会	1996.12.17	1997.01.01	—
		保定国家高新技术产业开发区条例	保定市人大常委会	2023.04.06	2023.05.01	—
9	河南省	—	—	—	—	—
10	山东省	济南高新技术产业开发区条例	济南市人大常委会	2003.01.13	2003.03.01	—
11	江苏省	无锡国家高新技术产业开发区条例	无锡市人大常委会	1993.08.26	1993.08.26	—
		苏州国家高新技术产业开发区条例	苏州市人大常委会	1994.09.03	1994.09.03	2004 2011
12	浙江省	杭州高新技术产业开发区条例	杭州市人大常委会	1995.04.29	1995.04.29	2004
		宁波大榭开发区条例	宁波市人大常委会	1994.08.31	1994.08.31	2002 2013
		宁波国家高新技术产业开发区条例	宁波市人大常委会	2009.06.11	2009.06.11	2016
		温州国家高新技术产业开发区“一区多园”建设管理办法(试行)	温州市人民政府	2019.06.26	2019.06.26	—

续表

序号	省区市	名称	制定部门	公布日期	施行日期	修改时间
13	福建省	福州市经济技术开发区条例	福州市人大常委会	1986.12.12	1986.12.12	1993 2002
		福清融侨经济技术开发区条例	福州市人大常委会	1997.05.29	1997.05.29	2002
		福建省高新技术产业开发区管理办法（试行）	福建省建设厅等	2003.05.26	2003.05.26	—
		厦门经济特区高新技术产业园区条例	厦门市人大常委会	2002.03.27	2002.06.01	2014 2023
14	广东省	广州经济技术开发区条例	广州市人大常委会	1987.01.22	1987.01.22	1994 2003 2020 2021 2024
		珠海国家高新技术产业开发区科技工业园管理办法	珠海市人民政府	1999.04.09	1999.04.09	—
		深圳经济特区高新技术产业园区条例	深圳市人大常委会	2001.04.05	2001.05.01	2006 2019
		关于汕头高新技术产业开发区行政管理有关事项的决定	汕头市人大常委会	2019.04.23	2019.04.23	—

续表

序号	省区市	名称	制定部门	公布日期	施行日期	修改时间
14	广东省	汕头高新技术产业开发区条例	汕头市人大常委会	2021.11.01	2021.11.01	—
		广州市增城经济技术开发区条例	广州市人大常委会	2023.04.12	2023.05.01	—
		珠海经济特区国家高新技术产业开发区条例	珠海市人大常委会	2023.12.29	2024.03.03	—
		云浮市工业园区高质量发展促进条例	云浮市人大常委会	2024.04.28	2024.05.01	—
15	海南省	儋州工业园区管理办法	儋州市人民政府	2021.04.29	2021.04.29	—
16	山西省	—	—	—	—	—
17	安徽省	—	—	—	—	—
18	湖北省	武汉经济技术开发区条例	武汉市人大常委会	1994.02.06	1994.02.06	2021
19	湖南省	长沙高新技术产业开发区条例	长沙市人大常委会	1996.04.15	1996.05.01	2014
20	江西省	南昌高新技术产业开发区条例	南昌市人大常委会	2002.09.27	2002.11.01	2023
		南昌市经济技术开发区条例	南昌市人大常委会	2004.11.30	2005.01.01	—
21	内蒙古自治区	包头稀土高新技术产业开发区条例	包头市人大常委会	1999.09.24	1999.09.24	—
		呼和浩特经济技术开发区条例	呼和浩特市人大常委会	1997.11.20	1997.11.20	2006 2010

续表

序号	省区市	名称	制定部门	公布日期	施行日期	修改时间
22	宁夏回族自治区	银川经济技术开发区条例	银川市人大常委会	2012.10.09	2012.11.01	—
23	新疆维吾尔自治区	乌鲁木齐高新技术产业开发区管理条例	乌鲁木齐市人大	2001.01.04	2001.01.04	2004 2020
		库尔勒经济技术开发区条例	巴音郭楞蒙古自治州人大常委会	2018.06.01	2018.07.01	—
		乌鲁木齐甘泉堡经济技术开发区（工业区）条例	乌鲁木齐人大常委会	2022.06.14	2022.07.01	—
24	西藏自治区	—	—	—	—	—
25	陕西省	西安市开发区条例	西安市人大常委会	2003.04.16	2003.05.01	2010 2017 2020
26	青海省	—	—	—	—	—
27	甘肃省	兰州高新技术产业开发区条例	兰州市人大常委会	2005.12.02	2006.01.01	—
		兰州经济技术开发区条例	兰州市人大常委会	2009.12.02	2010.01.01	—
		定西市循环经济产业园区管理办法	定西市人民政府	2009.10.09	2009.11.01	—

续表

序号	省区市	名称	制定部门	公布日期	施行日期	修改时间
28	四川省	—	—	—	—	—
29	贵州省	贵阳高新技术产业开发区条例	贵阳市人大常委会	2011.03.20	2011.06.01	2021
30	云南省	丽江市重点工业园区管理办法（暂行）	丽江市人民政府	2011.02.11	2011.02.11	—
		昆明经济技术开发区条例	昆明市人大常委会	2006.11.08	2006.12.01	2014
		昆明高新技术产业开发区条例	昆明市人大常委会	2006.08.14	2006.09.01	2014
31	广西壮族自治区	南宁高新技术产业开发区管理规定	南宁市人大常委会	2003.09.26	2003.11.01	2016
		桂林国家高新技术产业开发区一区多园实施细则	桂林市人民政府	2005.05.23	2005.05.23	2011
		南宁经济技术开发区条例	南宁市人大常委会	2006.10.12	2006.11.01	—
		南宁—东盟经济开发区条例	南宁市人大常委会	2010.10.18	2010.11.01	
		柳州市工业园区管理办法	柳州市人民政府	2020.01.08	2020.01.08	—

从表3－4情况来看,除4个直辖市和河南、山西、安徽和西藏少数几个省、自治区以外,大多数省区制定了一些有关开发区的省级以下的地方性法规和政府规章,并呈现出以下状况:

第一,从制定部门来看,较大的市和设区的市人大常委会制定的有关经开区和高新区的地方性法规较多;较大的市和设区的市人民政府制定的规范性文件较少。

第二,从规范的名称来看,采用"开发区"、"经济技术开发区"、"高新技术产业开发区"以及"工业园区"等的都有。

第三,从适用范围来看,既有同时适用于经开区和高新区的规范,也有仅适用于经开区或仅适用于高新区的规范。另外也有一些是仅适用某个特定的开发区的规范。

二、有关自贸试验区(港)和海关特殊监管区的立法状况

(一)中央层面有关自贸区(港)和海关特殊监管区的立法

截至2024年6月,中央层面关于自贸区(港)和海关特殊监管区的立法,除了2021年6月10日第十三届全国人大常委会第二十九次会议正式通过了《海南自由贸易港法》以外,尚未制定发布其他法律和行政法规。

其他关于自贸区(港)和海关特殊监管区的中央层面的规定主要有关于自贸区(港)的总体方案和其他建设方案,关于外商投资准入和跨境服务贸易的特别管理措施(负面清单),以及关于在自贸区暂时调整部分法律、法规等实施的决定。此外,尽管海关特殊监管区没有统一的立法,但是由于其类型较多,国务院有关部门已发布的规章和规范性文件较多,所以单独作为一部分进行归纳。

1. 有关自贸区(港)的总体方案和其他建设方案

截至2024年6月,有关中国自贸区和海南自贸港的总体方案和

其他建设方案见表3－5。

表3－5 有关自贸区(港)的总体方案和其他建设方案

序号	自贸区	名 称	制定部门	公布日期	实施日期
1	上海自贸区	中国(上海)自由贸易试验区总体方案	国务院	2013.09.18	2013.09.18
		进一步深化中国(上海)自由贸易试验区改革开放方案	国务院	2015.04.08	2015.04.08
		全面深化中国(上海)自由贸易试验区改革开放方案	国务院	2017.03.30	2017.03.30
		中国(上海)自由贸易试验区临港新片区总体方案	国务院	2019.07.27	2019.07.27
2	广东自贸区	中国(广东)自由贸易试验区总体方案	国务院	2015.04.08	2015.04.08
		进一步深化中国(广东)自由贸易试验区改革开放方案	国务院	2018.05.04	2018.05.04
3	福建自贸区	中国(福建)自由贸易试验区总体方案	国务院	2015.04.08	2015.04.08
		进一步深化中国(福建)自由贸易试验区改革开放方案	国务院	2018.05.04	2018.05.04
4	天津自贸区	中国(天津)自由贸易试验区总体方案	国务院	2015.04.08	2015.04.08
		进一步深化中国(天津)自由贸易试验区改革开放方案	国务院	2018.05.04	2018.05.04

续表

序号	自贸区	名　称	制定部门	公布日期	实施日期
5	辽宁自贸区	中国(辽宁)自由贸易试验区总体方案	国务院	2017.03.15	2017.03.15
6	浙江自贸区	中国(浙江)自由贸易试验区总体方案	国务院	2017.03.15	2017.03.15
		中国(浙江)自由贸易试验区扩展区域方案	国务院	2020.08.30	2020.08.30
7	河南自贸区	中国(河南)自由贸易试验区总体方案	国务院	2017.03.15	2017.03.15
8	湖北自贸区	中国(湖北)自由贸易试验区总体方案	国务院	2017.03.15	2017.03.15
9	重庆自贸区	中国(重庆)自由贸易试验区总体方案	国务院	2017.03.15	2017.03.15
10	四川自贸区	中国(四川)自由贸易试验区总体方案	国务院	2017.03.15	2017.03.15
11	陕西自贸区	中国(陕西)自由贸易试验区总体方案	国务院	2017.03.15	2017.03.15
12	海南自贸区	中国(海南)自由贸易试验区总体方案	国务院	2018.09.24	2018.09.24
13	山东自贸区	中国(山东)自由贸易试验区总体方案	国务院	2019.08.02	2019.08.02
14	江苏自贸区	中国(江苏)自由贸易试验区总体方案	国务院	2019.08.02	2019.08.02
15	广西自贸区	中国(广西)自由贸易试验区总体方案	国务院	2019.08.02	2019.08.02
16	河北自贸区	中国(河北)自由贸易试验区总体方案	国务院	2019.08.02	2019.08.02

续表

序号	自贸区	名　称	制定部门	公布日期	实施日期
17	云南自贸区	中国（云南）自由贸易试验区总体方案	国务院	2019.08.02	2019.08.02
18	黑龙江自贸区	中国（黑龙江）自由贸易试验区总体方案	国务院	2019.08.02	2019.08.02
19	北京自贸区	中国（北京）自由贸易试验区总体方案	国务院	2020.08.30	2020.08.30
20	湖南自贸区	中国（湖南）自由贸易试验区总体方案	国务院	2020.08.30	2020.08.30
21	安徽自贸区	中国（安徽）自由贸易试验区总体方案	国务院	2020.08.30	2020.08.30
22	新疆自贸区	中国（新疆）自由贸易试验区总体方案	国务院	2023.10.21	2023.10.21
23	海南自贸港	海南自由贸易港建设总体方案	中共中央、国务院	2020.06.01	2020.06.01

2. 有关自贸区（港）外商投资准入和跨境服务贸易的负面清单

外商投资准入和跨境服务贸易负面清单，实际上就是特别管理措施，是指以清单方式明确列出禁止和限制外商投资经营和跨境服务贸易的领域，在清单之外的领域，按照内外资一致原则实施管理的制度。[1]

在中国自贸区外商投资准入方面，2013 年 9 月 29 日上海市人民政府公布了《中国（上海）自由贸易试验区外商投资准入特别管理措

〔1〕 对境外投资者实际上还有一项特别限制，即“境外投资者不得作为个体工商户、个人独资企业投资人、农民专业合作社成员，从事投资经营活动。”参见《自由贸易试验区外商投资准入特别管理措施（负面清单）》（2021 年版）“说明”第 2 条；《外商投资准入特别管理措施（负面清单）》（2024 年版）“说明”第 2 条。

施（负面清单）》（2014 年修订），这是我国自贸区和全国的第一版外资准入负面清单。2015 年 4 月 8 日国务院发布了《自由贸易试验区外商投资准入特别管理措施（负面清单）》（2017 年修订，均已失效），适用于全部的自贸区。2018 年 6 月以后，取而代之的是由发改委、商务部发布的《自由贸易试验区外商投资准入特别管理措施（负面清单）》（见表 3－6）。

表 3－6　有关中国自贸区（港）外商投资准入的特别管理措施（负面清单）

序号	名称	限制措施数量	制定部门	公布日期	实施日期
1	自由贸易试验区外商投资准入特别管理措施（负面清单）	122	国务院办公厅	2015.04.08	2015.05.08
2	自由贸易试验区外商投资准入特别管理措施（负面清单）（2017 年版）	95	国务院办公厅	2017.06.05	2017.07.10
3	自由贸易试验区外商投资准入特别管理措施（负面清单）（2018 年版）	45	发改委、商务部	2018.06.30	2018.07.30
4	自由贸易试验区外商投资准入特别管理措施（负面清单）（2019 年版）	37	发改委、商务部	2019.06.30	2019.07.30
5	自由贸易试验区外商投资准入特别管理措施（负面清单）（2020 年版）	30	发改委、商务部	2020.06.23	2020.07.23

续表

序号	名称	限制措施数量	制定部门	公布日期	实施日期
6	自由贸易试验区外商投资准入特别管理措施(负面清单)(2021年版)	27	发改委、商务部	2021.12.27	2022.01.01
7	海南自由贸易港外商投资准入特别管理措施(负面清单)(2020年版)	27	发改委、商务部	2020.12.31	2021.02.01

从表3-6中可以看出，自中国自贸区实施外商投资准入特别管理措施(负面清单)制度以来，限制措施的数量呈明显逐步减少趋势，已从2015年版的122项减至2021年版的27项，减幅高达78%，说明自贸区的自由开放度已显著扩大。

此外，在外商跨境服务贸易方面，商务部于2021年7月23日发布了《海南自由贸易港跨境服务贸易特别管理措施(负面清单)》(2021年版)。2024年3月22日，商务部同时发布了《自由贸易试验区跨境服务贸易特别管理措施(负面清单)》(2024年版)和《跨境服务贸易特别管理措施(负面清单)》(2024年版)。前者关于自贸区的特别管理措施共68项；后者中列明的特别管理措施共71项(见表3-7)。

表 3-7　有关中国自贸区（港）境外服务提供者跨境服务贸易的特别管理措施（负面清单）

序号	名称	特别管理措施数量	制定部门	公布日期	实施日期
1	海南自由贸易港跨境服务贸易特别管理措施（负面清单）（2021年版）	68	商务部	2021.07.23	2021.08.26
2	自由贸易试验区跨境服务贸易特别管理措施（负面清单）（2024年版）	71	商务部	2024.03.22	2024.04.21

从表 3-7 来看，由于《海南自由贸易港跨境服务贸易特别管理措施（负面清单）》（2021 年版）尚未修订，而《自由贸易试验区跨境服务贸易特别管理措施（负面清单）》（2024 年版）为新近发布的，因此，前者的特别管理措施从数量上来看多于后者，似乎显得不尽合理。当然，由于目前中国（海南）自贸区仍存续，所以海南自贸港实际上也可以中国（海南）自贸区的名义适用《自由贸易试验区跨境服务贸易特别管理措施（负面清单）》（2024 年版）。

3. 有关在自贸区（港）暂时调整实施法律、法规等的决定

为推进中国自贸区在现有法律框架下进行改革创新，有必要确认其先行先试权的合法性，为此，全国人大常委会和国务院先后多次发布了关于在中国自贸区暂时调整实施法律、法规等的决定（见表 3-8）。

表3-8　有关在自贸区、自贸港暂时调整适用法律、法规等的决定情况

序号	名称	制定部门	公布日期	施行日期	暂时调整时间
1	关于授权国务院在中国（上海）自由贸易试验区暂时调整有关法律规定的行政审批的决定	全国人大常委会	2013.08.30	2013.10.01	3年
2	关于授权国务院在中国（广东）自由贸易试验区、中国（天津）自由贸易试验区、中国（福建）自由贸易试验区以及中国（上海）自由贸易试验区扩展区域暂时调整有关法律规定的行政审批的决定	全国人大常委会	2014.12.28	2015.03.01	3年
3	关于授权国务院在自由贸易试验区暂时调整适用有关法律规定的决定	全国人大常委会	2019.10.26	2019.12.01	3年
4	关于授权国务院在中国（海南）自由贸易试验区暂时调整适用有关法律规定的决定	全国人大常委会	2020.04.29	2020.05.01	至2024年12月31日
5	关于授权国务院在自由贸易试验区暂时调整适用有关法律规定的决定	全国人大常委会	2021.04.29	2021.07.01	3年
6	关于授权国务院在海南自由贸易港暂时调整适用《中华人民共和国食品安全法》有关规定的决定	全国人大常委会	2024.06.28	2024.10.01	5年

续表

序号	名称	制定部门	公布日期	施行日期	暂时调整时间
7	关于在中国(上海)自由贸易试验区内暂时调整有关行政法规和国务院文件规定的行政审批或者准入特别管理措施的决定	国务院	2013.12.21	2013.12.21	未明确
8	关于在中国(上海)自由贸易试验区内暂时调整实施有关行政法规和经国务院批准的部门规章规定的准入特别管理措施的决定	国务院	2014.09.04	2014.09.04	未明确
9	关于在自由贸易试验区暂时调整有关行政法规、国务院文件和经国务院批准的部门规章规定的决定	国务院	2016.07.01	2016.07.01	未明确
10	关于在自由贸易试验区暂时调整有关行政法规、国务院文件和经国务院批准的部门规章规定的决定	国务院	2017.12.25	2017.12.25	未明确
11	关于在自由贸易试验区暂时调整实施有关行政法规规定的通知	国务院	2020.01.15	2020.01.15	未明确
12	关于在中国(海南)自由贸易试验区暂时调整实施有关行政法规规定的通知	国务院	2020.06.18	2020.06.18	至2024年12月31日

续表

序号	名称	制定部门	公布日期	施行日期	暂时调整时间
13	关于同意在中国(上海)自由贸易试验区临港新片区暂时调整实施有关行政法规规定的批复	国务院	2021.11.09	2021.11.09	至2024年12月31日
14	关于同意在海南自由贸易港暂时调整实施《中华人民共和国船舶登记条例》有关规定的批复	国务院	2022.05.05	2022.05.05	未明确
15	关于同意在海南自由贸易港暂时调整实施有关行政法规规定的批复	国务院	2023.10.27	2023.10.27	未明确

除以上规定外，截至2024年6月，国务院有关部门发布的有关中国自贸区的其他规章和规范性文件仅查找到两件，且都是针对中国（海南）自贸区的，分别为：2018年11月15日国家市场监管总局、国家药品监督管理局、国家知产局发布的《关于支持中国（海南）自由贸易试验区建设的若干意见》和2019年11月2日商务部等18部门发布的《关于在中国（海南）自由贸易试验区试点其他自贸试验区施行政策的通知》。

4. 有关海南自贸港的法律、部门规章和规范性文件

截至2024年6月，有关海南自贸港的立法，除了全国人大常委会专门制定的《海南自由贸易港法》和通过的《关于设立海南自由贸易港知识产权法院的决定》以外，国务院有关部门陆续发布了许多规章和规范性文件（见表3－9）。

表3－9　有关海南自贸港的法律、部门规章和规范性文件（截至2024年6月）

序号	名称	制定部门	公布日期	施行日期
1	海南自由贸易港法	全国人大常委会	2021.06.10	2021.06.10
2	关于设立海南自由贸易港知识产权法院的决定	全国人大常委会	2020.12.26	2021.01.01
3	海南自由贸易港试点开放第七航权实施方案	中国民用航空局	2020.06.03	2020.06.03
4	关于海南自由贸易港高端紧缺人才个人所得税政策的通知	财政部、国家税务总局	2020.06.23	2020.01.01
5	关于海南自由贸易港企业所得税优惠政策的通知	财政部、国家税务总局	2020.06.23	2020.01.01

续表

序号	名称	制定部门	公布日期	施行日期
6	关于海南自由贸易港原辅料“零关税”政策的通知	财政部、海关总署、国家税务总局	2020.11.11	2020.12.01
7	海南自由贸易港进口“零关税”原辅料海关监管办法(试行)	海关总署	2020.11.30	2020.12.01
8	关于海南自由贸易港交通工具及游艇“零关税”政策的通知	财政部、海关总署、国家税务总局	2020.12.25	2020.12.25
9	海南自由贸易港外商投资准入特别管理措施(负面清单)(2020年版)	发改委、商务部	2020.12.31	2021.02.01
10	海南自由贸易港交通工具及游艇“零关税”政策海关实施办法(试行)	海关总署	2021.01.05	2021.01.05
11	关于海南自由贸易港自用生产设备“零关税”政策的通知	财政部、海关总署、国家税务总局	2021.02.24	2021.02.24
12	关于海南自由贸易港内外贸同船运输境内船舶加注保税油和本地生产燃料油政策的通知	财政部、交通运输部、商务部、海关总署、国家税务总局	2021.02.26	2021.02.26
13	海南自由贸易港自用生产设备“零关税”政策海关实施办法(试行)	海关总署	2021.03.04	2021.03.04

续表

序号	名称	制定部门	公布日期	施行日期
14	关于支持海南自由贸易港建设放宽市场准入若干特别措施的意见	发改委、商务部	2021.04.07	2021.04.07
15	关于推进海南自由贸易港贸易自由化便利化若干措施的通知	商务部、中共中央宣传部等20部门	2021.04.19	2021.04.19
16	关于海南自由贸易港进出岛航班加注保税航油政策的通知	财政部、海关总署、国家税务总局、中国民用航空局	2021.07.02	2021.07.02
17	海南自由贸易港跨境服务贸易特别管理措施(负面清单)(2021年版)	商务部	2021.07.23	2021.08.26
18	关于调整海南自由贸易港原辅料“零关税”政策的通知	财政部、海关总署、国家税务总局	2021.12.21	2021.12.21
19	关于调整海南自由贸易港自用生产设备“零关税”政策的通知	财政部、海关总署、国家税务总局	2022.02.14	2022.02.14
20	境外高等教育机构在海南自由贸易港办学暂行规定	教育部	2023.03.22	2023.03.22
21	关于调整海南自由贸易港交通工具及游艇“零关税”政策的通知	财政部、海关总署、国家税务总局	2023.08.15	2023.08.15
22	海南自由贸易港鼓励类产业目录(2024年本)	发改委、财政部、国家税务总局	2024.02.23	2024.03.01

5. 有关海关特殊监管区的部门规章和规范性文件

截至2024年6月，我国尚未制定有关海关特殊监管区的法律和行政法规。但是，国务院相关部门陆续发布了一些部门规章和规范性文件，见表3-10。

表3-10 有关海关特殊监管区的部门规章和规范性文件（截至2024年6月）

序号	名称	制定部门	公布日期	施行日期	修改时间
1	关于对保税区进出境货物试行“备案制”的公告	海关总署	1997.03.13	1997.04.01	—
2	关于明确天津港保税区内外商投资企业进出口管理有关问题的通知	原对外贸易经济合作部	2000.02.02	2000.02.02	—
3	海关对出口加工区监管的暂行办法	海关总署	2000.05.24	2000.05.24	2003 2011
4	出口加工区税收管理暂行办法	国家税务总局	2000.10.26	2000.10.26	—
5	关于国内货物进入苏州工业园区海关保税物流中心（B型试点）准予退税的通知	财政部、国家税务总局、海关总署	2004.08.03	2004.08.03	—
6	关于境内企业购买境外公司存放上海外高桥保税区物流园区货物有关付汇核销问题的批复	国家外汇管理局	2004.09.27	2004.09.27	—

续表

序号	名称	制定部门	公布日期	施行日期	修改时间
7	海关对保税物流中心（A 型）的暂行管理办法	海关总署	2005.06.23	2005.07.01	2015 2017 2018.05 2018.11
8	海关对保税物流中心（B 型）的暂行管理办法	海关总署	2005.06.23	2005.07.01	2015 2017 2018.05 2018.11
9	关于保税区及保税物流园区贸易管理有关问题的通知	商务部、海关总署	2005.07.13	2005.07.13	—
10	出口加工区加工贸易管理暂行办法	商务部	2005.11.22	2006.01.01	—
11	海关珠澳跨境工业区珠海园区管理办法	海关总署	2007.03.08	2007.04.08	2010 2017 2018.05 2018.11
12	关于开展保税物流功能试点出口加工区有关税收问题的通知	国家税务总局	2007.08.21	2007.01.01	—
13	关于保税物流中心（B 型）扩大试点期间适用税收政策的通知	财政部、海关总署、国家税务总局	2007.08.30	2007.08.30	—

续表

序号	名称	制定部门	公布日期	施行日期	修改时间
14	关于印发保税物流中心扩大试点审批办法的通知	海关总署、财政部、国家税务总局、国家外汇管理局	2008.12.15	2008.12.15	—
15	关于优化综合保税区文物进出境管理有关问题的通知	海关总署、国家文物局	2019.04.29	2019.04.29	—
16	关于简化综合保税区艺术品审批及监管手续的公告	海关总署、文化和旅游部	2019.04.29	2019.04.29	—
17	海关对洋山特殊综合保税区监管办法	海关总署	2019.11.04	2019.11.04	—
18	关于小微企业普惠性税收减免政策追溯实施涉及退还多缴税款有关事项的通告	国家税务总局珠海保税区税务局珠澳跨境工业区税务分局	2019.12.26	2019.12.26	—
19	海关对洋浦保税港区监管办法	海关总署	2020.06.03	2020.06.03	—
20	海关对洋浦保税港区加工增值货物内销税收征管暂行办法	海关总署	2021.07.08	2021.07.08	—

续表

序号	名称	制定部门	公布日期	施行日期	修改时间
21	海关综合保税区管理办法	海关总署	2022.01.01	2022.04.01	—
22	关于在中国(上海)自由贸易试验区试点暂时进境修理有关税收政策的通知	财政部、生态环境部、商务部等	2024.06.27	2024.06.27	—

(二)地方层面有关自贸区(港)和海关特殊监管区的立法

关于地方层面的立法,下面就中国自贸区、海南自贸港和海关特殊监管区分别进行归纳。

1. 有关中国自贸区的地方立法

(1)有关自贸区的地方性法规。2013 年 9 月 29 日,中国(上海)自贸区率先成立。2014 年 7 月 25 日,上海市人大常委会第十四次会议通过了《中国(上海)自由贸易试验区条例》,这是我国第一部关于自贸区的地方性法规。此后相继成立的自贸区中,除中国(云南)自贸区和中国(新疆)自贸区以外,其他自贸区所在地的省级人大常委会均出台了自贸区条例[2](见表 3-11)。

(2)有关自贸区的地方行政规章。中国自贸区所在地省级人民政府已发布且现行有效的地方行政规章见表 3-12。

〔2〕 中国(云南)自贸区已于 2021 年 12 月 31 日公布了《中国(云南)自由贸易试验区条例(草案)(征求意见稿)》,但至今未获正式通过。

表 3－11　现行有关中国自贸区的省级地方性法规（截至 2024 年 6 月）

序号	自贸区名称	法规名称	制定部门	公布日期	施行日期	修改时间
1	上海自贸区	中国（上海）自由贸易试验区条例	上海市人大常委会	2014.07.25	2014.08.01	—
		中国（上海）自由贸易试验区临港新片区条例	上海市人大常委会	2022.02.18	2022.03.01	—
2	广东自贸区	中国（广东）自由贸易试验区条例	广东省人大常委会	2016.05.25	2016.07.01	2019
3	福建自贸区	中国（福建）自由贸易试验区条例	福建省人大常委会	2016.04.01	2016.04.01	—
4	天津自贸区	中国（天津）自由贸易试验区条例	天津市人大常委会	2015.12.24	2015.12.24	2022
5	辽宁自贸区	中国（辽宁）自由贸易试验区条例	辽宁省人大常委会	2018.07.25	2018.10.01	—
6	浙江自贸区	中国（浙江）自由贸易试验区条例	浙江省人大常委会	2017.12.27	2018.01.01	2022
7	河南自贸区	中国（河南）自由贸易试验区条例	河南省人大常委会	2021.04.02	2021.07.01	—
8	湖北自贸区	中国（湖北）自由贸易试验区条例	湖北省人大常委会	2018.09.30	2019.01.01	2022
9	重庆自贸区	中国（重庆）自由贸易试验区条例	重庆市人大常委会	2019.09.26	2019.11.01	—
10	四川自贸区	中国（四川）自由贸易试验区条例	四川省人大常委会	2019.05.23	2019.07.01	—
11	陕西自贸区	中国（陕西）自由贸易试验区条例	陕西省人大常委会	2021.03.31	2021.05.01	—

续表

序号	自贸区名称	法规名称	制定部门	公布日期	施行日期	修改时间
12	海南自贸区	中国（海南）自由贸易试验区重点园区极简审批条例	海南省人大常委会	2019.03.26	2019.04.01	—
		海南自由贸易港市场主体登记管理条例	海南省人大常委会	2023.11.24	2024.05.01	—
13	山东自贸区	中国（山东）自由贸易试验区条例	山东省人大常委会	2020.09.25	2021.01.01	—
14	江苏自贸区	中国（江苏）自由贸易试验区条例	江苏省人大常委会	2021.01.15	2021.03.01	—
15	广西自贸区	中国（广西）自由贸易试验区条例	广西壮族自治区人大常委会	2020.09.22	2020.09.22	—
16	河北自贸区	中国（河北）自由贸易试验区条例	河北省人大常委会	2020.09.24	2020.11.01	—
17	云南自贸区	中国（云南）自由贸易试验区条例（草案）（征求意见稿）	云南省人大常委会	2021.12.31	—	—
18	黑龙江自贸区	中国（黑龙江）自由贸易试验区条例	黑龙江省人大常委会	2024.04.24	2024.06.01	—
19	北京自贸区	中国（北京）自由贸易试验区条例	北京市人大常委会	2022.03.31	2022.05.01	—
20	湖南自贸区	中国（湖南）自由贸易试验区条例	湖南省人大常委会	2022.01.11	2022.03.01	—
21	安徽自贸区	中国（安徽）自由贸易试验区条例	安徽省人大常委会	2022.03.25	2022.05.01	—
22	新疆自贸区	—	—	—	—	—

表 3－12　有关自贸区的地方政府规章（截至 2024 年 6 月）

序号	自贸试验区	规章名称	制定部门	公布日期	施行日期	修改时间	废止时间
1	上海自贸区	中国（上海）自由贸易试验区管理办法	上海市人民政府	2013.09.29	2013.10.01	—	2015
		中国（上海）自由贸易试验区临港新片区管理办法	上海市人民政府	2019.08.12	2019.08.20	—	—
2	广东自贸区	中国（广东）自由贸易试验区管理试行办法	广东省人民政府	2015.04.20	2015.04.20	2019	2021
3	福建自贸区	中国（福建）自由贸易试验区管理办法	福建省人民政府	2015.04.20	2015.04.20	—	2020
4	天津自贸区	中国（天津）自由贸易试验区管理办法	天津市人民政府	2015.04.17	2015.04.21	—	2016
5	辽宁自贸区	—	—	—	—	—	—
6	浙江自贸区	—	—	—	—	—	—
7	河南自贸区	中国（河南）自由贸易试验区管理试行办法	河南省人民政府	2017.03.29	2017.03.29	—	2021

续表

序号	自贸试验区	规章名称	制定部门	公布日期	施行日期	修改时间	废止时间
8	湖北自贸区	中国(湖北)自由贸易试验区建设管理办法	湖北省人民政府	2017.04.18	2017.04.18	—	—
9	重庆自贸区	中国(重庆)自由贸易试验区管理试行办法	重庆市人民政府	2018.09.17	2018.09.17	—	2021
10	四川自贸区	中国(四川)自由贸易试验区管理办法	四川省人民政府	2017.08.06	2017.08.06	—	—
11	陕西自贸区	中国(陕西)自由贸易试验区管理办法	陕西省人民政府	2017.12.14	2017.12.14	—	2022
12	海南自贸区	—	—	—	—	—	—
13	山东自贸区	—	—	—	—	—	—
14	江苏自贸区	—	—	—	—	—	—
15	广西自贸区	—	—	—	—	—	—
16	河北自贸区	中国(河北)自由贸易试验区管理办法	河北省人民政府	2019.10.28	2019.10.28	—	—

续表

序号	自贸试验区	规章名称	制定部门	公布日期	施行日期	修改时间	废止时间
17	云南自贸区	中国(云南)自由贸易试验区管理办法	云南省人民政府	2020.03.05	2020.03.05	—	—
18	黑龙江自贸区	中国(黑龙江)自由贸易试验区管理试行办法	黑龙江省人民政府	2020.10.15	2020.10.15	—	—
19	北京自贸区	—	—	—	—	—	—
20	湖南自贸区	中国(湖南)自由贸易试验区管理办法(试行)	湖南省人民政府	2021.03.23	2021.03.23	—	—
21	安徽自贸区	—	—	—	—	—	—
22	新疆自贸区	—	—	—	—	—	—

从表 3 - 12 情况来看,截至 2024 年 6 月,已设立的 22 个自贸区中,有 9 个自贸区所在地省级人民政府尚未出台过有关自贸区的政府规章。

(3)有关在中国自贸区暂时调整实施地方性法规的决定。截至 2024 年 6 月,中国自贸区所在地人大常委会、人民政府已作出关于在中国自贸区暂时调整实施地方性法规、规章的决定的情况见表 3 - 13。

从表 3 - 13 情况来看,截至 2024 年 6 月,全国 22 个自贸区中只有 7 个所在地的地方人大常委会、人民政府发布了关于在中国自贸区暂时调整实施地方性法规、规章的决定。

(4)有关在自贸区行政放权或委托行使行政管理权的决定。表 3 - 14 为中国自贸区所在地地方人大常委会、人民政府授权或委托自贸区行使部分行政管理权的情况。

表 3－13　地方人大常委会、人民政府关于在中国自贸区暂时调整实施地方性法规、规章的决定(截至 2024 年 6 月)

序号	自贸区	名称	制定部门	公布日期	施行日期	修改时间
1	上海自贸区	关于在中国(上海)自由贸易试验区暂时调整实施本市有关地方性法规规定的决定	上海市人大常委会	2013.09.26	2013.10.01	2016
2	广东自贸区	关于在中国(广东)自由贸易试验区和复制推广"证照分离"改革试点具体做法的区域调整实施本省有关地方性法规规定的决定	广东省人大常委会	2018.01.22	2018.01.22	—
		关于在中国(广东)自由贸易试验区和"证照分离"改革试点区域调整实施有关省政府规章规定和改革事项的决定	广东省人民政府	2018.02.06	2018.02.06	—
		关于在中国(广东)自由贸易试验区广州南沙新区片区暂时调整实施本市有关政府规章规定的决定	广州市人民政府	2015.07.28	2015.07.28	—

续表

序号	自贸区	名称	制定部门	公布日期	施行日期	修改时间
3	福建自贸区	关于在中国（福建）自由贸易试验区暂时调整实施本省有关地方性法规规定的决定	福建省人大常委会	2015.03.31	2015.03.31	—
		关于在中国（福建）自由贸易试验区厦门片区暂时调整实施本市有关地方性法规规定的决定	厦门市人大常委会	2015.04.02	2015.04.02	—
		关于在中国（福建）自由贸易试验区福州片区暂时调整实施本市有关地方性法规规定的决定	福州市人大常委会	2015.05.28	2015.05.28	—
4	天津自贸区	关于在中国（天津）自由贸易试验区暂时调整实施本市有关地方性法规规定的决定	天津市人大常委会	2015.01.15	2015.03.01	2017
5	辽宁自贸区	—	—	—	—	—
6	浙江自贸区	—	—	—	—	—
7	河南自贸区	—	—	—	—	—
8	湖北自贸区	—	—	—	—	—
9	重庆自贸区	—	—	—	—	—
10	四川自贸区	—	—	—	—	—

续表

序号	自贸区	名称	制定部门	公布日期	施行日期	修改时间
11	陕西自贸区	—	—	—	—	—
12	海南自贸区	中国(海南)自由贸易试验区重点园区极简审批条例	海南省人大常委会	2019.03.26	2019.04.01	—
13	山东自贸区	关于向中国(山东)自由贸易试验区和中国—上海合作组织地方经贸合作示范区下放部分行政权力事项的决定	山东省人大常委会	2020.06.12	2020.06.12	—
14	江苏自贸区	—	—	—	—	—
15	广西自贸区	—	—	—	—	—
16	河北自贸区	—	—	—	—	—
17	云南自贸区	—	—	—	—	—
18	黑龙江自贸区	—	—	—	—	—
19	北京自贸区	—	—	—	—	—
20	湖南自贸区	—	—	—	—	—
21	安徽自贸区	关于调整实施中国(安徽)自由贸易试验区特别清单的决定	安徽省人民政府	2023.02.02	2023.02.02	—
22	新疆自贸区	—	—	—	—	—

表 3-14 地方人大常委会、人民政府授权或委托自贸区行使部分行政管理权的情况（截至 2024 年 6 月）

序号	自贸区	规范性文件名称	制定部门	公布日期	施行日期	修改时间	废止时间
1	上海自贸区	关于中国（上海）自由贸易试验区管理委员会集中行使本市有关行政审批权和行政处罚权的决定	上海市人民政府	2015.03.30	2015.04.01	—	—
2	广东自贸区	中国（广东）自由贸易试验区各片区管委会实施的第一批省级管理事项目录	广东省人民政府	2015.07.16	2015.07.16	—	—
		中国（广东）自由贸易试验区各片区管委会实施的第二批省级管理事项目录	广东省人民政府	2017.01.26	2017.01.26	—	—
		关于将第三批省级管理权限调整由中国（广东）自由贸易试验区各片区管委会实施的决定	广东省人民政府	2021.02.18	2021.05.01	2022	—
		关于向中国（广东）自由贸易试验区南沙新区片区下放第一批市级管理权限的决定	广州市人民政府	2015.12.08	2015.12.08	—	—
3	福建自贸区	中国（福建）自由贸易试验区相对集中行政复议权实施办法	福建省人民政府	2015.04.20	2015.04.20	2023	—

续表

序号	自贸区	规范性文件名称	制定部门	公布日期	施行日期	修改时间	废止时间
4	天津自贸区	—	—	—	—	—	—
5	辽宁自贸区	—	—	—	—	—	—
6	浙江自贸区	关于赋予中国（浙江）自由贸易试验区一批省级管理事项权限的决定	浙江省人民政府	2022.06.13	2022.06.13	—	—
		关于向中国（浙江）自由贸易试验区宁波片区下放部分市级行政服务监管事项的通知	宁波市人民政府	2021.12.14	2021.12.14	—	—
7	河南自贸区	—	—	—	—	—	—
8	湖北自贸区	—	—	—	—	—	—
9	重庆自贸区	—	—	—	—	—	—
10	四川自贸区	关于中国（四川）自由贸易试验区片区管委会实施首批省级管理事项的决定	四川省人民政府	2018.01.31	2018.01.31	2020	—
		关于中国（四川）自由贸易试验区实施第二批省级管理事项的决定	四川省人民政府	2018.09.07	2018.09.07	—	—
		关于中国（四川）自由贸易试验区实施第三批省级管理事项的决定	四川省人民政府	2020.10.09	2020.11.08	—	—

续表

序号	自贸区	规范性文件名称	制定部门	公布日期	施行日期	修改时间	废止时间
11	陕西自贸区	关于中国（陕西）自由贸易试验区实施部分省级管理事项的决定	陕西省人民政府	2017.03.30	2017.03.30	—	—
		关于中国（陕西）自由贸易试验区西安各片区管委会实施部分市级行政管理事项的决定	西安市人民政府	2017.03.30	2017.03.30	—	—
		关于向中国（陕西）自由贸易试验区和省内国家自主创新示范区、国家高新技术产业开发区、国家级经济技术开发区和国家级新区委托部分行政管理事项的决定	陕西省人民政府	2018.07.12	2018.07.12	—	—
12	海南自贸区	关于将部分省级行政许可事项委托市、县、自治县和海南自由贸易港重点园区实施的决定	海南省人民政府	2023.11.17	2024.01.01	—	—

续表

序号	自贸区	规范性文件名称	制定部门	公布日期	施行日期	修改时间	废止时间
13	山东自贸区	关于向中国（山东）自由贸易试验区和中国—上海合作组织地方经贸合作示范区下放部分行政权力事项的决定	山东省人大常委会	2020.06.12	2020.06.12	—	—
		关于赋予中国（山东）自由贸易试验区青岛片区和中国—上海合作组织地方经贸合作示范区部分行政权力事项的决定	青岛市人民政府	2021.08.29	2021.08.29	—	—
		关于中国（山东）自由贸易试验区烟台片区实施市级行政权力事项（第一批）的决定	烟台市人民政府	2019.09.11	2019.09.11	—	—
14	江苏自贸区	关于赋予中国（江苏）自由贸易试验区第一批省级管理事项的决定	江苏省人民政府	2020.06.25	2020.06.25	—	—
		关于赋予中国（江苏）自由贸易试验区第二批省级管理事项和开发区（自由贸易试验区联动创新发展区）省级管理事项的决定	江苏省人民政府	2021.09.06	2021.09.06	—	—

续表

序号	自贸区	规范性文件名称	制定部门	公布日期	施行日期	修改时间	废止时间
15	广西自贸区	关于委托或授权中国（广西）自由贸易试验区实施自治区级行政权力事项（第一批）的决定	广西壮族自治区人民政府	2020.03.09	2020.03.09	—	—
		关于委托或授权中国（广西）自由贸易试验区实施自治区级行政权力事项（第二批）的决定	广西壮族自治区人民政府	2020.06.21	2020.06.21	—	—
		关于委托中国（广西）自由贸易试验区南宁片区管理委员会行使有关行政管理权的决定	南宁市人民政府	2020.07.16	2020.07.16	—	—
16	河北自贸区	关于向中国（河北）自由贸易试验区下放省级行政许可事项的通知	河北省人民政府	2022.05.10	2022.05.10	—	—
17	云南自贸区	关于向中国（云南）自由贸易试验区各片区管委会下放第一批省级管理权限的决定	云南省人民政府	2020.12.06	2020.12.06	—	—
		关于委托中国（云南）自由贸易试验区各片区管委会行使部分省级行政职权事项（第二批）的决定	云南省人民政府	2022.09.29	2022.09.29	—	—
		关于下放中国（云南）自由贸易试验区德宏片区部分州级行政职权事项的决定	德宏傣族、景颇族自治州人民政府	2019.08.30	2019.08.30	—	—

续表

序号	自贸区	规范性文件名称	制定部门	公布日期	施行日期	修改时间	废止时间
18	黑龙江自贸区	关于第一批赋予中国（黑龙江）自由贸易试验区省级行政权力事项和调整赋予哈尔滨新区省级行政权力事项的决定	黑龙江省人民政府	2021.05.13	2021.06.12	—	2023
		关于公布《赋予中国（黑龙江）自由贸易试验区省级行政权力事项指导目录》和《赋予哈尔滨新区省级行政权力事项指导目录》的决定	黑龙江省人民政府	2023.03.09	2023.04.10	2024	—
		关于公布《赋予中国（黑龙江）自由贸易试验区黑河片区市级行政权力事项指导目录》的决定	黑河市人民政府	2024.01.10	2024.02.15	—	—
		关于公布《赋予中国（黑龙江）自由贸易试验区绥芬河片区市级行政权力事项指导目录》的决定	牡丹江市人民政府	2023.12.25	2024.03.01	—	—
19	北京自贸区	—	—	—	—	—	—
20	湖南自贸区	—	—	—	—	—	—
21	安徽自贸区	—	—	—	—	—	—
22	新疆自贸区	关于赋予中国（新疆）自由贸易试验区第一批自治区级经济社会管理事项权限的决定	新疆维吾尔自治区人民政府	2024.05.16	2024.07.01	—	—

从表3－14情况来看，在现有22个自贸区中，有14个自贸区所在地的省级人大常委会或省级人民政府发布了关于授权或委托自贸区行使部分行政管理权的决定，有的还有所在地市级政府的特别授权。但也有8个自贸区尚未得到此类授权或委托。

2. 有关海南自贸港的立法

自海南自贸港设立以来，海南省人大常委会、海南省人民政府及有关部门制定发布了较多有关海南自贸港的地方性立法（见表3－15）。

表3－15　有关海南自贸港的地方性法规、规章和规范性文件（截至2024年6月）

序号	名称	制定部门	公布日期	施行日期	修改时间
1	关于海南自由贸易港洋浦经济开发区等重点园区管理体制的决定	海南省人大常委会	2020.04.02	2020.04.02	—
2	海南自由贸易港博鳌乐城国际医疗旅游先行区条例	海南省人大常委会	2020.06.16	2020.06.16	—
3	关于贯彻落实《海南自由贸易港建设总体方案》的决议	海南省人大常委会	2020.06.16	2020.06.16	—
4	海南自由贸易港消防条例	海南省人大常委会	2020.07.31	2020.11.01	—
5	海南自由贸易港三亚崖州湾科技城条例	海南省人大常委会	2020.12.02	2021.01.01	—

续表

序号	名称	制定部门	公布日期	施行日期	修改时间
6	海南自由贸易港海口江东新区条例	海南省人大常委会	2020.12.30	2021.01.01	—
7	海南自由贸易港国际船舶条例	海南省人大常委会	2021.06.01	2021.09.01	—
8	关于将旅行社设立审批等省级管理权限调整由海南自由贸易港重点园区管理机构在重点园区范围内实施的决定	海南省人大常委会	2021.07.27	2021.07.27	—
9	海南自由贸易港社会信用条例	海南省人大常委会	2021.09.30	2022.01.01	—
10	海南自由贸易港公平竞争条例	海南省人大常委会	2021.09.30	2022.01.01	—
11	海南自由贸易港反消费欺诈规定	海南省人大常委会	2021.09.30	2021.11.01	—
12	海南自由贸易港优化营商环境条例	海南省人大常委会	2021.09.30	2021.11.01	—
13	关于将林业植物检疫证书核发等省级管理权限调整由海南自由贸易港重点园区管理机构实施的决定	海南省人大常委会	2021.12.01	2021.12.01	—
14	海南自由贸易港安居房建设和管理若干规定	海南省人大常委会	2021.12.01	2022.01.01	—
15	海南自由贸易港征收征用条例	海南省人大常委会	2021.12.01	2022.01.01	—

续表

序号	名称	制定部门	公布日期	施行日期	修改时间
16	海南自由贸易港企业破产程序条例	海南省人大常委会	2021.12.01	2022.03.01	—
17	海南自由贸易港知识产权保护条例	海南省人大常委会	2021.12.01	2022.01.01	—
18	海南自由贸易港科技开放创新若干规定	海南省人大常委会	2021.12.01	2022.01.01	—
19	海南自由贸易港市场主体注销条例	海南省人大常委会	2021.12.01	2022.03.01	—
20	海南自由贸易港闲置土地处置若干规定	海南省人大常委会	2021.12.01	2022.01.01	—
21	海南自由贸易港免税购物失信惩戒若干规定	海南省人大常委会	2021.12.01	2022.01.01	—
22	海南自由贸易港洋浦经济开发区条例	海南省人大常委会	2021.12.30	2022.01.01	—
23	海南自由贸易港游艇产业促进条例	海南省人大常委会	2022.03.25	2022.07.01	—
24	海南自由贸易港海口国家高新技术产业开发区条例	海南省人大常委会	2022.03.25	2022.05.01	—
25	海南自由贸易港药品进口便利化若干规定	海南省人大常委会	2022.09.29	2022.12.01	—
26	海南自由贸易港生态环境保护考核评价和责任追究规定	海南省人大常委会	2022.11.30	2023.01.01	—

续表

序号	名称	制定部门	公布日期	施行日期	修改时间
27	海南自由贸易港博鳌乐城国际医疗旅游先行区医疗药品器械管理规定	海南省人大常委会	2022.11.30	2023.01.01	—
28	关于在海南自由贸易港取消乙级水利工程质量检测单位资质认定等六项行政许可事项的决定	海南省人大常委会	2022.11.30	2022.11.30	—
29	海南自由贸易港促进种业发展若干规定	海南省人大常委会	2023.04.16	2023.05.01	—
30	海南自由贸易港土地管理条例	海南省人大常委会	2023.04.16	2023.05.01	—
31	海南自由贸易港三亚中央商务区条例	海南省人大常委会	2023.09.19	2023.10.01	—
32	海南自由贸易港陵水黎安国际教育创新试验区条例	海南省人大常委会	2023.11.24	2024.01.01	—
33	海南自由贸易港企业国有资产条例	海南省人大常委会	2023.11.24	2024.01.01	—
34	海南自由贸易港违反市场准入承诺即入制失信惩戒若干规定	海南省人大常委会	2023.11.24	2024.01.01	—
35	海南自由贸易港“三无”船舶综合治理规定	海南省人大常委会	2023.11.24	2023.12.01	—
36	海南自由贸易港市场主体登记管理条例	海南省人大常委会	2023.11.24	2024.05.01	—

续表

序号	名称	制定部门	公布日期	施行日期	修改时间
37	海南自由贸易港国际商事仲裁发展若干规定	海南省人大常委会	2024.05.29	2024.07.01	—
38	海南自由贸易港实施市场准入承诺即入制管理规定	海南省人民政府	2022.11.30	2022.11.30	—
39	关于将部分省级行政许可事项委托市、县、自治县和海南自由贸易港重点园区实施的决定	海南省人民政府	2023.11.17	2024.01.01	—

3.有关海关特殊监管区的立法

截至2024年6月，地方人大常委会和地方人民政府制定且现行有效的有关海关特殊监管区主要规范见表3－16。

表 3－16　有关保税区的地方性法规、规章和规范性文件(截至 2024 年 6 月)

序号	省区市	名称	制定部门	公布日期	施行日期	修改时间
1	北京市	北京天竺综合保税区管理办法	北京市人民政府	2010.02.01	2010.03.01	—
2	天津市	天津港保税区条例	天津市人大常委会	2003.12.12	2004.03.01	2019
3	上海市	上海市外高桥保税区条例	上海市人大常委会	1996.12.20	1997.01.01	—
		上海浦东机场综合保税区管理办法	上海市人民政府	2010.05.28	2010.07.01	—
		上海市出口加工区管理办法	上海市人民政府	2004.09.24	2004.11.01	2010
4	重庆市	—	—	—	—	—
5	黑龙江省	黑龙江绥芬河综合保税区管理办法	黑龙江省人民政府	2009.10.29	2009.12.01	2016
6	吉林省	—	—	—	—	—
7	辽宁省	大连保税区管理条例	大连市人大常委会	1994.05.26	1994.05.26	2010
8	河北省	—	—	—	—	—
9	河南省	—	—	—	—	—
10	山东省	—	—	—	—	—

续表

序号	省区市	名称	制定部门	公布日期	施行日期	修改时间
11	江苏省	—	—	—	—	—
12	浙江省	宁波保税区条例	宁波市人大常委会	2006.04.06	2006.05.01	—
		浙江舟山港综合保税区管理办法	浙江省人民政府	2013.09.27	2013.11.01	—
13	福建省	福州保税区条例	福州市人大常委会	1993.11.12	1993.11.12	2002
14	广东省	深圳经济特区福田保税区条例	深圳市人大常委会	1996.06.07	1996.06.07	2003 2024
		珠海市珠海保税区条例	珠海市人大常委会	1998.05.21	1998.07.01	2010
		广东省保税区管理条例	广东省人大常委会	2002.09.02	2002.10.01	—
		汕头综合保税区条例	汕头市人大常委会	2021.09.28	2021.11.01	—
		珠澳跨境工业区珠海园区管理办法	珠海市人民政府	2006.08.09	2006.08.09	—
15	海南省	—	—	—	—	—
16	山西省	—	—	—	—	—

续表

序号	省区市	名称	制定部门	公布日期	施行日期	修改时间
17	安徽省	—	—	—	—	—
18	湖北省	—	—	—	—	—
19	湖南省	—	—	—	—	—
20	江西省	—	—	—	—	—
21	内蒙古自治区	—	—	—	—	—
22	宁夏回族自治区	—	—	—	—	—
23	新疆维吾尔自治区	—	—	—	—	—
24	西藏自治区	—	—	—	—	—
25	陕西省	—	—	—	—	—
26	青海省	—	—	—	—	—
27	甘肃省	—	—	—	—	—
28	四川省	—	—	—	—	—

续表

序号	省区市	名称	制定部门	公布日期	施行日期	修改时间
29	贵州省	贵阳综合保税区管理条例	贵阳市人大常委会	2015.08.24	2015.09.14	2021
		遵义综合保税区管理办法	遵义市人民政府	2017.12.11	2017.12.11	—
30	云南省	—	—	—	—	—
31	广西壮族自治区	广西凭祥综合保税区管理办法	广西壮族自治区人民政府	2013.07.09	2013.09.01	—
		北海出口加工区管理暂行办法	北海市人民政府	2003.07.15	2003.07.15	2003

从表3－16的情况来看，31个省（自治区、直辖市）中只有10个省（自治区、直辖市）制定了有关海关特殊监管区的地方性规定。

从已制定的有关海关特殊监管区的地方性规定来看，基本都是针对某个特定的海关特殊监管区，即采取的是“一区一规”的立法模式。只有个别是针对本省同类海关特殊监管区制定的，如广东省人大常委会发布的《广东省保税区管理条例》。

从制定部门和规范性质来看，多为海关特殊监管区所在地的人大常委会制定的地方性法规，但也有的是所在地人民政府制定的地方政府规章。

从规范的级别来看，多为省级规定，但也有设区市的市级规范。

第二节　我国开发区立法存在的问题

尽管我国开发区的法治状况总体情况良好，但是仍存在立法滞后，地方立法参差不齐，综合执法水平有待提高，审判机制有待进一步完善等问题。就有关开发区的立法方面，目前存在的主要问题有以下几方面。

一、开发区立法滞后

立法滞后已成为影响我国开发区依法治“区”最为突出的问题。

（一）缺乏开发区基本法

截至2024年6月，我国不仅没有出台一部全国统一的有关开发区的基本法，而且同类开发区也尚无一部中央层面统一的法律或行政法规。

1996年7月3日，原国家科学技术委员会发布的《“九五”期间科技立法规划》明确提出制定《国家高新技术产业开发区法》，“明确国家高新技术产业开发区的发展方向及国家扶植其发展的政策和措施，确立高新技术产业开发区的管理体系，通过立法保障高新技术产业开发区的发展。……，争取1998年报请有关立法机关审议”。此后，由全国人大教科文卫委员会组织国家科委等部门共同起草的《国家高新技术产业开发区法（草案）》分别于1997年12月、1999年6月提交全国人大常委会进行审议。但因分歧较大而搁浅。2007年4月，科技部印发的《国家高新技术产业开发区“十一五”发展规划纲要》中又提出“推动国家及地方立法。研究制定国家高新区管理条例，规范国家高新区的管理”。但后来也不了了之。对于其他包括经济技术开发区在内的各类开发区也均未制定过中央层面的法律或行政法规。

关于中国自由贸易区类的特殊经济和自贸港，除了2021年6月10日全国人大常委会通过了《海南自由贸易港法》以外，也未出台过一部统一的法律或行政法规。正因为中国自贸区的设立、变更和终止均无法可依，导致目前中国（海南）自贸区是否随海南自贸港的成立而终止，成为一个有争议的问题。从国务院于2023年5月15日发布的《关于中国（海南）自由贸易试验区暂时调整适用有关法律规定情况的中期报告》的名称以及其中的内容表述〔3〕来看，似乎中国（海南）自贸区和海南自贸港目前属于并存关系，而且其范围均为海南岛全岛，这不仅在法理上很难解释，而且也会给相关立法、执法、司法等带来不少的难题。

---

〔3〕《关于中国（海南）自由贸易试验区暂时调整适用有关法律规定情况的中期报告》中规定：“三、下一步工作建议：为进一步推动《决定》的贯彻实施，有力助推海南自贸试验区和海南自由贸易港建设与发展，探索可复制可推广经验……”

（二）政策性文件代替法律

我国无论从20世纪80年代初开始设立经济特区和各类开发区，还是近些年设立的中国自贸区和海南自贸港，走的都是先依据政策或文件设立，再逐步进行规制的路径。也正是由于我国尚未出台开发区基本法，有关各类开发区的设立条件、设立程序等均无法可依，因此我国开发区大多由批复、会议决定或通知等形式批准或许可设立。

例如，我国已设立的22个中国自贸区和海南自贸港，无一例外都是依据国务院批准的各个自贸区《总体方案》设立。“我国各自贸试验区的设立均是通过国务院的《总体方案》得以推行运作，而不是通过立法创建，实质上仍是属于行政推动。”[4]有学者认为，“中国自贸区《总体方案》作为自贸区设立、建设、运行的指导规划性文件，其作用和战略意义在中国现行自贸区法律制度中占据首要位置，但是由于规范内容过于笼统宽泛，缺乏具体可操作性，其统领规划作用无法得到有效发挥，部分主要功能却已被《中国（上海）自由贸易试验区条例》所取代，加之其法律位阶尚不明确，《总体方案》首要法律地位受到广泛质疑”[5]。也有学者认为，“目前中国自贸区《总体方案》存在法律位阶定位不清的问题，《总体方案》从功能分析应当具有法律特性，从制定主体分析应当归为部门规章或地方性行政规章，从颁布实施主体分析则可界定为行政法规，为此，近年学界颇有争论，这也给中国自贸区法治建设带来一定现实困难”[6]。

---

〔4〕 贺小勇：《上海自贸试验区法治深化亟需解决的法律问题》，载《东方法学》2017年第1期。

〔5〕 李猛：《中国自贸区法律制度建立与完善研究》，人民出版社2017年版，第198页。

〔6〕 李猛：《中国自贸区法律制度建立与完善研究》，人民出版社2017年版，第196页。

又如，为了促进和规范国家级经济技术开发区的发展，国务院和有关部门发布了一系列规范性文件，包括：国务院办公厅《关于促进国家级经济技术开发区转型升级创新发展的若干意见》（国办发〔2014〕54号）、国务院办公厅《关于完善国家级经济技术开发区考核制度促进创新驱动发展的指导意见》（国办发〔2016〕14号）、国务院办公厅《关于促进开发区改革和创新发展的若干意见》（国办发〔2017〕7号）、国务院《关于推进国家级经济技术开发区创新提升打造改革开放新高地的意见》（国发〔2019〕11号）、国务院《关于促进国家高新技术产业开发区高质量发展的若干意见》（国发〔2020〕7号）、《国家级经济技术开发区综合发展水平考核评价办法（2021年版）》（商资发〔2021〕188号）、商务部等10部门《关于支持国家级经济技术开发区创新提升更好发挥示范作用若干措施的通知》（商资函〔2022〕549号）等。

总之，我国开发区的设立和发展，离不开政策的推动。特别在我国开发区兴建之初，由于几乎完全没有明确的法律、法规可依，各地政府为了发展本地经济，纷纷建设各类开发区，并给予开发区相对较多特殊优惠政策或鼓励措施。这种以政策代替法律的做法在当时背景下有其历史合理性。但是，在当今全面推进依法治国的背景下，如果继续大量地以政策代替法律，不仅将严重破坏公平竞争的市场环境，不利全国统一市场的形成，而且容易助长腐败现象。《外商投资法》第18条也明确规定："县级以上地方人民政府可以根据法律、行政法规、地方性法规的规定，在法定权限内制定外商投资促进和便利化政策措施。"因此，今后我国各类开发区，包括自贸区、自贸港，都应在法律框架下努力打造成为"制度高地"，而不应成为"政策洼地"。

（三）过时规范的废改滞后

关于开发区的立法问题，除了缺乏基本法，政策性文件代替法律以外,许多早已过时规章、规范性文件未及时清理,废改工作严重滞后,导致相关规范适用中的困难。

例如,关于国家高新技术产业开发区,国务院及有关部门发布的有关规定大多在2000年至2004年制定,有些甚至是在20世纪90年代制定的,原先的立法内容已不能满足高新区进一步发展的需要。比如,1991年3月6日国务院发布的《国家高新技术产业开发区若干政策的暂行规定》;1996年11月4日原国家科学技术委员会发布的《国家高新技术产业开发区管理暂行办法》;1997年1月20日原国家计划委员会、原国家科学技术委员会发布的《国家高新技术产业开发区基本建设银行贷款投资计划管理暂行规定》等,至今均未作修改或明文废止。20世纪八九十年代地方制定的有关地方性法规、规章至今未作修改的也不少,如上海市人大常委会于1988年11月10日发布的《上海市经济技术开发区条例》和1990年4月8日发布的《上海市漕河泾新兴技术开发区暂行条例》;广东省人大常委会于1993年6月2日发布的《湛江经济技术开发区条例》;北京市人大常委会于1995年4月14日发布的《北京经济技术开发区条例》;等等。

还有的地方性法规、规章尽管是近些年制定、发布的,但是有的条文内容因其他新的立法而过时,但是也未见及时修改。比如,上海市人大常委会于2014年7月25日发布的《中国(上海)自由贸易试验区条例》,第1条规定:"为推进和保障中国(上海)自由贸易试验区建设,充分发挥其推进改革和提高开放型经济水平'试验田'的作用,根据《全国人民代表大会常务委员会关于授权国务院在中国(上海)自由贸易试验区暂时调整有关法律规定的行政审批的决定》、国务院批准的《中国(上海)自由贸易试验区总体方案》……和其他有关法律、行政法规,制定本条例。"其中所依据的《关于授权国务院在中国(上海)自由贸易试验区暂时调整有关法律规定的行政审批的决定》早已在2016年10月1日失效。《中国(上海)自由贸易试验区条例》第13条第1款规定:“自贸试验区内国家规定对外商投资实施的准入特别管理措施,由市人民政府发布负面清单予以列明,并根据发展实际适时调整。”该条款在该条例制定时是没有问题的,但是自2015年4月8日国务院办公厅印发《自由贸易试验区外商投资准入特别管理措施(负面清单)》后,即中国自贸区的外商投资准入实行统一的负面清单之后,该规定就明显与上位法相抵触了,应当及时修改。但直到现在,该条例仍从未修改过。

(四)暂时调整实施法律、法规存在不足

改革创新、先行先试意味着对现有法律框架、法律规范的突破,因此,在现有法律规范修法的时机尚不成熟的情况下,为了确认先行先试权的合法性,一个变通的办法就是由有权机关依法作出暂停或临时调整法律、法规实施的决定。为此,全国人大常委会和国务院先后作出了若干暂停调整或停止在某个(些)特殊区域调整实施法律、法规的决定。例如,2012年12月28日全国人大常委会发布了《关于授权国务院在广东省暂时调整部分法律规定的行政审批的决定》,授权国务院在广东省暂时调整部分法律规定的共25项行政审批,在3年内试行。此后在试行期到期日即2015年12月27日,第十二届全国人大常委会第十八次会议又发布了《关于授权国务院在广东省暂时调整部分法律规定的行政审批试行期届满后有关问题的决定》,该决定规定:“《全国人民代表大会常务委员会关于授权国务院在广东省暂时调整部分法律规定的行政审批的决定》中调整的行政审批,尚未修改有关法律规定的,在广东省继续试行。对实践证明可行的,由国务院提出修改有关法律的议案。2018年1月1日前未提出修改有关法律的议案的,恢复施行有关法律规定。”

这种暂时调整法律适用的做法也被多次运用到中国自贸区和海

南自贸港。

例如,2013 年 8 月 30 日,全国人大常委会发布了《关于授权国务院在中国(上海)自由贸易试验区暂时调整有关法律规定的行政审批的决定》(已失效),授权国务院在中国(上海)自贸区内,对国家规定实施准入特别管理措施之外的外商投资,暂时调整《外资企业法》、《中外合资经营企业法》和《中外合作经营企业法》规定的有关行政审批。随后,国务院于 2013 年 12 月 21 日发布了《关于在中国(上海)自由贸易试验区内暂时调整有关行政法规和国务院文件规定的行政审批或者准入特别管理措施的决定》(国发〔2013〕51 号)。

2014 年 12 月 28 日,全国人大常委会发布了《关于授权国务院在中国(广东)自由贸易试验区、中国(天津)自由贸易试验区、中国(福建)自由贸易试验区以及中国(上海)自由贸易试验区扩展区域暂时调整有关法律规定的行政审批的决定》(已失效),授权国务院在该 4 个自贸区、自贸区扩展区域内,暂时调整《外资企业法》、《中外合资经营企业法》、《中外合作经营企业法》和《台湾同胞投资保护法》规定的有关行政审批。

2019 年 10 月 26 日,全国人大常委会发布了《关于授权国务院在自由贸易试验区暂时调整适用有关法律规定的决定》,授权国务院在自贸区内,暂时调整适用《对外贸易法》《道路交通安全法》《消防法》《食品安全法》《海关法》《种子法》的有关规定。

2020 年 4 月 29 日,全国人大常委会发布了《关于授权国务院在中国(海南)自由贸易试验区暂时调整适用有关法律规定的决定》,授权国务院在中国(海南)自贸区暂时调整适用《土地管理法》《种子法》《海商法》的有关规定。

2021 年 4 月 29 日,全国人大常委会发布了《关于授权国务院在自由贸易试验区暂时调整适用有关法律规定的决定》,授权国务院在自贸区内，暂时调整适用《民办教育促进法》《会计法》《注册会计师法》《拍卖法》《银行业监督管理法》《商业银行法》《保险法》的有关规定，自贸区所在县、不设区的市、市辖区的其他区域参照执行。

2021 年 11 月 9 日，国务院发布了《关于同意在中国（上海）自由贸易试验区临港新片区暂时调整实施有关行政法规规定的批复》（国函〔2021〕115 号），同意自该日起至 2024 年 12 月 31 日，在中国（上海）自贸区临港新片区暂时调整实施《国际海运条例》《国内水路运输管理条例》的有关规定。

2022 年 5 月 5 日，国务院发布了《关于同意在海南自由贸易港暂时调整实施〈中华人民共和国船舶登记条例〉有关规定的批复》（国函〔2022〕42 号）。

国务院根据全国人大常委会的授权，先后发布了《关于在中国（上海）自由贸易试验区内暂时调整有关行政法规和国务院文件规定的行政审批或者准入特别管理措施的决定》《关于在中国（上海）自由贸易试验区内暂时调整实施有关行政法规和经国务院批准的部门规章规定的准入特别管理措施的决定》《关于在自由贸易试验区暂时调整有关行政法规、国务院文件和经国务院批准的部门规章规定的决定》《关于在自由贸易试验区暂时调整实施有关行政法规规定的通知》《关于在中国（海南）自由贸易试验区暂时调整实施有关行政法规规定的通知》《关于同意在中国（上海）自由贸易试验区临港新片区暂时调整实施有关行政法规规定的批复》《关于同意在海南自由贸易港暂时调整实施〈中华人民共和国船舶登记条例〉有关规定的批复》。

实践证明，这些暂时调整法律适用的措施，在推进自贸区（港）先行先试、创新发展，并形成众多可复制可推广经验中起到了十分重要的作用。

但是,暂时调整或停止适用法律(或称暂时调整法律实施)在2015年修订《立法法》之前实际上是没有明确的法律依据的。尽管暂时调整或者停止适用法律的规则在2015年修正《立法法》时作了明文规定〔7〕并经2023年修正《立法法》时进一步完善〔8〕,但是从上述全国人大常委会和国务院已发布的暂时调整法律适用的决定和批复情况来看,仍存在以下不足:

第一,暂时调整或停止法律适用具有较强的时效性。从以上有明确调整适用期的决定和批复来看,均规定为3年或3年以内,时间比较短,一旦在此期间相关立法未予修改,则意味着要么恢复法律的适用,因而具有不确定性;要么授权机关必须及时作出延长调整适用期的决定,否则容易出现真空期。

第二,有的决定和批复不够严谨。从表3-8"有关在自贸区、自贸港暂时调整适用法律、法规等的决定情况"中可以看到,国务院发布的关于在自贸区和海南自贸港暂时调整实施行政法规、规章和规范性文件的9个决定和批复中,有7个未明确调整法律适用的期限,这就容易形成事实上的遥遥无期或随时被废止两种结果。

第三,暂时调整或停止法律适用缺乏效果评估与后续处理等配套措施。《立法法》第16条第2款中规定的"实践证明可行的",尚缺乏相应的认定程序规则予以落实和保障。

---

〔7〕《立法法》(2015年修正)第13条规定:全国人民代表大会及其常务委员会可以根据改革发展的需要,决定就行政管理等领域的特定事项授权在一定期限内在部分地方暂时调整或者暂时停止适用法律的部分规定。

〔8〕《立法法》(2023年修正)第16条规定:全国人民代表大会及其常务委员会可以根据改革发展的需要,决定就特定事项授权在规定期限和范围内暂时调整或者暂时停止适用法律的部分规定。暂时调整或者暂时停止适用法律的部分规定的事项,实践证明可行的,由全国人民代表大会及其常务委员会及时修改有关法律;修改法律的条件尚不成熟的,可以延长授权的期限,或者恢复施行有关法律规定。

二、开发区立法冲突和不协调

由于缺乏统一的基本立法，导致关于开发区的基本类型划分、开发区的法律地位、开发区管理机构的法律性质及其权限范围等一些基本问题不能形成相对统一的认识，进而出现中央与地方、地方与地方以及各部门之间出台的许多法律规范相互冲突和不协调、不一致。

（一）关于开发区立法的适用范围混乱

由于我国开发区没有统一的名称规范，开发区名目繁多，导致各地相关立法名称较混乱。有的名称并未直接显示与其所规定的适用范围，如天津市人大常委会于2020年5月18日发布的《天津国家自主创新示范区条例》，该条例经2021年修正，国务院有关部门公布的审核公告确定的天津滨海高新技术产业开发区四至范围实际适用的是“国务院批准的天津滨海高新技术产业开发区的范围”。有的名称完全相同，但是具体的适用范围却存在较大的差别。下面以表3－17安徽、贵州等八省（自治区）制定的省级地方性法规开发区条例为例，比较其适用范围的不同。

表3－17　安徽、贵州等八省（自治区）开发区省级地方性法规适用范围比较

序号	名　称	适用范围
1	安徽省省级开发区条例(2004年)	第二条第一款　本条例所称开发区是指经省人民政府批准，由所在地人民政府领导，有明确的地域界限，实行特殊政策的各类开发区 第三十六条　香港、澳门和台湾地区的投资者以及华侨在开发区投资兴办的企业，参照本条例有关外商投资企业的规定执行

续表

序号	名　称	适用范围
2	贵州省开发区条例（2012年）	第二条　本条例所称开发区是指经国务院、省人民政府批准成立的本省行政区域内的国家级、省级经济开发区和高新技术产业开发区
3	江苏省开发区条例（2018年）	第二条第二款　本条例所称开发区，包括经国务院批准设立的国家级经济技术开发区、高新技术产业开发区和省人民政府批准设立的省级经济开发区、高新技术产业开发区 第四十三条　本省行政区域内经国务院和省人民政府批准设立的海关特殊监管区域、旅游度假区等其他类型的园区，可以参照本条例执行
4	辽宁省开发区条例（2018年）	第二条第二款　本条例所称开发区，是指由国务院和省人民政府批准设立，为实现特定发展目标和方向，具有明确管辖边界和管理范围，享受特殊政策的区域。包括经济技术开发区、边（跨）境经济合作区、海关特殊监管区域、高新技术产业开发区、农产品加工示范集聚区等具有开发区性质的各类园区 第三十七条　本省行政区域内其他类型的园区，可以参照本条例执行
5	山西省开发区条例（2019年）	第二条第二款　本条例所称开发区，是指经国务院或者省人民政府批准设立的转型综合改革示范区、高新技术产业开发区、经济技术开发区等国家级、省级开发区 第四十条　本省行政区域内经国务院或者省人民政府批准设立、纳入开发区管理序列的海关特殊监管区域、生态文化旅游示范区、现代农业产业示范区等，参照本条例执行
6	江西省开发区条例（2019年）	第二条　本省行政区域内开发区的规划与建设、设立与整合、管理与服务以及相关活动，适用本

续表

序号	名　称	适用范围
6	江西省开发区条例(2019年)	条例。本条例所指的开发区,包括国家级开发区和省级开发区。国家级开发区是指国务院批准设立的高新技术产业开发区、经济技术开发区;省级开发区是指省人民政府批准设立的高新技术产业园区、经济开发区、工业园区、产业园 第四十四条　本省行政区域内经国务院批准设立的海关特殊监管区,可以参照本条例执行
7	湖北省开发区条例(2019年)	第二条第二款　本条例所称开发区,包括经国务院批准设立的经济技术开发区、高新技术产业开发区等国家级开发区和经省人民政府批准设立的经济开发区、高新技术产业园区、工业园区、产业园等省级开发区 第四十六条　本省行政区域内海关特殊监管区域、开发区托管区域可以参照本条例执行
8	广西壮族自治区开发区条例(2020年)	第二条第二款:本条例所称开发区,是指经国务院、自治区人民政府批准设立的,或者经自治区人民政府开发区主管部门审批、确认后报自治区人民政府备案的实行特殊政策的区域,包括经济(技术)开发区、高新技术产业开发区、工业园(区)、工业集中区、工业示范园区、产业园(区)、产业示范区、出口加工区、边(跨)境经济合作区等 第五十七条　海关特殊监管区和设区的市、县级人民政府批准设立的开发区可以参照本条例执行

从表3－17比较可以看出,同样以"开发区条例"命名的以上8省(自治区)地方性法规,其适用范围是明显不同的,并主要表现在以下几方面:

第一,所适用的开发区级别范围不同。其中《安徽省省级开发区条例》仅适用于省级开发区;贵州、江苏、辽宁、山西、江西、湖北、广西

7 省区的开发区条例既适用于国家级开发区，又适用于省级开发区，并且《广西壮族自治区开发区条例》规定“设区的市、县级人民政府批准设立的开发区可以参照本条例执行”。而《安徽省省级开发区条例》仅适用于省级开发区。

第二，所适用的开发区类型不同。其中《江苏省开发区条例》和《贵州省开发区条例》规定直接适用的对象仅限于经济开发区、高新技术产业开发区两种类型；《山西省开发区条例》中明确列举的开发区类型为“转型综合改革示范区、高新技术产业开发区、经济技术开发区”；在《江西省开发区条例》和《湖北省开发区条例》中列举的相同的开发区类型为“高新技术产业园区、经济开发区、工业园区、产业园”；《广西壮族自治区开发区条例》明确列举的开发区类型为“经济（技术）开发区、高新技术产业开发区、工业园（区）、工业集中区、工业示范园区、产业园（区）、产业示范区、出口加工区、边（跨）境经济合作区”；而《辽宁省开发区条例》规定直接适用的开发区类型为经济技术开发区、边（跨）境经济合作区、海关特殊监管区域、高新技术产业开发区、农产品加工示范集聚区等具有开发区性质的各类园区。《安徽省省级开发区条例》的适用对象为省级“各类开发区”。

第三，可参照适用各开发区条例的开发区类型不同。例如，《江苏省开发区条例》规定可参照适用的开发区类型为“海关特殊监管区域、旅游度假区等”；《辽宁省开发区条例》规定可参照适用的开发区类型为“其他类型的园区”；《山西省开发区条例》规定可参照适用的开发区类型为“海关特殊监管区域、生态文化旅游示范区、现代农业产业示范区等”；《江西省开发区条例》规定可参照适用的开发区类型为“海关特殊监管区域”；《湖北省开发区条例》规定可参照适用的开发区类型为“海关特殊监管区域、开发区托管区域”；而《广西壮族自治区开发区条例》规定可参照适用的开发区类型为“海关特殊监管区和设区的市、县级人民政府批准设立的开发区”。而《贵州省开发区条例》则未规定任何其他可参照适用该条例的开发区类型。

此外,从《广西壮族自治区开发区条例》将“出口加工区”与“海关特殊监管区”分列在第2条“适用”和第57条“参照适用”的两个条款中的情况来看,这与《中国开发区审核公告目录》(2018年版)中将“出口加工区”归入“海关特殊监管区”类型的划分也存在明显的不一致。[9]

(二)关于开发区及管理机构的法律地位和性质的立法差异明显

目前我国各类开发区在地理空间范围上,除了经济特区已全部实现了与所在地行政区的合一,其他类型的开发区绝大多数仅限于某行政区的局部范围,也有些开发区跨越(但不完全包括)两个或多个行政区范围。“开发区至今还没有一部全国性的法规,使得开发区的法律地位不明确。……大部分开发区不是一个独立的行政区域单元,开发区的管理机构(管委会)在中国的行政序列中并没有明确的地位,不是一级独立的行政机构,不具备相应的法律地位和权限。”[10]有人认为,“开发区是个法律地位不明的事物,它很像一级政权,具备一级政权的所有属性,但它却没有一级政权的法律地位”[11]。从我国《宪法》和《地方各级人民代表大会和地方各级人民政府组织法》的规定来看,无论是关于普通行政区的规定,还是关于民族自治区、特别行政区的规定,均无“开发区”作为行政区的明确依据。“而且在我国行政机关序列中,从国务院开始到地方乡镇一级,

---

〔9〕 2018年2月26日发改委、科技部、原国土资源部、住建部、商务部、海关总署发布的《中国开发区审核公告目录》(2018年版)。

〔10〕 厉无畏、王振主编:《中国开发区的理论与实践》,上海财经大学出版社2004年版,第105页。

〔11〕 朱泳、姜诚:《论开发区的法律地位与开发区的政区化》,载《江汉大学学报(社会科学版)》2009年第3期。

里面并不包含开发区管委会。因此,无论从设立开发区的功能定位来说,还是从法律上来说,开发区管委会都不是一级政府。"[12]

正是由于我国目前尚未出台一部全国统一的有关开发区的法律或行政法规明确开发区的法律地位,导致我国目前各类开发区的管理体制、管理模式、管理职权和职责等情况较为复杂。

有学者将我国开发区的具体管理体制归纳为三种基本类型[13]:一是准政府的管委会体制。二是开发区与行政区管理合一的管理体制,如青岛黄岛开发区。"这种模式主要适用于整个城区作为开发区,或者开发区是原有城区建制的一部分。"三是以企业为主体的开发体制,"其特点是通过设立一个规划、开发、管理一个开发区,开发公司实际上承担了一定的政府职能、进行公共事业开发"。例如,上海的漕河泾、闵行、虹桥开发区以及浙江宁波大榭开发区等采用的就是此管理模式。类似的观点是将开发区的管理体制划分为政府主导的开发区管理模式、企业主导型开发区管理体制和政企混合的开发区管理体制。[14]

还有学者将我国开发区管理模式分为管委会模式、区政统筹模式、委托管理模式。[15]

从现实情况来看,由于各地都在不断探索开发区的管理体制机制的创新,因此,以上这些开发区管理体制或模式的分类也都能找到一些例证。当然,各种模式之间有时也不是完全泾渭分明的,如《海

---

〔12〕 伊士国、李先真:《论开发区管理委员会的法律地位》,载《行政与法》2009 年第 9 期。

〔13〕 伊士国、李先真:《论开发区管理委员会的法律地位》,载《行政与法》2009 年第 9 期。

〔14〕 冯烽:《国家级新区和开发区高质量发展研究》,中国社会科学出版社 2022 年版,第 69 – 72 页。

〔15〕 郭洪伟等:《开发区法治建设与产业发展研究》,首都经济贸易大学出版社 2021 年版,第 23 页。

南自由贸易港洋浦经济开发区条例》第6条规定:“省人民政府设立洋浦经济开发区管理委员会(以下简称洋浦管委会)。洋浦管委会根据授权行使省级行政管理权,与儋州市人民政府合署办公、一体化运作,对洋浦经济开发区统一规划、统一开发、统一建设、统一管理。”从该规定来看,其管理模式兼容了管委会制和授权管理制。

从目前我国开发区管理体制的实际情况来看,多数地方立法规定采用的是管委会制,即由所在地政府专门设立开发区管委会,行使对开发区进行统一管理的权力。但是各地方立法关于管委会的地位、性质及其权力来源等规定又出现了明显的不同,并引发争议。下面仍以上述安徽、贵州等8省区的开发区条例并另选取河南、陕西等五省的经济开发区条例或经济技术开发区条例为例进行比较(见表3-18)。

表3-18　部分省(自治区、直辖市)关于开发区、自贸试验区管委会的地方立法比较

序号	名　称	管理体制
1	安徽省省级开发区条例(2004年修正)	第十一条　开发区设立管理委员会(以下简称开发区管委会),代表所在地人民政府对开发区实行统一领导和管理
2	贵州省开发区条例(2012年)	第十条第一款　开发区设立管理委员会。开发区管理委员会是设立开发区的人民政府的派出机构,根据授权代表本级政府在开发区行使管理职权
3	江苏省开发区条例(2018年)	第二十三条第一款　开发区管理机构作为所在地县级以上地方人民政府的派出机关,在规定的职责范围内行使经济管理权限,提供投资服务

续表

序号	名　称	管理体制
4	辽宁省开发区条例(2018 年)	第二十二条第一款　开发区管理机构作为所在地市、县人民政府的派出机关,在规定的职责范围内行使经济管理权限,提供投资服务。除代管乡镇、街道的开发区外,原则上不承担社会管理职能
5	山西省开发区条例(2019 年)	第十四条第一款　开发区管理机构作为所在地县级以上人民政府的派出机关,在规定的职责范围内行使经济管理权,提供投资服务保障
6	江西省开发区条例(2019 年)	第二十三条第一款　开发区管理机构为所在地人民政府的派出机关,依照本条例规定的职责对开发区实行管理
7	湖北省开发区条例(2019 年)	第六条　开发区管理机构作为开发区所在地人民政府的派出机关,依法履行以下职责:……
8	广西壮族自治区开发区条例(2020 年)	第二十条第一款　县级以上人民政府在开发区设立管理机构的,其开发区管理机构作为所在地县级以上人民政府的派出机关,在规定的职责范围内行使经济社会管理权
9	河南省开发区高质量发展促进条例(2023 年)	第七条　开发区管理机构是地方人民政府的派出机关,依据法律、法规、规章的授权和省、设区的市人民政府赋权清单,行使权力、承担责任
10	陕西省经济技术开发区条例(2015 年修正)	第四条　开发区设立管理委员会。管理委员会是设立开发区的人民政府的派出机构,代表本级人民政府对开发区行使管理职权
11	山东省经济开发区条例(2016 年)	第七条第一款　经济开发区可以设立管理委员会,作为所在地县级以上人民政府的派出机构,在规定的职责范围内行使经济管理权限和行政管理职能

续表

序号	名　称	管理体制
12	河北省经济技术开发区条例(2010年修正)	第八条　开发区设立管理委员会,代表所在地设区的市人民政府对开发区实行统一领导和管理
13	中国(上海)自由贸易试验区条例(2014年)	第八条第一款　中国(上海)自由贸易试验区管理委员会(以下简称“管委会”)为市人民政府派出机构,具体落实自贸试验区改革试点任务,统筹管理和协调自贸试验区有关行政事务,依照本条例履行下列职责……
14	中国(天津)自由贸易试验区条例(2022年修正)	第九条第一款　中国(天津)自由贸易试验区管理委员会(以下简称自贸试验区管委会),履行下列职责……
15	中国(黑龙江)自由贸易试验区条例(2024年)	第十条第一款　各片区管理机构为省人民政府派出机构,由省人民政府委托片区所在地设区的市的人民政府管理

从表3－18可以看出,各省、自治区、直辖市关于开发区管理机构的法律地位和性质及其权力来源的规定均存在明显的差别。

第一,关于开发区管理机构法律地位和性质的规定不同。有的规定为“派出机关”,如江苏、辽宁、山西、江西、湖北、广西、河南等;有的定性为“派出机构”,如有贵州、陕西、山东等;有的未明确界定其性质,规定管委会“代表所在地人民政府”对开发区进行统一领导和管理,如安徽、河北等。

第二,关于开发区管理机构的权力来源的规定不同。有的规定根据“授权”,如贵州、河南等;有的规定“依法”或“在规定的职责范围内”,如湖北、江苏、辽宁、山西、广西、山东等;还有的仅规定“代表所在地人民政府”行使管理权,如安徽、河北等。而原国家科学技术委员会在1996年发布的《国家高新技术产业开发区管理暂行办法》

中规定,开发区管委会属于开发区的日常管理机构,其依据所在地政府的授权对开发区实行统一管理。[16]

尽管"派出机构"和"派出机关"仅一字之差,在日常用语中似乎也是通用的,但是有学者认为,"'派出机关'与'派出机构'作为两个并列的概念在语义上存在显著区别"[17]。两者的主要区别体现在设立依据、设立主体和职权设置3个方面。[18]

也有的地方立法回避了对开发区管委会的定性,直接规定其职权,或规定其代表政府或依据政府授权对开发区进行管理。例如,《中国(天津)自由贸易试验区条例》(2022年修正)第9条第1款规定:"中国(天津)自由贸易试验区管理委员会(以下简称自贸试验区管委会),履行下列职责……"又如,《海南自由贸易港海口国家高新技术产业开发区条例》第4条规定:"海口市人民政府设立高新区管理委员会(以下简称管委会)……"第5条第1款规定:"管委会根据海口市人民政府的授权,对高新区发展规划、开发建设、招商引资、企业服务、产业促进、对外开放等经济事务实行统一管理,……"《海南

〔16〕 1996年10月1日原国家科学技术委员会发布的《国家高新技术产业开发区管理暂行办法》(国科发火字〔1996〕061号)第8条第2款规定:"开发区管理委员会作为开发区日常管理机构,可以行使省、自治区、直辖市、计划单列市人民政府所授予的省市级规划、土地、工商、税务、财政、劳动人事、项目审批、外事审批等经济管理权限和行政管理权限,对开发区实行统一管理。"

〔17〕 邹奕:《国家级开发区、新区之国家机关的组织法治研究》,当代中国出版社2024年版,第83页。

〔18〕 "从现行的行政组织法规范来看,'派出机关'和'派出机构'的区别主要体现在三个方面:第一,就设立依据而言,派出机关都是依据《地方组织法》设立的,而派出机构是依据其他法律以及行政法规设立的。第二,就设立主体而言,派出机关是由地方政府设立的,而派出机构则通常由地方政府的工作部门设立的。第三,就职权设置来看,派出机关具有综合性的行政职权,而派出机构一般则具有专门性的行政职权。"参见邹奕:《国家级开发区、新区之国家机关的组织法治研究》,当代中国出版社2024年版,第81-82页。

自由贸易港洋浦经济开发区条例》第6条规定："省人民政府设立洋浦经济开发区管理委员会(以下简称洋浦管委会)。洋浦管委会根据授权行使省级行政管理权,与儋州市人民政府合署办公、一体化运作,对洋浦经济开发区统一规划、统一开发、统一建设、统一管理。"

由于开发区不是一个独立的行政区,又缺乏明确的法律地位,开发区管委会管理职权的范围或边界也无明确的法律界定。"有些地方将其作为地方政府派出机构,但却往往又会规定其承担一级政府的许多职责;有的地方仅规定其代表地方政府行使管理开发区的权力,但却没有明确机构的性质。"[19]因此,开发区管委会究竟属于何种法律性质?其应当或者可以行使管理权限具体包括哪些?关于这些问题不仅学术界存在较多争议和较大分歧,而且从目前各地相关立法的内容来看,差异也较大。

有些学者认为开发区管委会不应属于地方政府的派出机构。"开发区管委会一般由地方政府派出,与地方政府职能部门派出机构二者之间仍旧存在差别。""从是否具有行政主体资格来看,派出机构一般不享有行政主体资格,不能以自己的名义或下设机构的名义行使职权。"[20]"依据法律规定,地方政府职能部门根据工作需要可以设立工作机构,代表该职能部门某些行政事项的管理工作,但派出机构原则上不能作为独立的行政主体而存在,除非其经由法律明确授权。"[21]"而开发区管委会则具有行政主体资格,能够以自己的名义

---

〔19〕 王卉青、牛玉兵:《管委会主导型开发区管理模式的法律风险与防范》,载《辽宁行政学院学报》2014年第5期。

〔20〕 伊士国、李先真:《论开发区管理委员会的法律地位》,载《行政与法》2009年第9期。

〔21〕 王卉青、牛玉兵:《管委会主导型开发区管理模式的法律风险与防范》,载《辽宁行政学院学报》2014年第5期。

行使职权，承担责任。”[22]“从职能权限来看，派出机构的职能权限是一方面的，专门性的。而开发区管委会的职能权限则是多方面的，综合性的。”[23]还有学者从由谁派出不同，法律、法规授权范围不同、实施行政行为时采用的名义不同，以及责任能力不同等四方面论述了开发区管理机构与政府职能部门的派出机构有着明显的区别。[24]

有些学者认为开发区的管委会也不属于行政机关委托的组织。“法定授权组织是国家根据行政管理的实际需要，通过法律法规和规章将某些行政权力授予非行政机关的组织来行使而产生的一种组织。法定授权组织自身不属于国家行政机关体系，其性质是事业单位或企业单位。”[25]“在现实生活中，开发区管委会与事业单位、企业单位的性质相差很远。开发区管委会可以以自己的名义做出抽象行政行为和各种具体行政行为。而且管委会的机构设置、人员编制以及所获得的财政支撑的方式与一般的行政机关无异。”[26]行政机关委托的组织只能以委托机关的名义，而不能以自己的名义行使职权。当然，所产生的法律后果也由委托机关承担。而实践中开发区管委会在授权范围内实施行政行为是以自己的名义，一般情况下也能独立承担法律后果，故其不应被归入被委托组织的类别之中。[27]“受委托组织的特点在于：以委托行政机关的名义行使一定行政职权，并

---

〔22〕伊士国、李先真：《论开发区管理委员会的法律地位》，载《行政与法》2009年第9期。

〔23〕伊士国、李先真：《论开发区管理委员会的法律地位》，载《行政与法》2009年第9期。

〔24〕应松年：《行政诉讼法学》，中国政法大学出版社1999年版，第125－126页。

〔25〕伊士国、李先真：《论开发区管理委员会的法律地位》，载《行政与法》2009年第9期。

〔26〕伊士国、李先真：《论开发区管理委员会的法律地位》，载《行政与法》2009年第9期。

〔27〕王卉青、牛玉兵：《管委会主导型开发区管理模式的法律风险与防范》，载《辽宁行政学院学报》2014年第5期。

由委托机关承担相应法律后果的组织。开发区管理机构在授权范围内实施行政行为是以自己的名义，一般情况下也能独立承担法律后果，所以，与受委托组织有着本质的区别。"[28]"开发区管理机构属于行政法学和行政诉讼法学上的'法律、法规授权的组织'，在授权范围内享有完全的行政主体资格。"[29]

由于开发区的法律地位不明，开发区管理机构的法律性质不清，因此各地立法在关于开发区管委会的赋权、授权、放权等的问题上也各行其是，存在较大的不同，并出现有些地方管委会权限不足，而有些地方却存在越权放权或过度放权的现象。例如，最高人民法院于2005年6月18日发布的《关于审理涉及国有土地使用权合同纠纷案件适用法律问题的解释》（已被修改）第2条第1款明确规定："开发区管理委员会作为出让方与受让方订立的土地使用权出让合同，应当认定无效。"[30]但是，2009年8月25日鹤岗市人民政府颁行的《鹤岗市工业园区管理办法（试行）》（鹤政发〔2009〕33号）第8条第5项、第6项分别规定：鹤岗市工业园区管委会负责园区内项目用地的具体规划和安排，并负责园区招商引资、项目建设和企业运行的管理和服务。第18条规定："园区用地可以采取出让和租赁方式供地。入园企业取得土地使用权后，必须在规定期限内开工建设投产，否则，管委会和土地管理部门可依据有关规定吊销土地使用证，……"在很快发现授权不当后，鹤岗市人民政府在2009年10月10日又发布了《鹤岗市人民政府关于修改鹤政发〔2009〕33号和鹤政办发〔2009〕43号文件的通知》（鹤政发〔2009〕35号），做如下修改：鹤政

---

〔28〕郭会文：《国家级开发区管理机构的行政主体资格》，载《法学》2004年第11期。

〔29〕郭会文：《国家级开发区管理机构的行政主体资格》，载《法学》2004年第11期。

〔30〕最高人民法院《关于审理涉及国有土地使用权合同纠纷案件适用法律问题的解释》（法释〔2005〕5号）。

发〔2009〕33号文件中将第8条第5项删除；将第8条第6项中的“和企业运行的管理”删除；将第18条中的“管委会和土地管理部门可依据有关规定吊销土地使用证”改为“土地管理部门可依据有关规定吊销土地使用证”。

此外，在管委会制的管理体制机制下，许多开发区管委会经常游离于行政区与经济区之间，因此实际上很难摆脱政企不分，将开发区的经济管理职能和社会管理职能混为一团的传统管理套路，并且容易出现管委会过多干涉园区内企业的自主经营权的问题。甚至有些地方的开发区出现“多头管理、机构重叠、体制复归”的现象。〔31〕“比如地方各级政府部门都要求上下对口，一些高新区反已精简转变的政府职能又转回去，开始增加机构设置和人员编制，办事手续繁杂，管理体制出现了‘复归’。”〔32〕“地方政府要求高新区的管委会与政府对口设置机构强调条条管理过多运用行政手段干预高新区的发展，较少运用市场机制的力量发展园区。”〔33〕“管理体制出现向传统体制回归的现象，机构逐渐膨胀，运行机制丧失活力，各部门分工不合理，权力交叉重叠与空置的现象并存。”〔34〕

由于管委会制存在政企不分、权责不清、管理低效等弊端，因此，有些开发区所在地的地方人大常委会和地方政府开始积极探索市场化的体制机制，并且有的地方立法已经将“探索市场化管理模式”写入法条。例如，《江西省开发区条例》第23条第4款规定：“鼓励开发

〔31〕 丁焕峰、徐险峰等编著：《开发区发展的经济学理论与实证》，华南理工大学出版社2017年版，第178页。

〔32〕 丁焕峰、徐险峰等编著：《开发区发展的经济学理论与实证》，华南理工大学出版社2017年版，第178页。

〔33〕 康江峰：《我国高新区行政管理体制创新研究》，载《科技管理研究》2005年第8期。

〔34〕 白雪洁、李扬、杜传忠编著：《两岸高新区比较研究》，南开大学出版社2015年版，第31页。

区创新管理体制，建立平台公司等市场化运行和管理模式。”《江苏省开发区条例》第23条第4款规定：“鼓励开发区创新管理体制，探索建立市场化管理模式。”《中国（浙江）自由贸易试验区条例》（2022年修订）第8条第2款规定：“探索在自贸试验区设立专业机构或者委托社会组织承接专业性、技术性以及社会参与性较强的公共管理和服务职能。”因此，开发区管理体制或模式的多样化也是现实的需要。

总体而言，多数学者赞同将开发区管委会定性为所在地政府的派出机关。因为从设立机关来看，开发区是由各级人民政府设立的；从职能上来看，开发区管委会的职能是多方面的、综合性的；从行政主体资格来看，开发区管委会在开发区内以自己的名义行使行政权。[35] 在司法实践中，也有相关典型案例的裁判文书将开发区管理机构认定为所在地人民政府的派出机关。例如，最高人民法院在再审张某与广西壮族自治区南宁经济技术开发区管委会房屋强制拆迁纠纷案的裁定书中就明确认为：“南宁经开区管委会作为地方性法规批准设立的经济开发区管理委员会，属于南宁市政府的派出机关，依法具有行政主体资格，能够作为行政诉讼的适格被告。”[36]

笔者也趋向于将开发区管委会定性为所在地政府的派出机关。然而，要根本解决开发区的法律地位不明和开发区管理机构的法律性质、权限范围等争议以及地方有关立法混乱等问题，最直接和便捷的途径就是加快开发区的基本立法，对上述内容作出统一、明确的规定。

---

〔35〕 刘海潮、葛傲天：《中国开发区的法律地位问题刍议》，载《重庆社会主义学院学报》2013年第1期。

〔36〕 最高人民法院行政裁定书，（2017）最高法行申5253号。

（三）多张负面清单并存

目前我国关于外商投资准入特别管理措施（负面清单），实际上同时存在三套负面清单并存的现象。多张负面清单并存，不仅导致不公平竞争，而且十分不利于我国在国际社会建树良好法治社会的形象（见表3－19）。

表3－19　外商投资准入特别管理措施（负面清单）情况

序号	名称	限制措施数量	制定部门	公布日期	施行日期
1	海南自由贸易港外商投资准入特别管理措施（负面清单）（2020年版）	11类共27项	发改委、商务部	2020.12.31	2021.02.01
2	自由贸易试验区外商投资准入特别管理措施（负面清单）（2021年版）	11类共27项	发改委、商务部	2021.12.27	2022.01.01
3	外商投资准入特别管理措施（负面清单）（2024年版）	11类共29项	发改委、商务部	2024.09.06	2024.11.01

从表3－19来看，《海南自由贸易港外商投资准入特别管理措施（负面清单）》（2020年版）和《自由贸易试验区外商投资准入特别管理措施（负面清单）》（2021年版）的外商投资准入特别管理措施从类型和项目数量显示是相同的，但实际上其中的具体内容存在较大的差别（见表3－20、表3－21）。

表 3－20 《自由贸易试验区外商投资准入特别管理措施（负面清单）》（2021 年版）

序号	特别管理措施
	一、农、林、牧、渔业
1	小麦、玉米新品种选育和种子生产的中方股比不低于34%。
2	禁止投资中国稀有和特有的珍贵优良品种的研发、养殖、种植以及相关繁殖材料的生产（包括种植业、畜牧业、水产业的优良基因）。
3	禁止投资农作物、种畜禽、水产苗种转基因品种选育及其转基因种子（苗）生产。
	二、采矿业
4	禁止投资稀土、放射性矿产、钨勘查、开采及选矿。（未经允许，禁止进入稀土矿区或取得矿山地质资料、矿石样品及生产工艺技术。）
	三、电力、热力、燃气及水生产和供应业
5	核电站的建设、经营须由中方控股。
	四、批发和零售业
6	禁止投资烟叶、卷烟、复烤烟叶及其他烟草制品的批发、零售。
	五、交通运输、仓储和邮政业
7	国内水上运输公司须由中方控股。（且不得经营或租用中国籍船舶或者舱位等方式变相经营国内水路运输业务及其辅助业务；水路运输经营者不得使用外国籍船舶经营国内水路运输业务，但经中国政府批准，在国内没有能够满足所申请运输要求的中国籍船舶，并且船舶停靠的港口或者水域为对外开放的港口或者水域的情况下，水路运输经营者可以在中国政府规定的期限或者航次内，临时使用外国籍船舶经营中国港口之间的海上运输和拖航。）

续表

序号	特别管理措施
8	公共航空运输公司须由中方控股，且一家外商及其关联企业投资比例不得超过25%，法定代表人须由中国籍公民担任。通用航空公司的法定代表人须由中国籍公民担任，其中农、林、渔业通用航空公司限于合资，其他通用航空公司限于中方控股。（只有中国公共航空运输企业才能经营国内航空服务，并作为中国指定承运人提供定期和不定期国际航空服务。）
9	民用机场的建设、经营须由中方相对控股。外方不得参与建设、运营机场塔台。
10	禁止投资邮政公司（和经营邮政服务）、信件的国内快递业务。
六、信息传输、软件和信息技术服务业	
11	电信公司：限于中国入世承诺开放的电信业务，增值电信业务的外资股比不超过50%（电子商务、国内多方通信、存储转发类、呼叫中心除外），基础电信业务须由中方控股（且经营者须为依法设立的专门从事基础电信业务的公司）。上海自贸试验区原有区域（28.8平方公里）试点政策推广至所有自贸试验区执行。
12	禁止投资互联网新闻信息服务、网络出版服务、网络视听节目服务、互联网文化经营（音乐除外）、互联网公众发布信息服务（上述服务中，中国入世承诺中已开放的内容除外）。
七、租赁和商务服务业	
13	禁止投资中国法律事务（提供有关中国法律环境影响的信息除外），不得成为国内律师事务所合伙人。（外国律师事务所只能以代表机构的方式进入中国，且不得聘用中国执业律师，聘用的辅助人员不得为当事人提供法律服务；如在华设立代表机构、派驻代表，须经中国司法行政部门许可。）
14	广播电视收听、收视调查须由中方控股。社会调查中方股比不低于67%，法定代表人应当具有中国国籍。
八、科学研究和技术服务业	
15	禁止投资人体干细胞、基因诊断与治疗技术开发和应用。

续表

序号	特别管理措施
16	禁止投资人文社会科学研究机构。
17	禁止投资大地测量、海洋测绘、测绘航空摄影、地面移动测量、行政区域界线测绘，地形图、世界政区地图、全国政区地图、省级及以下政区地图、全国性教学地图、地方性教学地图、真三维地图和导航电子地图编制，区域性的地质填图、矿产地质、地球物理、地球化学、水文地质、环境地质、地质灾害、遥感地质等调查（矿业权人在其矿业权范围内开展工作不受此特别管理措施限制）。
九、教育	
18	学前、普通高中和高等教育机构限于中外合作办学，须由中方主导［校长或者主要行政负责人应当具有中国国籍（且在中国境内定居），理事会、董事会或者联合管理委员会的中方组成人员不得少于1/2］。［外国教育机构、其他组织或者个人不得单独设立以中国公民为主要招生对象的学校及其他教育机构（不包括非学制类职业培训机构、学制类职业教育机构），但是外国教育机构可以同中国教育机构合作举办以中国公民为主要招生对象的教育机构。］
19	禁止投资义务教育机构、宗教教育机构。
十、卫生和社会工作	
20	医疗机构限于合资。
十一、文化、体育和娱乐业	
21	禁止投资新闻机构（包括但不限于通讯社）。（外国新闻机构在中国境内设立常驻新闻机构、向中国派遣常驻记者，须经中国政府批准。外国通讯社在中国境内提供新闻的服务业务须由中国政府审批。中外新闻机构业务合作，须中方主导，且须经中国政府批准。）
22	禁止投资图书、报纸、期刊、音像制品和电子出版物的编辑、出版、制作业务。（但经中国政府批准，在确保合作中方的经营主导权和内容终审权并遵守中国政府批复的其他条件下，中外出版单位可进行新闻出版中外合作出版项目。未经中国政府批准，禁止在中国境内提供金融信息服务。）

续表

序号	特别管理措施
23	禁止投资各级广播电台(站)、电视台(站)、广播电视频道(率)、广播电视传输覆盖网(发射台、转播台、广播电视卫星、卫星上行站、卫星收转站、微波站、监测台及有线广播电视传输覆盖网等),禁止从事广播电视视频点播业务和卫星电视广播地面接收设施安装服务。(对境外卫星频道落地实行审批制度。)
24	禁止投资广播电视节目制作经营(含引进业务)公司。[引进境外影视剧和以卫星传送方式引进其他境外电视节目由广电总局指定的单位申报。对中外合作制作电视剧(含电视动画片)实行许可制度。]
25	禁止投资电影制作公司、发行公司、院线公司以及电影引进业务。(但经批准,允许中外企业合作摄制电影。)
26	禁止投资文物拍卖的拍卖公司、文物商店和国有文物博物馆。(禁止不可移动文物及国家禁止出境的文物转让、抵押、出租给外国人。禁止设立与经营非物质文化遗产调查机构;境外组织或个人在中国境内进行非物质文化遗产调查和考古调查、勘探、发掘,应采取与中国合作的形式并经专门审批许可。)
27	文艺表演团体须由中方控股。

注:此表与《自由贸易试验区外商投资准入特别管理措施(负面清单)》(2021 年版)一致,不作格式修改。

表 3-21 《海南自由贸易港外商投资准入特别管理措施(负面清单)》(2020 年版)

序号	特别管理措施
	一、农、林、牧、渔业
1	小麦、玉米新品种选育和种子生产的中方股比不低于 34%。
2	禁止投资中国稀有和特有的珍贵优良品种的研发、养殖、种植以及相关繁殖材料的生产(包括种植业、畜牧业、水产业的优良基因)。

续表

序号	特别管理措施
3	禁止投资农作物、种畜禽、水产苗种转基因品种选育及其转基因种子(苗)生产。
	二、制造业
4	卫星电视广播地面接收设施及关键件生产。
	三、电力、热力、燃气及水生产和供应业
5	核电站的建设、经营须由中方控股。
	四、批发和零售业
6	禁止投资烟叶、卷烟、复烤烟叶及其他烟草制品的批发、零售。
	五、交通运输、仓储和邮政业
7	国内水上运输公司须由中方控股。
8	公共航空运输公司须由中方控股,且一家外商及其关联企业投资比例不得超过25%,法定代表人须由中国籍公民担任。通用航空公司的法定代表人须由中国籍公民担任,其中农、林、渔业通用航空公司限于合资,其他通用航空公司限于中方控股。
9	民用机场的建设、经营须由中方相对控股。外方不得参与建设、运营机场塔台。
10	禁止投资邮政公司、信件的国内快递业务。
	六、信息传输、软件和信息技术服务业
11	电信公司:增值电信业务除在线数据处理与交易处理外,按照《自由贸易试验区外商投资准入特别管理措施(负面清单)》执行;允许实体注册、服务设施在海南自由贸易港内的企业,面向自由贸易港全域及国际开展互联网数据中心、内容分发网络等业务;基础电信业务限于中国入世承诺开放的电信业务,须由中方控股。
12	禁止投资互联网新闻信息服务、网络出版服务、网络视听节目服务、互联网文化经营(音乐除外)、互联网公众发布信息服务(上述服务中,中国入世承诺中已开放的内容除外)。

续表

序号	特别管理措施
	七、租赁和商务服务业
13	禁止投资中国法律事务(提供有关中国法律环境影响的信息、部分涉海南商事非诉讼法律事务除外),不得成为国内律师事务所合伙人。
14	广播电视收听、收视调查须由中方控股。社会调查中方股比不低于67%,法定代表人应当具有中国国籍。
	八、科学研究和技术服务业
15	禁止投资人体干细胞、基因诊断与治疗技术开发和应用。
16	禁止投资人文社会科学研究机构。
17	禁止投资大地测量、海洋测绘、测绘航空摄影、地面移动测量、行政区域界线测绘,地形图、世界政区地图、全国政区地图、省级及以下政区地图、全国性教学地图、地方性教学地图、真三维地图和导航电子地图编制,区域性的地质填图、矿产地质、地球物理、地球化学、水文地质、环境地质、地质灾害、遥感地质等调查(矿业权人在其矿业权范围内开展工作不受此特别管理措施限制)。
	九、教育
18	学前、普通高中和高等教育机构限于中外合作办学(境外理工农医类高水平大学、职业院校、非学制类职业培训机构除外),须由中方主导(校长或者主要行政负责人应当具有中国国籍,理事会、董事会或者联合管理委员会的中方组成人员不得少于1/2)。
19	禁止投资义务教育机构、宗教教育机构。
	十、卫生和社会工作
20	医疗机构限于合资。
	十一、文化、体育和娱乐业
21	禁止投资新闻机构(包括但不限于通讯社)。
22	禁止投资图书、报纸、期刊、音像制品和电子出版物的编辑、出版、制作业务。

续表

序号	特别管理措施
23	禁止投资各级广播电台(站)、电视台(站)、广播电视频道(率)、广播电视传输覆盖网(发射台、转播台、广播电视卫星、卫星上行站、卫星收转站、微波站、监测台及有线广播电视传输覆盖网等),禁止从事广播电视视频点播业务和卫星电视广播地面接收设施安装服务。
24	禁止投资广播电视节目制作经营(含引进业务)公司。
25	禁止投资电影制作公司、发行公司、院线公司以及电影引进业务。
26	禁止投资文物拍卖的拍卖公司、文物商店和国有文物博物馆。
27	文艺表演团体须由中方控股。

从以上情况来看,海南自贸港和21个中国自贸区同为对外开放的特殊地区,但是分别实行不同的外资投资准入特别管理措施(负面清单)。此外,中国(海南)自贸区并没有随海南自贸港的成立而被明文宣布撤销。因此,中国(海南)自贸区究竟应当适用哪个负面清单?

此外,境外服务提供者跨境服务贸易特别管理措施(负面清单)的情况也非常类似,目前也存在三张负面清单,见表3-22。

表3-22　境外服务提供者跨境服务贸易特别管理措施(负面清单)并存情况

序号	名称	限制措施数量	制定部门	公布日期	施行日期
1	海南自由贸易港跨境服务贸易特别管理措施(负面清单)(2021年版)	11类共70项	商务部	2021.07.23	2021.08.26

续表

序号	名称	限制措施数量	制定部门	公布日期	施行日期
2	自由贸易试验区跨境服务贸易特别管理措施(负面清单)(2024 年版)	11 类共 68 项	商务部	2024.03.22	2024.04.21
3	跨境服务贸易特别管理措施(负面清单)(2024 年版)	11 类共 71 项	商务部	2024.03.22	2024.04.21

从表 3 - 22 的情况来看,同属于对外开放的特殊区域,海南自贸港与中国自贸区不仅实施不同的境外服务提供者跨境服务贸易特别管理措施(负面清单),而且海南自贸港的负面清单中的限制措施数量还多于自贸区的数量,与其应有更高开放度的定位显得不太匹配。

此外,2022 年 2 月 18 日上海市人大常委会发布的《中国(上海)自由贸易试验区临港新片区条例》第 7 条第 1 款规定:“本市应当配合国家有关部门制定放宽市场准入特别清单(特别措施),在临港新片区实施。”该条款是否可以理解为中国(上海)自贸区临港新片区再另行制定一张负面清单(特别措施)? 这显然不符合法治统一原则。

总之,负面清单不统一,不仅不利于公平竞争秩序的形成,而且还可能严重影响到我国在国际社会中的法治形象。因此,建议具有相同性质的自贸区和自贸港尽快统一负面清单。

三、地方开发区重复立法

由于缺乏统一的基本法,所以导致地方重复立法的现象比较普遍。以中国自贸区为例，由于至今未出台一部全国统一的自贸区的法律或法规，因此，每成立一个中国自贸区，所在地省级人大常委会就专门制定一部地方性法规，而且实际内容大同小异。例如，关于外商投资特别管理措施（负面清单），现已制定的 19 部[37]“自由贸易试验区条例”均存在重复规定的问题，只是具体表述有所不同而已，详见表 3－23。

表 3－23　中国自贸区条例比较——负面清单管理

序号	名称	内容
1	中国（上海）自由贸易试验区条例	第十三条第二款　自贸试验区实行外商投资准入前国民待遇加负面清单管理模式。负面清单之外的领域，按照内外资一致的原则，外商投资项目实行备案制，国务院规定对国内投资项目保留核准的除外；外商投资企业设立和变更实行备案管理。负面清单之内的领域，外商投资项目实行核准制，国务院规定对外商投资项目实行备案的除外；外商投资企业设立和变更实行审批管理
2	中国（广东）自由贸易试验区条例（2019 年修订）	第二十一条第一款　自贸试验区对外商投资实行准入前国民待遇加负面清单管理模式。负面清单外的领域，对外商投资项目实行备案制
3	中国（福建）自由贸易试验区条例	第十七条第一款　自贸试验区外商投资实行准入前国民待遇加负面清单的管理模式

〔37〕　例外的 3 个自贸区的情况分别是：海南省人大常委会发布了《中国（海南）自由贸易试验区商事登记管理条例》（已失效），未制定中国（海南）自贸区条例；《中国（云南）自由贸易试验区条例（草案）（征求意见稿）》未正式通过；中国（新疆）自贸区成立较晚，也尚未制定自贸区条例。

续表

序号	名称	内容
4	中国（天津）自由贸易试验区条例	第十八条第一款　自贸试验区对外商投资依法实行准入前国民待遇加负面清单管理模式。外商投资准入负面清单以外的领域，按照内外资一致的原则实施管理
5	中国（辽宁）自由贸易试验区条例	第十四条　自贸试验区实行外商投资准入前国民待遇加负面清单管理制度。除国务院规定对国内投资项目保留核准外，负面清单之外的外商投资项目和外商投资企业的设立、变更实行备案制，由片区管理机构负责办理
6	中国（浙江）自由贸易试验区条例（2022年修订）	第十五条第一款　自贸试验区对外商投资实行准入前国民待遇加负面清单管理制度。外商投资负面清单按照国家有关规定执行。负面清单以外的领域，按照内外资一致、竞争中性的原则，建立相适应的事中事后监管制度
7	中国（河南）自由贸易试验区条例	第十六条第一款　自贸试验区应当对外商投资实行准入前国民待遇加负面清单管理制度，执行国家发布的自贸试验区外商投资准入特别管理措施
8	中国（湖北）自由贸易试验区条例	第十六条第一款　自贸试验区对外商投资实行准入前国民待遇加负面清单管理制度
9	中国（重庆）自由贸易试验区条例	第十三条第一款　自贸试验区对外商投资实行准入前国民待遇加负面清单管理制度。对负面清单以外的外商投资，按照内外资一致的原则实施管理
10	中国（四川）自由贸易试验区条例	第二十一条　自贸试验区对外商投资实行准入前国民待遇加负面清单管理制度
11	中国（陕西）自由贸易试验区条例	第十五条第一款　自贸试验区对外商投资实行准入前国民待遇加负面清单管理制度。外商投资准入负面清单以外的领域，按照内外资一致的原则实施管理

续表

序号	名称	内容
12	中国（山东）自由贸易试验区条例	第二十条第一款　自贸试验区实行外商投资准入前国民待遇加负面清单管理制度。外商投资准入特别管理措施，按照国务院发布或者批准发布的负面清单执行。对负面清单之外的外商投资，按照内外资一致的原则实施管理
13	中国（江苏）自由贸易试验区条例	第十八条第一款　对外商投资依法实行准入前国民待遇加负面清单管理制度，自贸试验区外商投资负面清单按照国家有关规定执行。对负面清单以外的领域，按照内外资一致原则实施管理
14	中国（广西）自由贸易试验区条例	第十七条第一款　在自贸试验区实行高水平投资自由化便利化政策，全面落实市场准入负面清单管理制度，实施商事登记确认制度和公平竞争审查制度，创建自由、便利、稳定、透明、可预期和公平竞争的市场环境
15	中国（河北）自由贸易试验区条例	第十六条第一款　自贸试验区应当全面落实外商投资准入前国民待遇加负面清单管理制度，对外商投资准入负面清单以外的领域，按照内外资一致的原则实施管理
16	中国（黑龙江）自由贸易试验区条例	第二十一条第一款　自贸试验区应当对外商投资实行准入前国民待遇加负面清单管理制度，执行国家发布的自贸试验区外商投资准入特别管理措施
17	中国（北京）自由贸易试验区条例	第十二条　自贸试验区依法实行外商投资准入前国民待遇加负面清单管理制度；负面清单以外的领域，按照内外资一致的原则实施管理；外商投资企业依法平等适用国家支持企业发展的各项政策。国家对外商投资项目和外商投资企业管理另有规定的，从其规定

续表

序号	名称	内容
18	中国（湖南）自由贸易试验区条例	第十七条　实行外商投资准入前国民待遇加负面清单管理制度。外商投资准入负面清单外的领域，按照内外资一致的原则实施管理 自贸试验区应当落实外商投资安全审查制度
19	中国（安徽）自由贸易试验区条例	第二十三条第一款　自贸试验区应当对外商投资实行准入前国民待遇加负面清单管理制度，执行国家发布的自贸试验区外商投资准入特别管理措施

地方重复立法，一方面导致立法资源的严重浪费，另一方面还容易出现地方立法之间就相同问题作出不一致的规定的现象。以自贸区的容错机制的规定为例，见表3－24。

表3－24　中国自贸区条例比较——容错机制

序号	名称	内容
1	中国（上海）自由贸易试验区条例	无相应内容
2	中国（广东）自由贸易试验区条例（2019年修正）	第四条第三款　在自贸试验区进行的创新未能实现预期目标，但是符合国家确定的改革方向，决策程序符合法律、法规规定，未牟取私利或者未恶意串通损害公共利益的，对有关单位和个人不作负面评价，免于追究相关责任
3	中国（福建）自由贸易试验区	第六条　自贸试验区建立鼓励改革创新、允许试错、宽容失败的机制，完善以支持改革创新为导向的考核评价体系，充分激发创新活力
4	中国（天津）自由贸易试验区条例	第六条第一款　自贸试验区鼓励创新、宽容失败，保护制度创新的主动性、积极性，营造自主改革、积极进取的环境

续表

序号	名称	内容
5	中国（辽宁）自由贸易试验区条例	第六条　自贸试验区应当激发市场主体活力，鼓励公民、法人和其他组织开展创新创业，完善以支持改革创新为导向的考核评价体系，建立健全改革创新的容错纠错机制，规范容错实施程序
6	中国（浙江）自由贸易试验区条例（2022年修订）	第七条第二款　改革创新出现失误，但是符合国家和省确定的改革方向，决策程序符合法律、法规规定，且勤勉尽责、未牟取私利，主动挽回损失、消除不良影响或者有效阻止危害结果发生的，对有关单位和个人不作负面评价，免除相关责任
7	中国（河南）自由贸易试验区条例	第五条第一款　自贸试验区应当建立以改革创新为导向的制度创新体系和改革创新容错机制
8	中国（湖北）自由贸易试验区条例	第四条第一款　自贸试验区内建立鼓励改革创新、宽容失败的激励机制和容错纠错机制，完善以支持改革创新为导向的考核评价体系，激发创新活力
9	中国（重庆）自由贸易试验区条例	第五条第二款　市人民政府应当在自贸试验区内建立鼓励改革创新、宽容失败的激励机制和容错免责机制，完善以支持改革创新为导向的考核评价体系，激发创新活力
10	中国（四川）自由贸易试验区条例	第六条　自贸试验区应当建立以创新为导向的考核评价机制。在自贸试验区进行的改革创新未能实现预期目标，但是符合改革方向，决策程序符合法律、法规规定及相关政策规定，没有失职渎职，未牟取不正当利益或者未恶意串通损害国家利益、社会公共利益的，对有关单位和个人不作负面评价
11	中国（陕西）自由贸易试验区条例	第六条　在自贸试验区进行的创新出现失误或者未能实现预期目标，但是符合国家和本省确定的改革方向，决策程序符合法律、法规规定，未牟取私利，没有造成重大损失和严重不良影响或者主动挽回损失、消除不良影响的，对有关单位和个人不作负面评价，免予追究相关责任

续表

序号	名称	内容
12	中国（山东）自由贸易试验区条例	第六条第一款　建立鼓励自贸试验区改革创新、宽容失误的激励机制和容错免责机制，完善以支持改革创新为导向的评价体系，激发创新活力
13	中国（江苏）自由贸易试验区条例	第五条第二款　建立容错机制，保护自贸试验区创新的主动性、积极性。改革创新出现失误，但符合国家确定的改革方向，决策程序符合法律、法规规定，未牟取不正当利益，未恶意串通损害国家利益、社会公共利益的，对有关单位和个人免于追究相关责任
14	中国（广西）自由贸易试验区条例	第五十一条第二款　支持各片区建立市场主体轻微违法违规行为容错机制，依法审慎实施行政处罚
15	中国（河北）自由贸易试验区条例	第七条第二款　自贸试验区应当建立健全以支持创新为导向的容错纠错机制，在自贸试验区内进行改革创新未能实现预期目标，但是符合改革方向，决策程序符合法律、法规、规章规定，未牟取不正当利益的，对有关单位和个人不作负面评价，免于追究相关责任
16	中国（黑龙江）自由贸易试验区条例	第六条　省、各片区所在地设区的市及各片区应当按照有关规定建立容错纠错机制。对单位和个人在自贸试验区先行先试以及建设和发展中出现的失误偏差，但符合国家和省确定的改革方向，决策和实施程序符合法律、法规规定，未牟取私利，符合有关规定情形的，不作负面评价，免予追究相关责任，并及时予以整改纠正。相关单位和个人，在绩效考核、评先评优、提拔晋升和表彰奖励等方面不受影响
17	中国（北京）自由贸易试验区条例	第五条第二款　本市建立健全自贸试验区制度创新容错机制。对制度创新未能实现预期目标，但符合改革方向和有关决策程序的，依照国家和本市有关规定免予追究责任或者从轻、减轻追究责任

续表

序号	名称	内容
18	中国(湖南)自由贸易试验区条例	第六条第三款　开展创新活动出现失误或者偏差,但符合国家确定的改革方向,决策程序符合法律、法规规定,履行了勤勉尽责义务,未牟取不正当利益、未恶意串通损害社会公共利益的,对有关单位和个人可以予以免责
19	中国(安徽)自由贸易试验区条例	第六条第一款　建立鼓励改革创新的容错纠错免责机制。在自贸试验区进行的创新出现失误或者未能实现预期目标,但是符合国家和省确定的改革方向,决策和实施程序符合法律、法规规定,未牟取私利,没有造成重大损失和严重不良影响或者主动挽回损失、消除不良影响的,对有关单位和个人不作负面评价,免予追究相关责任

从表3－24来看,除了《中国(上海)自由贸易试验区条例》完全没有关于容错机制的规定以外,其他18部条例所规定的容错机制的具体条文内容存在以下两方面明显不同:

第一,关于容错机制名称的表述不一致。分别有"容错机制""容错纠错机制""容错纠错免责机制"三种不同的表述。此外,《中国(天津)自由贸易试验区条例》使用的是"宽容失败"。

第二,关于相应的后果和责任方面的规定也明显不同。有些规定为"予以免责"或"免予追究相关责任";有些仅规定"不作负面评价";有些规定为"不作负面评价,免予追究相关责任";有些规定为"免予追究责任或者从轻、减轻追究责任";有的规定为"不作负面评价,免予追究相关责任,并及时予以整改纠正"。

以上内容看似差异不大,但认真推敲,不同的用词、用语的内涵差别还是较大的,因此显得立法不够严谨。

四、地方开发区立法模式不统一

以各地关于开发区的立法为例，各省、自治区、直辖市在立法模式上出现了明显不同的三种模式：单独立法模式、分类立法模式、统一立法模式。

（一）统一立法模式

统一立法模式，是指将经开区和高新区等开发区统一规定于同一部法律规范中的做法。从截至2024年6月我国各地方的有关立法来看，采用此模式的有9个省区，分别为湖南、安徽、贵州、江苏、辽宁、山西、江西、湖北和广西（见表3－25）。

表3－25　我国开发区地方立法模式——统一立法情况（截至2024年6月）

序号	名称	制定部门	公布日期	施行日期	修改时间
1	湖南省开发区管理办法	湖南省人民政府	1996.03.28	1996.03.28	2011
2	安徽省省级开发区条例	安徽省人大常委会	1997.01.30	1997.05.01	2002 2004
3	贵州省开发区条例	贵州省人大常委会	2012.05.25	2012.07.01	—
4	江苏省开发区条例	江苏省人大常委会	2018.01.24	2018.05.01	—
5	辽宁省开发区条例	辽宁省人大常委会	2018.10.11	2019.01.01	—
6	山西省开发区条例	山西省人大常委会	2019.01.30	2019.03.01	—

续表

序号	名称	制定部门	公布日期	施行日期	修改时间
7	江西省开发区条例	江西省人大常委会	2019.08.07	2019.10.01	—
8	湖北省开发区条例	湖北省人大常委会	2019.11.29	2020.03.01	—
9	广西壮族自治区开发区条例	广西壮族自治区人大常委会	2020.07.24	2020.09.01	—

尽管上述九省(自治区)立法模式相同,但是还存在两方面的差别:

第一,九省(自治区)中有八省(自治区)制定的是省级地方性法规;湖南省制定的是省级地方政府规章。

第二,尽管上述九省(自治区)的立法都是以“开发区”命名,但是,从各部立法的具体内容来看,其适用范围存在很大同的情形。此问题在本节第二目中已有详细说明,并可参见表3－17“安徽、贵州等八省(自治区)开发区省级地方性法规适用范围比较”。

(二)分类立法模式

分类立法模式,是指对经开区、高新区等单一类型开发区进行立法的做法。

截至2024年6月,采用分类立法模式的省(自治区、直辖市)有上海、陕西、山东、河北、河南、浙江、福建、广东、安徽、广西。详见表3－26。

表3－26　我国开发区地方立法模式——分类立法情况（截至2024年6月）

序号	法规名称	类型	制定部门	公布日期	实施日期	修改时间
1	上海市经济技术开发区条例	经开区	上海市人大常委会	1988.11.10	1989.01.01	—
2	陕西省经济技术开发区条例	经开区	陕西省人大常委会	1994.01.10	1994.01.10	2002 2004 2015
3	山东省经济开发区条例	经开区	山东省人大常委会	2016.07.22	2016.10.01	—
4	河北省经济技术开发区条例	经开区	河北省人大常委会	1992.10.30	1992.12.01	1997 2010
	河北省高新技术产业开发区条例	高新区	河北省人大常委会	2002.03.30	2002.06.01	—
5	河南省经济技术开发区管理办法（试行）	经开区	河南省人民政府	2017.12.20	2017.12.20	—
	河南省高新技术产业开发区管理办法（试行）	高新区	河南省人民政府	2016.12.15	2016.12.15	2021
6	浙江省高新技术产业园区管理暂行办法	高新区	浙江省科学技术委员会	1997.09.26	1997.09.26	2009
7	福建省高新技术产业开发区管理办法（试行）	高新区	福建省建设厅等	2003.05.26	2003.05.26	—

续表

序号	法规名称	类型	制定部门	公布日期	实施日期	修改时间
8	广东省省级高新技术产业开发区管理办法	高新区	广东省人民政府	2019.08.09	2019.10.01	—
9	安徽省省级高新技术产业开发区暂行办法	高新区	安徽省人民政府	2011.07.01	2011.07.01	—
10	广西壮族自治区高新技术产业开发区条例	高新区	广西壮族自治区人大常委会	2001.05.26	2001.06.01	2011 2016
	广西壮族自治区经济技术开发区管理办法	经开区	广西壮族自治区人民政府	2018.04.12	2018.04.12	—
	广西壮族自治区产业园区管理暂行办法	产业园区	广西壮族自治区人民政府	2009.05.04	2009.05.04	2019

从表3－26来看，采用分类立法模式的各省（自治区、直辖市）具体情况也有所不同。

第一，河北、河南和广西，既出台了关于经开区的专门立法，又出台了关于高新区的专门立法，而且广西另外将产业园区另行专门立法。而上海、陕西、山东仅制定了关于经开区的专门立法；浙江、福建、广东、安徽仅制定了关于高新区的专门立法。

第二，地方立法的属性和位阶不同，其中有些省（自治区、直辖市）制定的是省级地方性法规，如上海、陕西、山东、河北、广西等；但是也有的省（自治区、直辖市）制定的是省级地方政府规章，如广东、安徽；而浙江和福建两省出台的是省级政府部门规章。

第三，从法规内容来看，即便类型、名称相同的地方立法，也存在适用范围不同的情况，有的适用于国家级和省级开发区；而有的仅适用于省级开发区。

（三）统一立法与分类立法并存模式

从截至2024年6月的情况来看，采用统一立法与分类立法并存模式的只有河南省和广西壮族自治区。这两个地区的省级地方性法规采用的是统一立法模式，但是省级地方政府规章采用的是分类立法模式，详见表3－27。

表3－27 我国开发区地方立法模式——统一立法与分类立法并存情况（截至2024年6月）

省区	法规名称	制定部门	适用范围
河南省	河南省开发区高质量发展促进条例	河南省人大常委会	第二条第二款 本条例适用于由国务院或者省人民政府批准设立的高新技术产业开发区、经济（技术）开发区和省人民政府批准设立的先进制造业开发区、现代服务业开发区
	河南省经济技术开发区管理办法（试行）	河南省人民政府	第二条 适用范围：我省范围内经国务院批准设立的国家级经开区，经省政府批准设立的省级经开区
	河南省高新技术产业开发区管理办法	河南省人民政府	第一条 为贯彻落实……进一步规范我省省级高新技术产业开发区（以下简称高新区）的设立和管理……制定本办法

续表

省区	法规名称	制定部门	适用范围
广西壮族自治区	广西壮族自治区开发区条例	广西壮族自治区人大常委会	第二条第二款　本条例所称开发区,是指经国务院、自治区人民政府批准设立的,或者……的区域,包括经济(技术)开发区、高新技术产业开发区、工业园(区)、工业集中区、工业示范园区、产业园(区)、产业示范区、出口加工区、边(跨)境经济合作区等
	广西壮族自治区经济技术开发区管理办法	广西壮族自治区人民政府	第一条　为进一步规范自治区级经济技术开发区(以下简称经开区)设立、考核、升级和退出的认定条件和程序,根据……等有关规定,结合我区实际,制定本办法
	广西壮族自治区高新技术产业开发区条例	广西壮族自治区人大常委会	第二条第一款　本条例所称的高新技术产业开发区(以下简称高新区),是指在本自治区行政区域内由国务院或者自治区人民政府批准设立的,实行体制机制改革……的特定区域
	广西壮族自治区产业园区管理暂行办法	广西壮族自治区人民政府	第二条　本办法所称产业园区是指在经国务院、自治区人民政府批准的……进行集中开发建设的产业转移园区、工业园区,以及各市、县(城区)经法定程序设立的各类工业集中区和工业小区等

(四)单独立法模式

单独立法模式,是指专门针对某个开发区进行立法的做法,也就是“一区一规”立法模式。

从各地开发区的立法情况来看,采用单独立法模式的数量较多,见表3-28。

表3-28　我国开发区地方立法模式——单独立法模式情况(截至2024年6月)

序号	名称	类型	制定部门	公布日期	施行日期	修改时间
1	宁波经济技术开发区条例	经开区	浙江省人大常委会	1988.05.18	1988.05.18	1993 2001
2	上海漕河泾新兴技术开发区暂行条例	经开区	上海市人大常委会	1990.04.08	1990.05.01	—
3	温州经济技术开发区条例	经开区	浙江省人大常委会	1992.09.27	1992.09.27	2001
4	湛江经济技术开发区条例	经开区	广东省人大常委会	1993.06.02	1993.06.02	—
5	芜湖经济技术开发区条例	经开区	安徽省人大常委会	1993.11.10	1993.11.10	2002 2004 2005 2007
6	杭州经济技术开发区条例	经开区	浙江省人大常委会	1994.05.05	1994.05.05	2001
7	萧山经济技术开发区条例	经开区	浙江省人大常委会	1994.05.05	1994.05.05	2001
8	北京经济技术开发区条例	经开区	北京市人大常委会	1995.04.14	1995.06.01	—
9	福建省东山经济技术开发区条例	经开区	福建省人大常委会	1995.11.24	1995.11.24	2002
10	天津经济技术开发区条例	经开区	天津市人大常委会	2003.01.09	2003.03.01	2016 2019

续表

序号	名称	类型	制定部门	公布日期	施行日期	修改时间
11	西藏拉萨国家级经济技术开发区管理办法	经开区	西藏自治区人民政府	2011.09.14	2011.09.14	—
12	阿拉尔经济技术开发区条例	经开区	新疆维吾尔自治区人大常委会	2016.09.29	2016.11.01	—
13	喀什经济开发区条例	经开区	新疆维吾尔自治区人大常委会	2016.09.29	2016.11.01	—
14	霍尔果斯经济开发区条例	经开区	新疆维吾尔自治区人大常委会	2017.11.29	2018.01.01	—
15	海南自由贸易港洋浦经济开发区条例	经开区	海南省人大常委会	2021.12.30	2022.01.01	—
16	南昌高新技术产业开发区条例	高新区	南昌市人大常委会	2002.09.27	2002.11.01	2003
17	海南自由贸易港海口国家高新技术产业开发区条例	高新区	海南省人大常委会	2022.03.25	2022.05.01	—

从表3－28可以看出，采用一区一规立法的我国地方开发区的

数量不少。

综上所述，各地立法模式差异明显，适用范围各不相同，这不仅不利于法治的统一，而且徒增执法、司法和守法的成本。

五、地方开发区立法水平参差不齐

目前我国各地关于开发区的地方立法明显存在参差不齐的现象，主要表现在以下几方面。

（一）地方立法进展不一

在缺乏全国统一的开发区基本法律规范的背景下，各地各类开发区已建设多年，理应有地方立法予以适当规范。但是，截至2024年6月安徽、贵州、江苏、辽宁、山西、江西、湖北、广西八省（自治区）制定了专门规范“开发区”的省级地方性法规条例；河南省人大常委会制定了《河南省开发区高质量发展促进条例》；河北、广西制定了专门规范“高新技术产业开发区”的省级地方性法规。另外，只有上海、河北、陕西、山东、河南、广西、北京、天津、福建等八省（自治区、直辖市）制定了专门规范“开发区”或“经济技术开发区”的省级地方政府规章。因此，仍有部分省（自治区、直辖市）目前实际存在开发区“无法可依”的现状。

例如，中国（新疆）自贸区自2023年10月21日国务院批准发布《中国（新疆）自由贸易试验区总体方案》以来，仅新疆维吾尔自治区人民政府在2024年5月16日发布了《关于赋予中国（新疆）自由贸易试验区第一批自治区级经济社会管理事项权限的决定》，尚未专门制定有关中国（新疆）自贸区的地方性法规或地方政府规章。

（二）重要内容缺漏

有些地方立法碎片化特征较明显，缺乏系统化和严谨性。例如，开发区的设立和变更本应当是较重要的内容，但是在《江苏省开发区条例》《辽宁省开发区条例》《湖北省开发区条例》等许多地方立法中均未作规定。

又如,国家安全审查制度应当是各国对外商准入的一项十分重要的制度,特别是对于自由贸易区显得尤为重要。从我国现在已颁行的中国自贸区条例和《海南自由贸易港法》的内容来看,绝大多数都十分清晰地规定了此项制度。但是有的地方性法规,如《中国(安徽)自由贸易试验区条例》《中国(上海)自由贸易试验区临港新片区条例》等,却未明确规定国家安全审查制度。

(三)法律规范不完整

就逻辑结构,完整的法律规范应由假定、处理、制裁三要素组成。但是,在许多地方的开发区立法中,很多法律规范不完整。

例如,地方立法中较普遍存在的一个问题就是法条中有许多义务性、强制性规范,但是基本没有规定相应的"罚则"。在《江苏省开发区条例》《辽宁省开发区条例》《湖北省开发区条例》等条例中未见任何法律责任的规定。

(四)用语不够严谨、规范

在有的地方立法中,某些用语、用词不够严谨,值得认真推敲修改。

例如,《中国(上海)自由贸易试验区条例》第13条第2款率先规定了"自贸试验区实行外商投资准入前国民待遇加负面清单管理模式",这是一个对外商投资管理理念的重大改变,意义重大。此后全部的中国自贸区管理条例都简单地照抄了此条款。但认真推敲,其中"准入前"是不够严谨的。第一,外商投资准入前不存在什么"国民待遇"问题?应当是准入时才有平等对待即"国民待遇"的问题。第二,"准入前国民待遇",那么"准入后"难道就不是"国民待遇"吗?准入后有"歧视待遇"或"超国民待遇"吗?这种表述很容易引起外国投资者的歧义。笔者认为将“准入前”改为“准入”更恰当。

又如,《中国(北京)自由贸易试验区条例》第10条第1款规定:“市级有关部门应当按照各自职责推动实施本行业、本领域的制度创新和改革试点,争取国家授权,做好自贸试验区建设发展工作。”该条中“争取国家授权”用词就不太恰当,似乎有地方与中央“讨价还价”之感觉。建议修改为:“市级有关部门应当按照各自职责推动实施本行业、本领域的制度创新和改革试点。确需调整适用法律、法规的,依法向所在地省级人民政府有权授权机关提出授权申请。”

六、地方授权开发区管理机构差异明显

为了提高简政放权,提高行政效率,中央人民政府有时有必要下放部分权力到地方人民政府,如1988年6月9日国务院发布《关于授权省、自治区直辖市、经济特区和计划单列市人民政府审批外资企业的通知》(国发〔1988〕36号)(已失效)。地方人民政府授权有时也会委托或下放给开发区管理机构部分行使本应由本级政府行使的行政管理权。

部分地方政府授权自贸区行使部分行政管理权和地方政府授权开发区管理机构部分行使行政管理权的情况见表3-29。

表3-29　地方政府授权开发区管理机构部分行使行政管理权情况统计

序号	省区市	名称	制定部门	公布日期	施行日期
1	北京市	—	—	—	—
2	天津市	—	—	—	—
3	上海市	—	—	—	—

续表

序号	省区市	名称	制定部门	公布日期	施行日期
4	重庆市	重庆市人民政府关于委托管理重庆经济技术开发区和重庆市人民政府高新技术产业开发区的决定	重庆市人民政府	2010.07.19	2010.07.19
5	黑龙江省	大庆市人民政府关于授权大庆高新技术产业开发区管理委员会行使部分市级管理权限的决定	大庆市人民政府	2016.02.24	2016.02.24
6	吉林省	—	—	—	—
7	辽宁省	—	—	—	—
8	河北省	—	—	—	—
9	河南省	—	—	—	—
10	山东省	泰安市人民政府关于授权(委托)泰安高新区管委行使市县行政权力的通知	泰安市人民政府	2017.08.02	2017.08.02
		威海市人民政府关于授权国家级开发区管委行使安全生产行政管理职权的决定	威海市人民政府	2017.12.31	2017.12.31
		济南市人民政府关于委托济南高新区管委会实施农用地转用和土地征收有关工作的通知	济南市人民政府	2022.01.19	2022.01.19

续表

序号	省区市	名称	制定部门	公布日期	施行日期
11	江苏省	—	—	—	—
12	浙江省	温州市人民政府关于授权温州经济技术开发区管委会行使安全生产等行政管理职权的决定	温州市人民政府	2012.12.28	2012.12.28
13	福建省	—	—	—	—
14	广东省	—	—	—	—
15	海南省	海南省人民政府关于委托洋浦经济开发区管理局及其所属部门实施行政审批有关事项的决定	海南省人民政府	2006.07.26	2006.07.26
16	山西省	晋中市人民政府关于委托晋中经济技术开发区行使行政权力事项的若干意见	晋中市人民政府	2014.12.02	2014.12.02
		临汾市人民政府关于授权临汾经济开发区管委会行使部分市级行政管理权的通知	临汾市人民政府	2017.11.06	2017.11.06
17	安徽省	淮南市人民政府关于授权淮南经济技术开发区管委会行使有关管理权限的通知	淮南市人民政府	2015.11.17	2015.11.17

续表

序号	省区市	名称	制定部门	公布日期	施行日期
18	湖北省	—	—	—	—
19	湖南省	娄底市人民政府关于授权娄底经济技术开发区行使部分经济社会管理权限的通知	娄底市人民政府	2017.09.12	2017.09.12
20	江西省	—	—	—	—
21	内蒙古自治区	—	—	—	—
22	宁夏回族自治区	—	—	—	—
23	新疆维吾尔自治区	—	—	—	—
24	西藏自治区	—	—	—	—
25	陕西省	关于向中国(陕西)自由贸易试验区和省内国家自主创新示范区、国家高新技术产业开发区、国家级经济技术开发区和国家级新区委托部分行政管理事项的决定	陕西省人民政府	2018.07.12	2018.07.12
26	青海省	—	—	—	—
27	甘肃省	—	—	—	—

续表

序号	省区市	名称	制定部门	公布日期	施行日期
28	四川省	四川省人民政府关于向宜宾临港经济技术开发区下放或委托部分省级管理事项的通知	四川省人民政府	2018.08.07	2018.08.07
29	贵州省	黔东南州人民政府关于委托10个省级经济开发区管委会对本辖区内国有土地颁证进行审批管理的通知	黔东南苗族侗族自治州人民政府	2013.05.17	2013.05.17
30	云南省	—	—	—	—
31	广西壮族自治区	来宾市人民政府关于授权来宾华侨投资区管委会行使安全生产行政管理职权的决定	来宾市人民政府	2013.10.15	2013.10.15
		桂林市人民政府关于委托桂林高新技术产业开发区实施第一批市级行政权力事项的决定	桂林市人民政府	2021.02.21	2021.02.21

从表3－29情况来看，截至2024年6月，全国有半数以上省（自治区、直辖市）未作出过委托或下放行政管理权给开发区管理机构行使的决定。从已授权或下放行政管理权的情况来看，也存在以下几方面的明显不同：

第一，地方政府授权开发区管理机构部分行使行政管理权既有针对同类开发区普遍授权的；也有仅针对某一开发区单独授权的。

第二，从授权的政府级别来看，既有省级政府，如海南省人民政府、重庆市人民政府等；也有设区的市的市级政府，如桂林市人民政府、济南市人民政府等。

第三，从具体授权的内容来看，差别更加明显。例如，陕西省人民政府发布的《关于向中国（陕西）自由贸易试验区和省内国家自主创新示范区、国家高新技术产业开发区、国家级经济技术开发区和国家级新区委托部分行政管理事项的决定》，决定向中国（陕西）自贸区范围内的各管委会委托42项行政管理事项，向省内国家自主创新示范区、国家高新技术产业开发区、国家级经济技术开发区和国家级新区各管委会委托91项行政管理事项。四川省人民政府发布的《关于向宜宾临港经济技术开发区下放或委托部分省级管理事项的通知》，决定将22项省级管理事项下放或委托宜宾临港经济技术开发区管委会实施。

地方授权开发区管理机构差异明显，不仅反映出目前缺乏统一的授权规范，而且容易出现授权不当或授权不充分等问题。

第四章　国外开发区的立法考察与借鉴

本章主要选取美国、日本、新加坡、俄罗斯作为重点考察地区，梳理开发区设立发展以及有关立法情况，从而得出一些有益的启示和经验。

第一节　国外开发区设立发展概况

国外开发区实际上也是名目繁多，数量众多，概括起来大致也可以分为三类：特别开发区、自由贸易区[1]、产业园区。

一、特别开发区

这里所谓的特别开发区，不同于前三章中的我国各类开发区。前几章所调研的我国各类开发区，是指为了产业集聚或产业发展而专门开发建设或专门划定的区域，其范围比较小，一般隶属于某行政区，为某一特定小区域，或由某几个特定小区域组成。

而本节国外的特别开发区，主要是指以下两种情形。

---

〔1〕 这里所称自由贸易区，准确地应当称为自由贸易园区。关于 FTZ 与 FTA(Free Trade Area)的不同，以及本书所研究的自由贸易区范畴，已在第一章中陈述，故不在此重复。

(一)综合开发地区

例如,为了对田纳西河流域内的自然资源进行全面综合开发和管理,1933 年 5 月 18 日美国国会通过了《田纳西河流域管理局法》(Tennessee Valley Authority Act),并专门设立了田纳西河流域管理局,统一指挥流域内的水电工程、洪水控制、水土保护等事宜。“本法的宗旨为改善田纳西河的通航能力,控制洪水;在田纳西河流域重新造林并合理利用沿岸土地;开发该流域的农业与工业;通过建立一个负责经营位于亚拉巴马州的马绍尔肖尔斯市(Muscle Shoals)及其附近政府财产的公司来发展国家以及其他目的。”[2]

又如,日本于 1962 年制定《全国综合开发计划》,将国土分成“过密地区”、“整治地区”和“开发地区”3 种地区,分别实施不同的开发对策。第二次世界大战结束后,日本曾制定过 4 次全国综合开发计划,在每一次综合开发计划中,都把解决区域经济发展的过密和过疏问题列为最主要的整治目标之一。长期以来,特别是经济迅速增长并迈入发达国家行列后,日本政府投巨资改善落后地区的基础设施,以吸引企业投资和遏制劳动力外流。[3] 日本政府为缩小国内地区差异颁布了一系列法律,包括:《新产业城市建设促进法》(1962 年)、《工业整备特别地区整备促进法》(1964 年)、《工业再配置促进法》(1972 年)、《高技术工业集聚地区开发促进法》(1979 年)、《有助于地区产业高度化的特定产业集聚促进法》(1988 年)等。

(二)问题区域

问题区域,主要是指经济萧条或者落后地区。有的国家政府在某一时期内会对某经济萧条(落后)地区采取一定的援助或干预措施

[2] 张可云:《区域经济政策》,商务印书馆 2005 年版,第 21 - 22 页。

[3] 吴强:《政府行为与区域经济协调发展》,经济科学出版社 2006 年版,第3 - 4 页。

提振该地区经济发展。

例如,20 世纪 30 年代,英国伦敦与东南部的失业率接近 14% ,而西北部、苏格兰和东北部的失业率超过了 25% ,在威尔士则超过了 36% 。为了解决巨大的区际失业差异,英国政府在 1934 年专门制定了《特别地区(发展与改善)法》(Special Areas ‘Development and Improvement’ Act),将苏格兰中部(克莱塞德与拉纳克夏),东北沿海地区(英格兰东北)、西坎伯兰与威尔士南部这 4 个地区划为特别地区(Special Areas,SA),并将 200 万英镑的政府支出用于特别地区的基础设施建设。

又如,阿巴拉契亚地区(Appalachian Regional)山脉纵跨美国东部 13 个州,曾经是美国最为贫困的地区之一。在 20 世纪 60 年代初期,该地区有 1/3 的家庭生活在贫困线以下,失业率远高于全国平均水平,人口大量外迁。[4] 1965 年美国国会专门通过了《阿巴拉契亚区域开发法》(Appalachian Regional Development Act),并依法成立了阿巴拉契亚区域开发委员会(Appalachian Regional Commission)。阿巴拉契亚区域开发委员会根据阿巴拉契亚山区发展法,制定了一系列较为详细的产业发展与区域发展规划;要求各州都要制定本州的发展规划,提出发展目标、内容、实施规划的组织形式和开发条件;提出分年度的拨款计划,并提交国会以争取拨款,保证委员会始终拥有一定的财权。[5] 进入 20 世纪 70 年代后,美国对区域经济的干预逐步减弱,绝大部分区域援助被取消,区域发展支出大大削减。[6]

---

〔4〕 熊馗、赵民:《区域协调机制的国际比较》,载朱敏彦等主编:《21 世纪初长江三角洲区域发展战略研究》,上海人民出版社 2001 年版,第 89 - 90 页。

〔5〕 熊馗、赵民:《区域协调机制的国际比较》,载朱敏彦等主编:《21 世纪初长江三角洲区域发展战略研究》,上海人民出版社 2001 年版,第 89 - 90 页。

〔6〕 王维平:《经济政策创新与区域经济协调发展》,中国社会科学出版社 2006 年版,第 113 - 114 页。

从上述国外两大类型的开发区情况来看，范围都比较大，有点类似于我国长三角、珠三角和东部、中部、西部地区等类型划分。

二、自由贸易区

国外自由贸易区的起源可以上溯至古代腓尼基的迦太基城对外国商船的保证自由通行。但是，历史上第一个正式命名为自由港的是意大利的里窝那（1547 年），其主要做法是外国货物不缴纳关税便可出入港口区域。此后，意大利的热那亚（1595 年）、威尼斯（1661 年）、法国的马赛（1669 年）也相继被辟为自由港。其后，自由港和自贸区纷纷在欧洲各主要资本主义国家出现，并随着资本主义经济自西向东的逐步扩张而扩散至世界各地。〔7〕

与自由贸易区相同或相近含义的名称有很多，如在美国、印度、迪拜称为“对外贸易区”；加纳、也门、马德拉群岛称为“自由区”；墨西哥称为“跨境加工区”（Maquiladoras）；爱尔兰称为“出口自由区”（Export Free Zone）；韩国称为“免税出口加工区”（Duty Free Export Processing Zone）；哥斯达黎加、菲律宾、纳米比亚、毛里求斯称为“出口加工区”（Export Processing Zone）；斯里兰卡称为“投资促进区”（Investment Promotion Zone）。〔8〕 如果按照功能，世界自由贸易区可以划分为转口贸易型、出口加工型、保税仓库型、商业零售型、功能综合型、关税联盟型。〔9〕

由于关于“自由贸易区”概念界定的差异，导致关于全球自由贸易区的发展状况表述存在明显的不同。例如“目前，分布于全球的

〔7〕 厉无畏、王振主编：《中国开发区的理论与实践》，上海财经大学出版社 2004 年版，第 218 页。

〔8〕 林雄主编：《中国自贸区建设与国际经验》，中山大学出版社 2016 年版，第 212 页。

〔9〕 钟坚：《世界经济特区发展模式研究》，中国经济出版社 2006 年版，第 82 页。

1000多个自由贸易区，不仅具有进出口、转口贸易，仓储加工和金融服务等综合功能，还各具特色和优势。”[10]“世界上超过135个国家大约有637个FTZ，其中交易的商品价值数十亿美元，全球各地自由经济区的规模和数量都在增长。”[11]“目前，世界上共有超过3000个自由贸易区、自由港和类似的指定地区，包括大约277个对外贸易区以及美国的五百多个特殊用途子区。”[12]

三、产业园区

第二次世界大战以后，以信息技术、生物工程、航空航天技术为代表的新技术革命，极大地推动了全球产业结构的升级。“随着信息技术革命和经济全球化浪潮的兴起，世界范围内的经济特区进入了一个向科学化、综合化和跨国性方向发展的潮流。”[13]此外，20世纪70年代波及全球的石油危机和80年代初的世界经济危机，结束了战后资本主义发展的黄金时期，也使出口加工区失去了赖以迅速发展的国际经济基础。于是，一种科技型的新型开发区——科学工业园（Science – Based Industrial Park）[14]在各国（地区）开始兴盛。例如，斯坦福研究园（后来的硅谷）、日本的筑波科学城、英国的剑桥科学园、德国的慕尼黑高科技工业园、韩国的大德科技园、新加坡的肯特

[10] 李猛：《中国自贸区法律制度建立与完善研究》，人民出版社2017年版，第15页。

[11] [美]苏珊·帝芬布恩：《世界及美国的自由贸易区》，胡苑等译，法律出版社2016年版，第8页。

[12] [美]苏珊·帝芬布恩：《世界及美国的自由贸易区》，胡苑等译，法律出版社2016年版，“引言”第1页。

[13] 曾文革等：《特殊经济功能区法律制度研究》，对外经济贸易大学出版社2012年版，第51页。

[14] 科学工业园，又称为高科技园区、新产业开发区、高技术园区、科学城、科学园、孵化器（创业中心）等。其特点是以集中引进和开发新兴产业和尖端技术为目标。

岗科技工业园区等。

第二节　国外开发区立法简况

本节选取和梳理了美国、日本、新加坡、俄罗斯的开发区的有关立法情况。

一、美国相关立法

美国对落后区域进行特殊开发较为成功的范例有田纳西河流域综合开发和阿巴拉契亚区域开发。

田纳西河流域位于美国东南部，阿巴拉契亚山脉西侧，是美国最大河流密西西比河东岸支流俄亥俄河的一条流程最长、水量最大的支流，全长1600公里。流域大部位于田纳西州境内，但实际上跨肯塔基、弗吉尼亚、北卡罗来纳、佐治亚、亚拉巴马、密西西比6个州。"20世纪30年代初，田纳西河流域是美国最贫困的地区之一。"〔15〕"由于经济文化落后和环境恶化，1920—1930年10年中，约有125万人流向区外，30年代美国经济大萧条，外出谋生的人重返家园，进一步增加了对流域内原本脆弱环境的压力。"〔16〕由于田纳西河流域涉及多个州，而各州的权利都很大，因此只有通过联邦立法，才能确保田纳西河流域的开发顺利进行。为此，1933年美国国会专门通过了

〔15〕汪一鸣：《美国田纳西河流域地区综合开发与城镇化》，载《世界地理研究》2013年第3期。

〔16〕汪一鸣：《美国田纳西河流域地区综合开发与城镇化》，载《世界地理研究》2013年第3期。

《田纳西河流域开发法》,赋予田纳西河流域管理局(Tennessee Vally Authourity,TVA)规划、开发、利用、保护流域内各种自然资源的权力。[17] TVA作为一个既有政府权力、又有私人企业灵活性的公司,统一指挥流域内的水电工程、洪水控制、土地保护、植树造林、土地休耕、河流净化和通航,以及多种小工业的建造等事宜。“经过60年开发建设,1990年时已接近美国平均发展水平。”[18]

阿巴拉契亚地区也曾经是美国贫困的地区之一。它沿着阿巴拉契亚山脉从纽约州的南部一直延伸到密西西比州的北部,其地域范围包括美国13个州的399个县,面积约为50.5万平方公里,总人口达2100万。[19] 在20世纪60年代初期,该地区有1/3的家庭生活在贫困线以下,失业率远高于全国平均水平,人口大量外迁。1965年3月美国国会通过了《阿巴拉契亚区域开发法》,并依法成立了阿巴拉契亚区域开发委员会。该委员会由相关的13个州的州长和一位联邦政府代表组成。联邦政府代表由总统任命,担任委员会的主席。其他13人中也推选一名执行主席,任期1年。区域委员会下设州与开发区两级发展委员会。州一级的发展委员会既是本州开发计划的执行机构,也是联邦委员会的地方代理机构。鼓励各个开发区建立专门组织,并向这些组织提供部分行政经费。阿巴拉契亚区域开发委员会根据阿巴拉契亚山区发展法,制定一系列较为详细的产业发展与区域发展规划;要求各州都要制定本州的发展规划,提出发展目标、内容、实施规划的组织形式和开发条件;提出分年度的拨款计划,

---

〔17〕 谢世清:《美国田纳西河流域开发与管理及其经验》,载《亚太经济》2013年第2期。

〔18〕 汪一鸣:《美国田纳西河流域地区综合开发与城镇化》,载《世界地理研究》2013年第3期。

〔19〕 韩继志主编:《政府机构改革》,中国人民大学出版社1999年版,第283页。

并提交国会以争取拨款,保证委员会始终拥有一定的财权。[20] 经过近30年的努力,阿巴拉契亚区域开发计划已取得了较大的成就。“1965年阿巴拉契亚地区人均收入仅相当于美国平均水平的78%,到1991年这一比例已提高到83%。”[21]

在自由贸易区方面,美国将自由贸易园区称为“对外贸易区”。美国1934年的《对外贸易区法》(Foreign Trade Zones Act of 1934),是美国对外贸易区“基本法”,其中多数条文历经修订,已较为详细和完备。该法被编入《美国法典》(United States Code)“商业贸易法海关法卷”第19篇“关税”第1章“对外贸易区法”部分,总共包含21款条文,[22] 内容包括:对外贸易区的设立、对“委员会”申请的授权、与其他机构的合作、设施的提供和维护、对外贸易区居民管理服务、授权的转移、授权的撤销、账目和记账、违法管理行为的处罚等。

除《对外贸易法》这部基本法以外,美国还制定有《对外贸易区委员会条例》(Foreign Trade Zone Board Regulations)、《海关和边境保护条例》(Customs and Border Protection Regulations)等专门法律。《对外贸易区委员会条例》被编撰在美国《联邦行政法规法典》(Code of Federal Regulations)第15卷“商业与对外贸易”(Commerce and Foreign Trade)第400部分,并由7个子部分构成,内容包括:范围、定义和权利(subpart A);建立对外贸易区的资格、授权的限制和约束(subpart B);建立和修改权利的申请(subpart C);申请评估和审查的程序(subpart D);对外贸易区和行政规定的运营(subpart E);纪录、报告、通知、听证和信息(subpart F);罚款和上诉(subpart G)。[23]

---

〔20〕 熊燏、赵民:《区域协调机制的国际比较》,载朱敏彦等主编:《21世纪初长江三角洲区域发展战略研究》,上海人民出版社2001年版,第89-90页。

〔21〕 魏后凯:《美国联邦区域政策及其效果评价》,载《开发研究》1997年第1期。

〔22〕 19 U.S.C. 8la-81u.

〔23〕 15 C.F.R. Part 400, Sub part A-G.

“可谓是1934年《对外贸易区法》的具体细化版”。[24]

美国对对外贸易区管理的一项十分重要的制度是授权立法（管理）。“美国国会依据《对外贸易区法》赋予对外贸易委员会在不违背国家利益前提下行使较为充分的对外贸易立法权限。”[25]“借助授权立法（管理）制度形成了高度市场化的对外贸易区立法（管理）模式，并充分调动起对外贸易区委员会和区内市场主体参与对外贸易区立法和管理的积极性与主观能动性，这使得对外贸易区法律制定、市场管理更为市场化、国际化和现代化。”[26]

美国除了拥有世界上最多的对外贸易区以外，还有以“硅谷”为代表的为数众多的科学工业园区。硅谷的成功，在很大程度上得益于市场化经营模式和相关的法律制度两个方面。

为了推动高科技产业的发展，美国通过了《史蒂文生－魏德技术创新转移法案》[27]《贝杜尔法案》[28]《联邦技术转让法案》[29]《国家技术转让与进步法案》[30]《技术转让商业化法案》[31]等一系列法案。“在探讨美国硅谷成功的因素时，实在不能忽略其所凭借的法律基础

〔24〕 李猛：《中国自贸区法律制度建立与完善研究》，人民出版社2017年版，第135页。

〔25〕 李猛：《中国自贸区法律制度建立与完善研究》，人民出版社2017年版，第138页。

〔26〕 李猛：《中国自贸区法律制度建立与完善研究》，人民出版社2017年版，第139页。

〔27〕 《史蒂文生－魏德技术创新转移法案》（The Stevenson – Wylder Technology Innovation Act of 1980）。

〔28〕 《贝杜尔法案》（Berduer Act of 1980），全称为 The university and Small Business Patent Procedures Act of 1980。

〔29〕 《联邦技术转让法案》（Federal Technology Transfer Act of 1986）。

〔30〕 《国家技术转让与进步法案》（The National Technology Transfer and Advancement Act of 1995）。

〔31〕 《技术转让商业化法案》（The Technology Transfer Commercialization Act of 2000）。

和法制环境。"[32]"当然,硅谷的成功也离不开政府的作用。"[33]

二、日本相关立法

20世纪60年代起,日本已经陆续设立自由贸易园区、科技园区等类型特殊经济功能区。

"日本国土狭小,人口众多,资源贫乏,因此非常重视高技术产业的发展。早在20世纪60年代,日本就意识到技术竞争的趋势,开始从战后的'贸易立国'逐步转向'技术立国'的轨道,从强调应用研究逐步转向注重基础研究的方向,从技术模仿转向技术创新,并且采取了一系列政策措施。"[34]日本筑波科学城是日本政府为实现"技术立国"目标而建立的科学工业园区,开创了科学工业园区建设的新模式。

1966年11月,日本根据《国家首都地区发展法令》(The National Capital Region Development Act),将涉及6个村镇的整个地区设计成为都市发展地区。1964年12月,日本内阁决定在首相办公室设立"科学新城促进指挥部"(The Academic New Town Construction Promotion Headquarters)。1970年7月,日本颁行《筑波科学城建设法》(The Tsukuba Science City Construction Act)。1971年2月,科学新城促进指挥部制定《筑波科学城规划建设基本条例》(The Basic Principles for Planning the Construction of Tsukuba Science City)和《筑波科学城公共设施建设计划纲要》(An Outline of the Plans to Construction Public Facilities etc for Tsukuba Science City)。1971年12月,科学新城促进指挥部又制定了《筑波科学城准入规则》。1973年4月,科学

---

〔32〕 钟坚:《世界经济特区发展模式研究》,中国经济出版社2006年版,第264页。

〔33〕 钟坚:《世界经济特区发展模式研究》,中国经济出版社2006年版,第267页。

〔34〕 钟坚:《世界经济特区发展模式研究》,中国经济出版社2006年版,第340页。

新城促进指挥部修订了《筑波科学城规划建设基本条例》和《筑波科学城公共设施建设计划纲要》。在 20 世纪 70 年代末和 80 年代，日本就针对高新技术的发展和开发利用进行立法，如《高技术工业集聚地区开发促进法》《特定产业集聚促进法》《新产业城市建设促进法》等。[35]

针对相对落后的冲绳地区，日本政府在 1972 年制定实施《冲绳振兴开发特别措施法》，但之后的几次开发计划均以失败告终，冲绳岛发展未见有实质性改观。为此，"1988 年日本政府在此特别建立自由贸易区，吸引国内外商家来此贸易投资，着重强调资讯业、制造业、通信业和观光旅游业的兴起与发展。冲绳自由贸易区是迄今为止日本国内唯一的自由贸易园区。"[36]

日本经济自 20 世纪 90 年代以来陷入长期停滞。为了吸引国内外投资，促进经济发展，增强企业竞争力，日本内阁在 2002 年年初提出建立结构改革特区[37]的构想以及有关财政运营和结构改革的基本方针，并成立由首相领导的结构改革特区本部，制定有关结构改革特区推进的基本方案。2002 年 12 月，日本国会通过了内阁提出的《结构改革特区法案》，该法于 2003 年 4 月正式实施。至 2007 年，日本已设立结构改革特区近 1000 个。日本结构改革特区具有综合型特殊经济功能区的特点，即不为某一种单一经济目的而设置，而是以

[35] 郭洪伟等：《开发区法治建设与产业发展研究》，首都经济贸易大学出版社 2021 年版，第 22 页。

[36] 李猛：《中国自贸区法律制度建立与完善研究》，人民出版社 2017 年版，第 186 页。

[37] 结构改革特区，是指地方公共团体为提高地方活力实施并促进本地方特定事业而自发建立的区域。参见曾文革等：《特殊经济功能区法律制度研究》，对外经济贸易大学出版社 2012 年版，第 114 页。

综合发展某一地区的经济为设区目的。[38]

三、新加坡相关立法

新加坡是全球著名的国际贸易中心。1965 年,新加坡政府制定出台了《自由贸易区法》,并在裕廊码头建立了首个自由贸易区。发展至今,新加坡现共设有 7 个自由贸易区,除樟宜自贸区由民航局负责管理,重点从事货物空运经营外,其余 6 个自贸区主要以海运经营为主,其中除裕廊港自贸区由裕廊公司负责自主经营外,剩余 5 个海运自贸区则是由新加坡国际港务集团进行统一管理。[39]

新加坡独立后沿袭了英国法体系,在此基础上陆续出台了一系列法律法规,现已形成了以宪法为核心的包含国会法令、附属规范、司法判例、国际条约与惯例在内的较为完善的法律体系。新加坡具有较为完备的经济法律制度,其中 1965 年的《自由贸易区法》(Free Zone Act)是新加坡现行自贸区法律制度中的核心法律。《自由贸易区法》对新加坡自贸区建设及管理运营进行了全面的制度性安排,包含新加坡自贸区战略定位、功能作用、管理体制、优惠制度、监管措施等诸多内容,其中优惠制度具体包括减免税收、自由投资、便利贸易、方便通关、劳工保护、土地利用等主要内容。[40] 为保证《自由贸易区法》在现实中的实施应用,1969 年新加坡政府制定出台《自由贸易区条例》(Free Zone Act Regulations),共分 7 章,分别对自贸区安全保卫工作、行政机关设施维护、非法建筑物类型划分、不可转移应税货

---

〔38〕 曾文革等:《特殊经济功能区法律制度研究》,对外经济贸易大学出版社 2012 年版,第 113 页。

〔39〕 李猛:《中国自贸区法律制度建立与完善研究》,人民出版社 2017 年版,第 152 页。

〔40〕 李猛:《中国自贸区法律制度建立与完善研究》,人民出版社 2017 年版,第 153 页。

物种类、自贸区运营记录保存、区内自然人出入等问题进行了具体规定。[41]

四、俄罗斯相关立法

俄罗斯在建立经济特区方面曾有过不成功的尝试。1984 年年底，当时的苏联部长会议第一副主席阿尔希波夫访华期间，专程考察了我国深圳经济特区，并表示了极大的兴趣，准备在远东地区设置经济性特区。1987 年，苏联作出允许与外国建立合资企业区的决定。由于当时苏联的政治经济体制不适应国际规范的自由经济区运作方式，当地市场开发机制对合资公司缺乏吸引力，苏联建立合资企业区的设想未能实现。[42]

1990 年 10 月 24 日，俄罗斯联邦最高苏维埃颁布了《关于在滨海边疆区的纳霍德卡地区建立自由经济区的决定》，在纳霍德卡市建立了俄罗斯第一个自由经济区。1991 年，俄罗斯正式颁布《俄罗斯苏维埃联邦社会主义共和国外国投资法》。1991 年 6 月 7 日，俄罗斯联邦政府宣布在远东犹太族自治州建立自由经济区。[43] 1991 年，俄罗斯政府通过《加速建立自由经济区法》。至 1992 年年底，俄罗斯政府先后建立了 12 个形式不一、规模不等的自由经济区，分布在纳霍德卡、加里宁格勒州、阿尔泰边疆区、赤塔州、印古什、维堡（列宁格勒州）、萨哈林和其他地区。但由于缺乏应有的经济基础、必要的法律保障和充分的启动资金，致使这些自由经济区多数徒有虚名，未能真正建立起来。相反，这些自由经济区却因运作不规范等原因变成了

---

〔41〕 李猛：《中国自贸区法律制度建立与完善研究》，人民出版社 2017 年版，第 154 页。

〔42〕 钟坚：《世界经济特区发展模式研究》，中国经济出版社 2006 年版，第 212 页。

〔43〕 钟坚：《世界经济特区发展模式研究》，中国经济出版社 2006 年版，第 216 页。

变相偷税漏税的天堂。1993年，俄罗斯政府依法撤销过去建立的绝大多数自由经济区，只保留加里宁格勒和马加丹两个自由经济区。1996年1月和6月，俄罗斯分别颁布了《俄联邦加里宁格勒州开发区法》和《马加丹州开发区法》，确定了自由经济区的特惠地位。[44]

2005年7月，俄罗斯总统普京签署《俄罗斯联邦经济特区法》，该法于2006年1月1日起施行，标志着酝酿已久的俄经济特区建设步入实际操作阶段。2006年2月10日，俄罗斯政府与获得建立经济特区资格的6个城市正式签署建立经济特区协议，这在法律意义上标志着俄罗斯首批经济特区的诞生。[45]"截至2011年，俄罗斯已经批准成立工业生产型、技术推广型、旅游休闲型和港口型经济特区24个。"[46]《俄罗斯联邦经济特区法》是俄罗斯经济特区的基本法，规定了一系列税收及财务优惠政策，如给予税收优惠，对高科技项目不设投资额度的限制，而且将统一社会税税率从26%调低到14%，项目投产前5年内免缴联邦级的财产税和土地税。同时，俄罗斯允许获得批准设立的经济特区依据本区实际情况另行制定特别法规，如加里宁格勒开发区、马加丹开发区均制定了开发区法。在管理体制方面，负责俄罗斯联邦经济特区管理的主要机构是俄罗斯经济特区管理署，该署隶属俄罗斯经济发展和贸易部，直接或通过政府其他部门和地方权力机关管理经济特区事务。"总体而言，俄罗斯经济特区发展仍较缓慢，没有达到政府预期。"[47]

---

〔44〕 钟坚：《世界经济特区发展模式研究》，中国经济出版社2006年版，第213－214页。

〔45〕 钟坚：《世界经济特区发展模式研究》，中国经济出版社2006年版，第216页。

〔46〕 曾文革等：《特殊经济功能区法律制度研究》，对外经济贸易大学出版社2012年版，第144页。

〔47〕 曾文革等：《特殊经济功能区法律制度研究》，对外经济贸易大学出版社2012年版，第144－145页。

俄罗斯制定的最具现代意义的自由港法是2015年的《符拉迪沃斯托克自由港法》。

2014年年末，俄国家杜马通过《关于超前社会经济发展区及国家支持远东地区的其他措施》法案，经普京总统批准于2015年4月1日。实施这项法律的主要目的是通过建立“超前发展区”，加速发展远东地区的社会和经济，使之更紧密地融入亚太地区。根据该法律，俄罗斯远东发展部决定在共青城、哈巴罗夫斯克、纳杰日金建立第一批3个超前社会和经济发展区，在阿穆尔州、勘察加边疆区、楚克奇自治区、雅库特共和国和萨哈林州建立6个超前发展区，在符拉迪沃斯托克建立自由港。[48]

2015年7月13日，俄罗斯总统普京签批了《符拉迪沃斯托克自由港法》，并于2015年10月12日正式生效。符拉迪沃斯托克自由港范围涵盖滨海边区的阿尔乔姆市、符拉迪沃斯托克市、大卡缅市、纳霍德卡市等15个市(区)。

第三节　国外开发区立法的启示

开发区是推动自由贸易和地区经济发展的重要形式。世界各国(地区)都十分重视通过设立各类开发区发展自由贸易，促进地区发展。各国(地区)设立的各种类型的开发区，不仅有利于扩大对外贸易，繁荣本国经济，增加外汇收入，引进先进技术，学习管理经验，促进区域发展，而且极大地促进了国际自由贸易，加速了世界经济一体

---

〔48〕 曲静:《俄符拉迪沃斯托克自由港法案正式生效》，载《黑龙江日报》2015年10月13日，第6版。

化进程。通过比较国外有关自由贸易区和产业园区方面的立法情况以及查阅相关研究成果,主要得到以下一些经验和启示。

一、立法先行是开发区规制的普遍做法

“根据国际上的成功经验,设立开发区域一般都是先立法,明确开发区的性质和作用,再推广实施。”〔49〕例如,上一节所列举的美国的《田纳西河流域开发法》(1933 年)、《对外贸易区法》(1934 年)和《阿巴拉契亚区域开发法》(1965 年),日本的《筑波科学城建设法》(1970 年),新加坡的《自由贸易区法》(1965 年)和《自由贸易区条例》(1969 年),俄罗斯的《俄罗斯联邦经济特区法》(2005 年)和《符拉迪沃斯托克自由港法》(2015 年),等等。“先立法后设区,以严密的法律法规保障自由贸易区健康发展。”〔50〕“当今国际社会中实践较为成功的美国、新加坡、土耳其、日本、韩国均是先行建立起完善、相对独立的自贸区法律制度,在制度完备的前提下再行着手建立自贸区 FTZ,法治先于实践的目的是保障自贸区建设可在一个规范化框架内有序进行,尽力做到各项工作有法可依,竭力避免自贸区管理秩序混乱状况的发生。”〔51〕“世界成熟贸易园区在管理方面特别强调规范化、法治化。大多数国家制定了贸易园区法,对贸易园区的性质、定位以及区内优惠原则法律化,对贸易园区管理机构的设置、职权的划分、职能范围的界定一般也都以法律形式予以确认。”〔52〕

〔49〕 成思危主编:《从保税区到自由贸易区:中国保税区的改革与发展》,经济科学出版社 2003 年版,第 214 页。

〔50〕 上海财经大学自由贸易区研究院、上海发展研究院编:《全球 100 个自由贸易区概览》(上),上海财经大学出版社 2013 年版,第 132 页。

〔51〕 李猛:《中国自贸区法律制度建立与完善研究》,人民出版社 2017 年版,第 186－187 页。

〔52〕 上海财经大学自由贸易区研究院、上海发展研究院编:《全球自贸区发展研究及借鉴》,格致出版社、上海人民出版社 2015 年版,第 71 页。

国际主流自贸区的惯例做法证明立法先于实践对于一国自贸区顺利建设运营具有可行性和必要性，中国不应当单以政策为导向，实行政策入法、政策先行、立法在后的自贸区立法模式，而要借鉴学习国际经验，依靠科学调研、民主决策先行制定一部有效、权威、规范的中国自贸区法，以此为基础保障今后自贸区各项建设均有法可依，推动自贸区战略顺利前进发展。[53]

二、开发区管理引入市场化机制是总体趋势

开发区管理大体可以分为宏观层面的政府监管和微观层面的园区日常管理。"从宏观管理来看，绝大多数国家都是通过立法来确定自由贸易区的设置、经营管理的原则和中央主管部门，并对自由贸易区进行宏观决策、设立审批、监督管理。"[54]但是，在园区的日常事务管理方面，国外普遍采用的公司制或授权管理制。

例如，美国，依据《田纳西河流域开发法》，田纳西河流域管理局（TVA）既是联邦政府机构，又是企业法人。一方面，作为联邦政府机构，TVA 只接受总统和国会的监督，完成其政府职能，对流域开发的项目及相关部门进行统一的领导。另一方面，作为企业法人，TVA 也积极追求经济效益。[55]

另外，根据美国《对外贸易区法》的规定，"任何公共机构或私人公司（包括外国公司）均有权申请在一进口港或其临近地区建立、经营和管理一个对外贸易区"，"对外贸易区也可以长期出租的方式租给私人公司使用"。"1980 年，美国近一半运行中的对外贸易区是由

---

〔53〕 李猛：《中国自贸区法律制度建立与完善研究》，人民出版社 2017 年版，第 198 页。

〔54〕 钟坚：《世界经济特区发展模式研究》，中国经济出版社 2006 年版，第 87 页。

〔55〕 谢世清：《美国田纳西河流域开发与管理及其经验》，载《亚太经济》2013 年第 2 期。

政府机构或非赢利的经济开发公司等主办的。"[56] 根据相关制度安排，美国对外贸易区实行双层管理模式，即在国家层面由对外贸易区委员会进行宏观统筹协调；在地方层面由对外贸易区委员会授权区内企业董事会或理事会及其领导下的由职业经理人或专业人士组成的执行或办事机构对区内事务进行公司化管理、市场化运作，并对授权机构负责。[57] "对于各自贸区日常事务由对外贸易委员会授权自贸区内特定的公司企业进行委任式管理，被授权的公司企业根据实际管理过程中积累的经验和遇到的问题向委员会建议制定或修改相关行政法规内容，以适应市场变化与自贸区自身发展需求。"[58]

又如，新加坡，根据相关规定，新加坡自贸区实行双层级自贸区管理模式，中央政府发挥引领规划作用，区内公司企业负责自贸区日常经营。市场主体作为自贸区管理者能够有效摆脱原有体制中行政僵化和经济低效的束缚，最大限度释放自贸区自主、自由、开放、灵活的内在特性，彻底激发区内市场活力，保证区内各项管理措施切实符合市场主体自身发展需求，并可及时有效解决区内繁杂的各类实际问题。[59] 以裕廊海港自贸区为例，尽管裕廊集团（裕廊镇工业管理局）始终是自贸区的最高管理机构，但是管理局遵循政府与企业共同参与管理的制度安排，政府仅核拨管理局的启动资金，自贸区的具体

---

〔56〕 钟坚：《世界经济特区发展模式研究》，中国经济出版社2006年版，第92页。

〔57〕 刘晔、陆夏：《美国"自贸区"模式的经济效应及其经验借鉴》，载《上海经济研究》2014年第12期；李猛：《中国自贸区法律制度建立与完善研究》，人民出版社2017年版，第150页。

〔58〕 Susan Tiefenbrun, *U. S. Foreign Trade Zones, Tax – free Trade Zones of the world, and Their Impact on the U. S. Economy*, International Business and Law, 2013(2), p. 149 – 161. 转引自李猛：《中国自贸区法律制度建立与完善研究》，人民出版社2017年版，第145页。

〔59〕 李猛：《中国自贸区法律制度建立与完善研究》，人民出版社2017年版，第153页。

管理运营由裕廊集团的全资子公司——裕廊海港私人有限公司(Jurong Port Pte Ltd.)负责。[60]

"国外开发区管理体制多为产学共生式管理型或者综合管理型，政府不直接参与管理，主要给予政策和资金上的支持，开发区及区内企业完全由市场调控，尤其大学与企业共创科学园，研究与开发紧密结合，往往发展迅速，创造了高效益。"[61]

因此，我国各类开发区、自贸试验区各片区可以学习和借鉴国外的成熟做法和经验，创新改革管理体制，充分发挥市场机制在园区管理中的作用，并通过立法鼓励和推动开发区采用市场化的管理模式。

三、保障自由便利是自由贸易区法制的核心内容

从国外的开发区，特别是自由贸易区的法制情况来看，主要内容包括市场准入自由、税收优惠、金融外汇自由、贸易便利化等方面。其中，税收优惠包括关税减免、所得税减免、津贴补助等；金融外汇自由，包括资本和利润自由汇出，外汇自由兑换等；贸易便利化，包括货物通关便利、免税存放等。"所谓的自由，更多意义上是指在特定区域内贸易、物流和关税的自由，核心是通过放松管制，加快货物进出、人员往来、资金流动、信息传递。"[62]"自由贸易区最基本特征是海关治外法权，实质就是'境内关外'，不出一线不算出口，不进二线不算进口，人员、资金和货物在一线的进出应该完全自由，这是自由贸易

---

〔60〕 上海财经大学自由贸易区研究院、上海发展研究院编:《全球 100 个自由贸易区概览》(下)，上海财经大学出版社 2013 年版，第 880 页。

〔61〕 李平:《国内外高技术开发区管理模式的比较研究》，载《科学学研究》1994 年第 4 期。

〔62〕 上海财经大学自由贸易区研究院、上海发展研究院编:《全球 100 个自由贸易区概览》(上)，上海财经大学出版社 2013 年版，第 132 页。

区的自由之所在。”[63]

例如，美国自由贸易区，外国货物从水上进出不征关税，外汇交易不作限制。美国海关机构大多比较精简，管理十分便捷，对区内企业和货物实行“一线放开，二线管住，区内自由”和“管住卡口，管出不管进”。[64] 美国对自由贸易区内企业实行物流便利措施，允许区内进口货物的企业以自己的名义向所在地口岸海关关长提出申请，获准直通程序的货物不论在哪个口岸抵达，都可以直接按保税方式运往对外贸易区。[65]

又如，“新加坡自贸区内除国防等关系国家命脉的行业外，政府对外资市场准入几乎不做任何特殊限制，商业、经贸、教育、金融、网络、电信等行业领域全面对外开放，但出于金融市场风险考虑，外资进入金融、证券、保险等行为领域需作必要的登记备案手续”[66]。新加坡实行自由的金融政策，开放金融市场，全面取消外汇管制，外汇可以自由进出，外国投资者的资本、利润、利息和红利等随时可以自由汇出。进口到自贸区的产品一般没有配额限制。[67] 在对外贸易便利性方面，新加坡自贸区内公司企业开展对外贸易或转运业务仅需向新加坡会计及企业管理局进行注册，并向关税局申请注册码即可。凭借注册码，区内公司企业便可通过新加坡贸易网递交从事进

---

[63] 上海财经大学自由贸易区研究院、上海发展研究院编：《全球100个自由贸易区概览》（上），上海财经大学出版社2013年版，第133页。

[64] 上海财经大学自由贸易区研究院、上海发展研究院编：《全球100个自由贸易区概览》（上），上海财经大学出版社2013年版，第133页。

[65] 上海财经大学自由贸易区研究院、上海发展研究院编：《全球自贸区发展研究及借鉴》，格致出版社、上海人民出版社2015年版，第20页。

[66] 李猛：《中国自贸区法律制度建立与完善研究》，人民出版社2017年版，第161页。

[67] 上海财经大学自由贸易区研究院、上海发展研究院编：《全球100个自由贸易区概览》（下），上海财经大学出版社2013年版，第862、872页。

出口或转运业务的申请。[68]

再如,2015 年俄罗斯的《符拉迪沃斯托克自由港法》,其主要内容包括简化签证制度、过境服务、自由关税区制度、保险金率政策、税收政策、管理服务等一系列特殊制度和优惠政策。该法明确规定了外国人可获得为期 8 天的赴俄落地签证;实行“一个窗口”过境服务和 24 小时口岸工作制;港区内企业可免税运入、保存和使用外国商品,也可免税运出商品(设备);免除入港区企业前 5 年的利润税、财产税和土地税;10 天内快速办理增值税退税;等等。[69]

我国开发区立法,特别是自由贸易区的立法,也应对标国际通行的做法,在投资和贸易自由便利、服务业开放、货品通关自由便利、跨境资金流动自由便利等方面作出明确规定,形成制度化的安排。

---

〔68〕 李猛:《中国自贸区法律制度建立与完善研究》,人民出版社 2017 年版,第 163 页。

〔69〕 曲静:《俄符拉迪沃斯托克自由港法案正式生效》,载《黑龙江日报》2015 年 10 月 13 日,第 6 版。

第五章　我国开发区立法的初步构想与建议

第一节　开发区立法模式选择及相关问题的建议

一、开发区立法的模式选择

从世界范围来看，由于各国（地区）国土面积、自然条件、发展阶段、经济政治制度以及法律传统等方面不同，各国（地区）对不同类型的开发区采取的立法模式有很大的不同，有的采用统一立法模式，有的是分类立法模式。即便对于同一类型的开发区，在立法模式的选择上，也有统一立法和个别立法的不同模式之分。

截至 2024 年 6 月，我国关于各类开发区，除了 2021 年全国人大常委会通过的《海南自由贸易港法》仅适用于海南自贸港（海南岛全岛）以外，中央层面实际上尚未制定一部其他关于开发区的法律或行政法规。立法规划似乎也未明确对开发区立法模式的选择。而地方层面则已出现了统一立法、分类立法、统一立法与分类立法并存、单独立法 4 种模式，并呈现出“一地一规”“一地多规”“一区一规”“一区多规”等立法现状。

我国目前这种缺乏全国统一立法、地方立法混乱的现状，加剧了地方保护，破坏了公平竞争的市场环境，不仅不利于保障开发区的建设和发展，而且不利于健全我国社会主义市场经济体系，不利于建树我国在国际社会的法治形象。因此，当务之急是加快我国开发区基本法的制定和法律体系建设。

就法治统一的角度来考虑，对开发区采用统一立法的模式无疑是最理想的选择。但是，笔者认为，我国目前制定一部全国统一的适用于所有类型开发区的基本法的现实可行性不大，且不一定具有合理性。主要理由有以下两方面：

第一，各类开发区所担负的主要功能和使命的确具有较大的差异性，特别是“经济特区”这类开发区是在特殊历史条件下设立的，5个经济特区设立之初主要担当改革开放试验田的光荣使命，并且范围都是限定在所在市的特定区域。但是，此后经过扩区，海南经济特区的范围已扩及全省，深圳、珠海、汕头、厦门4个经济特区的范围均扩及全市，也就是我国5个经济特区都已经实现政“区”一体，这就使得经济特区与其他类型的开发区有了很大的不同，特别是在立法权限和管理体制方面。此外，我国进入中国特色社会主义新时代以后，“经济特区”又担负起了综合改革的新的历史使命。例如，2019年8月9日发布的中共中央、国务院《关于支持深圳建设中国特色社会主义先行示范区的意见》，对深圳经济特区明确提出5个“率先”[1]的重任。因此，从以上情况来看，我国“经济特区”与其他类型的开发区有着太多的差异性，完全不适于采用同一部法律进行规范。

第二，由于我国国土面积大，地区发展还很不平衡，开发区不仅

[1] 5个“率先”，即率先建设体现高质量发展要求的现代化经济体系；率先营造彰显公平正义的民主法治环境；率先塑造展现社会主义文化繁荣兴盛的现代城市文明；率先形成共建共治共享共同富裕的民生发展格局；率先打造人与自然和谐共生的美丽中国典范。

类型较多,而且数量庞大。因此,从立法的科学合理性,立法的技术和难度,以及从今后修改法律的便利性等方面综合考虑,我国也不适合制定一部单一的开发区基本法。

因此,采取分类立法模式较为现实可行。但是,笔者也不赞同将开发区过多分类以致出现多部开发区基本法的做法,因此,接下来讨论如何对开发区进行合理分类,并进行相对统一立法。

二、开发区立法的基本类型划分

关于我国开发区如何合理分类并进行相应的基本法立法,中央有关文件中有所提及,国务院有关部门也提出过有关立法草案,例如,1996 年 7 月 3 日,原国家科学技术委员会在其发布的《"九五"期间科技立法规划》中就明确提出制定《国家高新技术产业开发区法》。此外,更有许多专家提出过不同的建议。

笔者建议将我国开发区大致分为三类:一是经济特区类;二是经济(技术)开发区类;三是自由贸易区类。由于经济特区的立法问题不在本书研讨范围之列,所以下面分别就"经济(技术)开发区类"和"自由贸易区类"的两大类开发区统一立法问题分别提出一些思考。

(一)经济(技术)开发区类

经济(技术)开发区类,也可以称为产业园区类,是指为了产业集聚(包括高新技术产业)而专门设定或划定的区域。

笔者通过调研发现,对于名目繁杂的其他类型开发区是否统一立法的主要分歧是在经济(技术)开发区[2]和高新技术产业开发区这两类开发区之间。无论是中央还是地方,无论经济学界还是法学

---

〔2〕 此处的"经济技术开发区"是相对狭义的,是未被认定为"高新技术产业开发区"的其他开发区,有的直接以"经济技术开发区"命名。

界,都存在着不同的看法和观点。

但从现已出台的各地方立法情况来看,出现了明显不同的4种立法模式:统一立法模式、分类立法模式、统一立法与分类立法并存模式、单独立法模式(一区一规)。具体情况已在本书第三章第二节第四目中详细列举和说明,不在此赘述。

笔者认为,对经济技术开发区和高新技术产业开发区采用分开立法的模式至少存在以下明显不足:

第一,如本书第二、三章所分析的,现行多头管理的体制本身存在较多的不合理性,建议今后将开发区改为相对集中统一管理体制。因此,如果对这两类开发区分别制定基本法,必将形成制度惯性,对今后统一立法增添麻烦。

第二,如果对经济(技术)开发区和高新技术产业开发区采用分开立法,那么是否应当对其他诸如产业园区、工业园区、科技园区等五花八门的各类开发区都进行分别立法?这不仅不现实,而且极易造成法律适用上的混乱。

第三,经济(技术)开发区和高新技术产业开发区的划分本身并不具有十分确定的界限或标准,经济(技术)开发区和高新技术产业开发区的名称在某些情况下也会发生变更。事实上,无论是经济(技术)开发区,还是高新技术产业开发区,抑或其他名目繁杂的开发区,都属于为了产业集聚(包括高新技术产业)或土地集中开发利用而专门设定的区域,即都属于开发区、产业园区、产业集聚区。科技本身也是一种产业,只是由于高新技术在当今社会经济和社会发展中特别重要的地位,国家出于加大对高新技术支持力度的考虑,专门设立或认定高新技术产业开发区,或者给予高新技术企业更多的优惠和支持,但这并不影响高新技术产业开发区的产业聚集功能定位和经济发展目标。因此,总体而言,高新技术产业开发区仍属于产业园区或开发区的范畴。再者，经济（技术）开发区也存在较多高新技术企业，高新技术产业开发区也不全都是高新技术企业。因此，立法时不应过分夸大两者的差异性而分别进行立法。

因此，建议将经济（技术）开发区、高新技术产业开发区以及为了产业开发、产业集聚而设立的其他各类开发区都归于一类，即经济（技术）开发区类，并制定统一的基本法。

（二）自由贸易区类

自由贸易区类，是指主要为了便利对外自由贸易而专门设立或划定的区域。中国自贸区、海南自贸港同属于自贸区类，这应当不会有争议。

但是，海关特殊监管区域究竟应归类于通常意义上的开发区，还是应归类于自由贸易区？从目前的实际情况来看，主流意见是将海关特殊监管区归入开发区。有如下例证：

第一，国务院及相关部门历来如此归类。从发改委、原国土资源部、原建设部于 2007 年 3 月 27 日发布的《中国开发区审核公告目录》（2006 年版）和发改委、科技部、原国土资源部、住建部、商务部、海关总署于 2018 年 2 月 26 日发布的《中国开发区审核公告目录》（2018 年版）中的开发区类型来看，海关特殊监管区域均被纳入了开发区的审核范围。

第二，各地方已出台的开发区立法，大多数在“附则”中明确规定海关特殊监管区域参照适用该条例。例如，《江苏省开发区条例》第 43 条规定：“本省行政区域内经国务院和省人民政府批准设立的海关特殊监管区域、旅游度假区等其他类型的园区，可以参照本条例执行。”《江西省开发区条例》第 44 条规定：“本省行政区域内经国务院批准设立的海关特殊监管区，可以参照本条例执行。”《湖北省开发区条例》第 46 条规定，本省行政区域内海关特殊监管区域、开发区托管区域可以参照本条例执行。《广西壮族自治区开发区条例》第57条规定:"海关特殊监管区和设区的市、县级人民政府批准设立的开发区可以参照本条例执行。"还有些省、自治区、直辖市的开发区条例只是笼统地规定了其他类型参照适用。例如,《辽宁省开发区条例》第37条规定:"本省行政区域内其他类型的园区,可以参照本条例执行。"这也可以解读为包括海关特殊监管区域。

第三,在中国开发区协会主办的中国开发区网所显示和发布的中国开发区信息和统计数据中,"中国开发区"不仅包括海关特殊监管区域,而且还包括中国自贸区、国家自主创新示范区和国家级新区。

笔者认为:将海关特殊监管区域归入通常意义的开发区,就国民经济统计角度来讲,不存在太多的问题。但是如果从法律规制的角度来讲,其合理性和立法科学性就值得认真推敲。

第一,两者的法律属性和地位存在本质的差别。海关特殊监管区域视同"境内关外",其他开发区都属于"境内关内"。

第二,主要功能和目标定位明显不同。海关特殊监管区域的主要功能和目标定位是承接国际产业转移、联接国内国际两个市场;其他类型的开发区的主要功能和目标定位是产业集聚。

第三,监管手段和方式不同。海关特殊监管区域采取严格的封闭围网管理;其他类型的开发区不存在这样的管理方式。

第四,税制明显不同。海关特殊监管区域内的货物实施保税政策;而其他类型开发区内的货物均无此待遇。

第五,管理模式不同。海关特殊监管区域由海关专属管理;而其他类型的开发区可以采用政府行政管理的模式,也可以由政府委托管理或者由园区内的公司或组织进行自我管理。

第六,现行多地规定海关特殊监管区域参照适用开发区条例几乎无实际意义和可操作性。

笔者认为,由于海关特殊监管区域与其他类型开发区差别十分显著,因此,无论从法益目标还是规制手段来看,均不宜将海关特殊监管区域并入其他通常意义上的开发区类进行统一立法。

但是,海关特殊监管区域与自贸区却具有许多相同或相似之处,并且事实上有些海关特殊监管区域已经成为自贸区的组成部分(片区),如中国(上海)自贸区外高桥保税区片区。

因此,笔者建议在制定开发区基本法时将海关特殊监管区域纳入"自由贸易区类"开发区进行立法,或者规定参照适用自由贸易区基本法。

三、开发区立法的分步推进

关于我国开发区基本法立法是一步到位,即直接通过全国人大或全国人大常委会制定法律?还是分两步走,即先通过国务院制定行政法规,等实施一段时间积累更多经验后再上升至法律?

有学者认为我国"应尽快制定一部统一的《开发区法》","在覆盖范围上,立法要覆盖高新技术产业开发区、经济技术开发区及工业园区、科技园区、经济合作区等"。但是"我国开发区立法不可能一步到位",因此"在制定的步骤上,可以先制定《开发区法》,然后再制定《国家高新技术产业开发区法》等其他法律规范"。[3]

笔者认为分类、分步推进立法更可行且更合理。

第一,通过全国人大或全国人大常委会制定法律过程漫长,而我国目前急需抓紧出台全国统一的规范,因此,从解决紧迫性的实际立法需求的角度来看,通过国务院先制定行政法规更为便捷。

---

〔3〕 伊士国、李先真:《论开发区管理委员会的法律地位》,载《行政与法》2009 年第 9 期。

第二,我国各类开发区本身名目繁多,且多部门管理,现实情况比较复杂,规制经验还不够丰富,加上无论是国内还是国际经济形势变化都较快,因此,从保持立法的相对稳定性要求角度来讲,法律比行政法规要求更高的稳定性,法律不能也不便频繁修改。所以,先制定行政法规更能适应经济形势变化的修改需要。

第三,开发区的设立和管理,属于国家的经济事务问题,国务院制定行政法规,更能体现中央人民政府和地方人民政府管理经济事务的职责。

第四,法律和行政法规都适用于全国范围,所以从实施角度而言,先制定行政法规同样能够起到统一法治的良好效果。

因此,建议先由国务院制定"经济(技术)开发区类"和"自由贸易区类"两部行政法规,待时机成熟后通过全国人大或全国人大常委会提升为更具权威性和稳定性的两部正式法律。

四、开发区立法具体名称的选用

(一)"经济(技术)开发区类"行政法规的名称选择

关于"开发区类"行政法规的名称问题,主要有以下几种选择方案:开发区条例、产业园区条例、工业(产业)园区条例、经济开发区条例、经济(技术)开发区条例。

笔者建议采用经济(技术)开发区条例,主要理由是该名称不易产业歧义,且适用范围宽泛,可以包容除经济特区和自贸区以外的其他不同名目的各类开发区。

(二)"自由贸易区类"行政法规的名称选择

由于我国自由贸易区类的开发区已明显分化成三个层次,即自贸港、自贸区和海关特殊监管区域,即使考虑将问题简化,对海关特殊监管区域作参照适用法律的立法安排,也存在自贸港和自贸区这两个层次是否统一立法的问题。关于这个问题在《海南自由贸易港法》通过之前也是争议不休，观点难以统一。随着《海南自由贸易港法》的颁行，“一港一法”已成事实。

笔者认为，一方面，鉴于《海南自由贸易港法》已经正式颁行，该法短期内不可能废止，因此，关于“自由贸易区”的统一立法问题最现实可行的方案就是先由国务院制定“自由贸易区类”的行政法规，再在将来条件成熟时制定统一的自由贸易区法。

但是，另一方面，由于有的中国自贸区将来可能升格为自贸港。例如，2017 年 3 月 30 日国务院《关于印发全面深化中国（上海）自由贸易试验区改革开放方案的通知》中就明确提出“在洋山保税港区和上海浦东机场综合保税区等海关特殊监管区域内，设立自由贸易港区”。又如，《国民经济和社会发展第十三个五年规划纲要》第 49 章第 1 节“完善对外开放区域布局”曾明确提出“探索建立舟山自由贸易港区”的目标。而《中国（浙江）自由贸易试验区条例》第 3 条也已明确将“探索建设中国特色自由贸易港”写入法条。[4] 因此，如果不将自贸港纳入统一立法，这就意味着今后将出现多部自贸港法。

因此，这无论从立法成本，还是统一法治的角度来看，“一港一法”和“一区一法”都不是自贸区（港）的最优立法选择。所以，笔者建议今后对自贸港和自贸区统筹考虑制定统一的基本法为宜。在统一的自由贸易区基本法或法规的框架下，仍可结合各港、区的实际情况制定特别法和地方性法规，以体现各自的差异化和特色定位。

此外，即使国务院很快出台统一的“自由贸易区类”的行政法规，

---

〔4〕《中国（浙江）自由贸易试验区条例》（2022 年修订）第 3 条规定，推进自贸试验区建设以油品和天然气（以下简称油气）为核心的大宗商品资源配置基地、新型国际贸易中心、国际航运和物流枢纽、数字经济发展示范区和先进制造业集聚区，探索建设中国特色自由贸易港。

也不会影响到《海南自由贸易港法》的效力,因为法律的效力本身就高于行政法规的效力,且特别法优于普通法。

关于自贸区类开发区的统一行政法规的名称问题,主要有以下几种方案:自由贸易区条例、自由贸易港区条例、自由贸易区(港)条例、自由贸易港(区)条例、自由贸易园区条例。

可以说,以上几个名称都有一定理由,但是,笔者建议采用“自由贸易区条例”,因为该名称不仅简洁,而且容易涵盖自贸港、自贸区和海关特殊监管区域。至于“自贸区”易造成与“自由贸易园区”混淆的问题,只要在立法中明确适用范围便可解决。

第二节 开发区立法的基本原则和理念

任何一部立法都有其立法宗旨或法益目标,任何一部立法都不可能穷尽所涉内容的方方面面,因此,有必要通过明确基本原则和理念为立法、执法、司法和守法确立基本准绳或标尺。开发区立法围绕产业集聚、技术创新、开放发展等目标,应当明确以下基本原则和理念。

一、创新与包容

创新是开发区能否取得跨越式发展的关键,其内涵不仅包括技术和产品创新,而且包括体制机制创新。开发区建设的主要目标不仅是成为新技术研发和新产品制造的集聚区,而且是体制机制改革的试验田。因此,开发区立法应当确立鼓励创新的原则和理念,让开发区管理机构及所在地政府大胆地试、大胆地改、大胆地闯,在探索体制机制改革和完善我国社会主义市场经济体系中发挥其应有的作用。

当然,创新往往蕴藏着一定的失败风险。改革创新就如同“摸着石头过河”。对于摸错了“石头”不慎入水的先行者,应当采取宽容的态度。在开发区先行先试的过程中,难免出现失误或者未能实现预期目标的情况,因此同样也应当采取宽容、包容的态度。2010 年 12 月 23 日北京市人大常委会发布的《中关村国家自主创新示范区条例》第 9 条规定:“鼓励组织和个人在示范区开展创新创业活动,支持有利于自主创新的制度、体制和机制在示范区先行先试,营造鼓励创新创业、宽容失败的文化氛围。”首次以地方立法的形式,将鼓励创新、宽容失败作为基本原则确立起来。此后,容错这一理念和原则被其他许多地方的开发区立法所采纳。国务院于 2019 年 10 月 22 日发布的《优化营商环境条例》第 7 条第 3 款规定:“国家鼓励和支持各地区、各部门结合实际情况,在法治框架内积极探索原创性、差异化的优化营商环境具体措施;对探索中出现失误或者偏差,符合规定条件的,可以予以免责或者减轻责任。”

因此,开发区立法在鼓励创新的同时,还应体现包容的理念,即确立容错机制,对改革创新、先行先试中出现失误或者偏差,依法予以免除责任或者从轻、减轻处理。

二、绿色与安全

开发区建设旨在发展经济,但是发展经济不能短视或出现短期行为,不得以破产生态环境或者过度消耗资源为代价,不应再走先破坏再恢复的老路。《全面依法治国决定》明确提出:“用严格的法律制度保护生态环境,加快建立有效约束开发行为和促进绿色发展、循环发展、低碳发展的生态文明法律制度,强化生产者环境保护的法律责任,大幅度提高违法成本。”

绿色发展理念和原则另一深层含义是可持续发展。“要实现可持续发展目标,就必须实现经济、社会、人口、资源和环境的协调发展,即社会系统与自然系统的协调发展。”[5]开发区建设和发展不仅要努力满足当代人的需要,实现当代人的富裕和幸福,还应考虑到将来或后代人的富裕和幸福,即不得对后代人满足其需要的能力构成危害。全国人大常委会通过的《海南自由贸易港法》第5条明确规定:“海南自由贸易港实行最严格的生态环境保护制度,坚持生态优先、绿色发展,创新生态文明体制机制,建设国家生态文明试验区。”这一规定,充分体现了绿色发展理念。商务部于2021年9月28日发布的《国家级经济技术开发区综合发展水平考核评价办法(2021年版)》,设置了5大类一级指标,其中一类就是“绿色发展”,该一级指标具体又包括规模以上工业单位增加值能耗和二氧化碳排放量、园区二氧化碳排放量增长率等5项二级指标。

开发区立法应确立绿色发展理念和原则,并明确规定开发区的规划和建设应当符合环境保护规划和土地利用规划等,遵守生态保护红线、环境质量底线、资源利用上线和环境准入负面清单,严格执行环境影响评价制度。对于限制开发区域,应当严格控制建设开发区;对于禁止开发区域,应当严禁建设开发区。

此外,由于开发区,特别是自由贸易区,是我国对外开放最重要的窗口和前哨,因此,应时刻守住安全这条底线和红线。安全既包括国家经济安全、政治安全、国家主权,也包括生态环境安全、货品安全等。开发区既要“放得开”,又要“守得牢”。因此,开发区立法应当确立安全原则,并明确规定外商投资安全审查、进出境环境安全准入

[5] 张召堂:《中国开发区可持续发展战略》,中共中央党校出版社2003年版,第4页。

管理等制度。

三、协调与共享

开发区的主要目标和功能定位是发展经济，如形成产业集聚带动地方经济（如经开区），或者发展高新技术产业（如高新区），或者发展外向型经济（如自贸区），等等。但是，在建设开发区发展经济的同时，还应当兼顾社会的进步与发展，兼顾区域经济协调发展。

因此，开发区立法应当确立协调经济与社会发展的理念和原则，并明确规定开发区的设立，应当符合本地区国民经济和社会发展规划、主体功能区规划、城镇体系规划、城市总体规划以及国家的区域发展战略。开发区建设和发展应当将“产城融合”纳入建设和发展规则，不仅要打造成为“经济增长极”，而且要发展成为安居乐业、共享发展的宜居地。

四、市场化与自由便利化

国内外经济发展史的经验反复证明，市场机制是资源配置的最有效的机制，尽管市场机制有时也会出现“失灵”现象。《中共中央关于全面推进依法治国若干重大问题的决定》中明确提出：“社会主义市场经济本质上是法治经济。使市场在资源配置中起决定性作用和更好发挥政府作用……”因此，在我国全面推进依法治国方略的时代背景下，开发区立法既要注重发挥好政府的积极引导、大力扶持以及适度监管等作用，又要很好地总结和吸收我国开发区建设发展中已取得的经验和国外的相关法制经验，在开发区的体制机制方面引入市场化的管理机制，提升管理效力。

此外，进一步深化改革和扩大开放，是我国的基本国策。“开放宽松的外资准入制度是自贸区实现‘投资自由’的重要前提，也是开放度和自由度的重要体现。”[6]《全面依法治国决定》明确提出:“加强涉外法律工作。适应对外开放不断深化,完善涉外法律法规体系,促进构建开放型经济新体制。”开发区是我国对外开放的重要窗口,因此,开发区立法无疑是我国涉外法律法规体系的重要组成部分。开发区立法,特别是关于自贸区的立法,应当以市场化和自由便利化为主要目标导向,对标国际通行的、成熟的经贸规则和国际惯例,明确规定投资和贸易自由便利、服务业开放、货品通关自由便利、跨境资金流动自由便利等内容,努力营造市场化、国际化、法治化的营(宜)商环境。

---

〔6〕 上海财经大学自由贸易区研究院、上海发展研究院编:《全球自贸区发展研究及借鉴》,格致出版社、上海人民出版社2015年版,第16页。

结　语

本书基于我国“全面依法治国”的时代背景，从法理和法治中国建设的角度，阐述了全面依法治“区（开发区）”的基本理念。

通过对我国名目繁多的各类开发区的建设发展情况以及有关立法和政策情况进行全面的梳理，本书分析了目前我国开发区存在名目繁杂、无序发展，重复建设、浪费资源，多头管理、政出多门，政府主导、产业集群性不高等问题，并且论述了目前我国开发区立法存在立法滞后、开发区建设不规范，立法冲突和不协调、法律适用困难，地方重复立法、浪费立法资源，各地立法模式不统一、不利于法治统一，地方授权开发区管理机构差异明显，容易出现授权不当或授权不充分等问题。

本书提出并论述了将我国各类开发区划分为经济（技术）开发区和自由贸易区两大类型，且海关特殊监管区域应归入自由贸易区类型，并在此基础上提出了分类和分步制定我国开发区基本法的具体构想，即建议先分别制定经济（技术）开发区和自由贸易区两类特殊经济区行政法规，待时机成熟后再上升为更具权威性和稳定性的正式法律。另外，本书草拟了经济（技术）开发区条例（立法建议稿）和自由贸易区条例（立法建议稿），希望能为今后的立法和相关问题的进一步研究提供一定的参考作用，并期望我国各类开发区能够早日营造出市场化、国际化、法治化的营（宜）商环境。

当然,笔者在本书中提出的部分观点和立法建议稿的部分内容考虑得还很不成熟,论述也不够充分,欢迎各位专家、学者和读者批评指正。

附件一

经济(技术)开发区条例(立法建议稿)

第一章　总　　则

第一条　【立法目的】

为了规范经济(技术)开发区建设和管理服务,充分发挥经济(技术)开发区产业集聚、科技创新、引领示范等作用,促进我国经济和社会发展,制定本条例。

第二条　【适用范围】

经济(技术)开发区(以下简称开发区),是指经国务院或者省、自治区、直辖市人民政府批准设立的经济技术开发区、高新技术产业开发区、工业园区等各类产业园区。

第三条　【开发区建设原则】

开发区应当坚持创新、开放、绿色、安全、协调、共享等理念，遵循统一规划、合理布局，市场主导、创新发展，节约集约、产城融合的建设原则。

第四条　【保障合法权益】

开发区内的投资者、经营者应当依法开展投资、经营活动，不得损害国家和社会公共利益。其财产、收益和其他合法权利，受中华人民共和国法律保护。

第五条　【开发区协会】

开发区协会为政府相关部门和会员单位服务，发挥开发区之间、开发区与政府、开发区与社会间的“桥梁纽带”作用，维护会员的合法权益，努力促进开发区的可持续健康发展。

第二章　规划建设

第六条　【开发区规划总体要求】

开发区必须符合国家产业布局和区域发展战略，以及本地区国民经济和社会发展规划、国土空间规划、主体功能区规划、土地利用总体规划、城镇体系规划、城市总体规划、环境保护规划等规划。

开发区的规划和建设应当遵守生态保护红线、环境质量底线、资源利用上线和环境准入负面清单，严格执行环境影响评价制度。在限制开发区域，严格控制建设开发区；在禁止开发区域，严禁建设开发区。

第七条　【开发区规划制定】

国务院发展与改革主管部门负责牵头拟订全国开发区规划草案，并统筹负责全国开发区的指导、协调和服务工作。全国开发区规划草案经国务院审议后，提交全国人民代表大会或其常务委员会审议批准。

省、自治区、直辖市人民政府发展改革主管部门负责牵头拟订本省、自治区、直辖市开发区规划草案，并统筹负责本省、自治区、直辖市开发区的指导、协调和服务工作。省、自治区、直辖市开发区规划草案经省、自治区、直辖市人民政府审议后，提交省、自治区、直辖市人民代表大会及其常务委员会审议批准。

第八条　【土地节约集约利用】

开发区应当依法合理、节约、集约、高效开发利用土地资源,严控增量,盘活存量。

开发区可以通过收购储备、流转、协议置换、合作经营、自主开发等方式,对开发区闲置土地、低效用地等进行开发利用。

国家建立健全土地集约利用评价、考核与奖惩制度,加强土地开发利用动态监管,加大对闲置、低效用地的处置力度。

省(自治区、直辖市)人民政府应当加强开发区土地节约集约利用评价,并将其纳入全省开发区综合评价考核体系。

依法取得开发区土地使用权的投资者,必须严格依照土地使用权出让合同规定的用途、期限、条件开发利用土地。禁止任何单位和个人从事开发区的土地、房产的非法转让、交易等活动。

第九条　【产城融合】

开发区应当合理规划产业用地和生活用地的比例,统筹规划生产、综合服务、生态环境保护等各类功能分区,促进产业发展和人居环境改善,推进产城融合和新型城镇化建设。

第十条　【开发区基础设施和公共服务设施规划】

开发区应当整体规划建设基础设施和公共设施项目,配套供电、供气、供水、供热、通信、交通、消防、防汛、人防、治污等设施,并同步建设公共信息、公共文化、物流等服务平台和必要的社会事业项目。

开发区所在地人民政府应当将开发区基础设施和公共服务设施建设纳入国土空间规划。

第三章　设立、变更与撤并

第十一条　【开发区设立条件】

申请设立开发区,应当具备下列条件:

（一）符合国家产业布局和区域发展战略，以及本地区国民经济和社会发展规划、国土空间规划、主体功能区规划、土地利用总体规划、城镇体系规划、城市总体规划、环境保护规划等规划；

（二）有一定的区位优势和较好的经济社会环境，并能对周围地区产生较强的辐射作用；

（三）具有符合规定的开发区总体方案、总体规划；

（四）开发区名称符合有关规定；

（五）符合法律、行政法规以及所在地省（自治区、直辖市）人民政府规定的其他条件。

开发区名称管理办法由国务院另行制定。

第十二条　【国家级开发区】

申请设立国家级开发区，应当符合国家级开发区的认定标准。

国家级开发区的认定标准由国务院另行规定。

第十三条　【开发区设立程序】

省级开发区的设立，由所在地设区的市人民政府根据本地区国民经济和社会发展规划、国土空间规划、主体功能区规划、土地利用总体规划、城镇体系规划、城市总体规划、环境保护规划等规划提出申请报告、可行性研究报告、开发区总体方案和总体规划，报省（自治区、直辖市）人民政府批准。

申请设立省级高新技术产业开发区，除必须符合前款规定以外，还应事先报经省（自治区、直辖市）科技行政主管部门会同有关部门审查同意。

国家级开发区的设立和省级开发区升级为国家级开发区，由所在地省（自治区、直辖市）人民政府根据本地区国民经济和社会发展规划、国土空间规划、主体功能区规划、土地利用总体规划、城镇体系规划、城市总体规划、环境保护规划等规划提出申请报告、可行性研究报告、开发区总体方案和总体规划，报国务院批准。

申请设立国家级高新技术产业开发区，除必须符合前款规定以外，还应事先报经国务院科技行政主管部门会同有关部门审查同意。

第十四条　【开发区的变更】

已批准设立的开发区需要变更名称、调整规划面积或者区位的,应当按照设立申报的程序报请批准。

第十五条　【开发区的四至范围】

严禁开发区擅自调整四至范围。

经批准设立的开发区,必须按批准的面积和范围进行开发建设,确需扩大范围和面积的,必须按本条例第十三条规定的程序报批。

第十六条　【开发区的升降级和撤并】

国家对开发区实行定期考核评价和动态管理制度。

经考核评价,对经济基础好、增长潜力大、发展规划完备的省级开发区,经国务院批准升级为国家级开发区。

经考核评价,对土地等资源利用效率低、环保不达标、发展长期滞后的国家级开发区,在责令限期整改后,仍达不到国家级开发区标准的,经国务院批准予以降级或者撤并。

经考核评价,对土地等资源利用效率低、环保不达标、发展长期滞后的省级开发区,在责令限期整改后,仍达不到省级开发区标准的,经省区市人民政府批准予以撤并。

第四章　管理体制

第十七条　【开发区管理体制】

开发区所在地人民政府统一领导开发区的社会管理、市场监管和公共服务等工作。

开发区管理机构依照法律、法规规定或开发区所在地人民政府的授权对开发区进行管理。

开发区所在地人民政府发展改革、科技、工业和信息化、商务、市场监管等部门按照职责分工,负责开发区的指导、服务、协调和监督管理工作,推动落实开发区建设和发展的具体政策措施。

第十八条　【开发区管理机构】

开发区管理机构,包括开发区所在地人民政府依法设立的开发区管理委员会(以下简称开发区管委会),开发区所在地人民政府有关部门和其他有关部门在开发区内设立的派出机构或分支机构,以及开发区所在地人民政府依法委托管理的机构(以下简称开发区托管机构)。

开发区管委会,作为开发区所在地人民政府的派出机关,在法定职责范围内依法对开发区进行管理。

开发区托管机构,在所在地人民政府委托授权的权限范围内,依法对开发区进行管理。

国家鼓励创新开发区管理体制,探索建立公司化管理模式,将开发区的开发、建设、运营、招商、服务等事项通过政府购买服务等市场化方式委托给专业公司或者专业团队进行管理。

开发区内金融、保险、国家税务、外汇管理、海关、进出口商品检验等业务工作,由有关部门或者其设在开发区内的分支机构、派出机构办理。

第十九条　【开发区管委会职责】

开发区管委会依法履行下列职责:

(一)根据开发区总体规划编制开发区详细规划、专项规划,并在经批准后组织实施;

(二)组织宣传、贯彻落实有关法律、法规和政策;

(三)制定、实施开发区的具体管理制度;

(四)组织、协调落实开发区内基础设施和公共服务设施的建设和管理;

(五)依法兴办和管理开发区的文化、教育、科技、卫生、体育等社会事业;

(六)根据所在地县级以上人民政府授权,依法办理农用地转用和土地征收、土地出让(划拨)、收回、处置等事项;

(七)制定、落实招商引资、人才引进计划,搭建招商引资平台,提供人才引进服务;

(八)发布开发区公共信息,为企业、机构和相关人员提供指导、咨询和

服务;

(九)法律、行政法规规定以及所在地人民政府赋予的其他职责。

第二十条　【负面清单管理制度】

开发区所在地人民政府和开发区管理机构对开发区应当依法实施市场准入和外商投资负面清单制度,不得自行发布市场准入性质的负面清单。

第二十一条　【开发区考核评价】

国家建立健全开发区考核评价制度,从对外开放、科技创新、绿色发展、统筹协调和发展质量等方面综合考核评价开发区的发展水平。

开发区考核评价办法由国务院另行制定。开发区考核评价结果由国务院发展与改革主管部门统一公示。

第五章　产 业 促 进

第二十二条　【产业优化升级】

国家鼓励和支持开发区加快产业结构优化,通过优化开发区功能、强化产业链条、扶持重大项目、支持科技研发等措施,主动培育战略性新兴产业、先进制造业和现代服务业等业态,促进信息技术、人工智能与制造业结合,支持传统制造业转型升级。

国家鼓励和支持环境友好型、资源节约型、科技含量高、投资强度大、产出效益好、产业关联度强、具有自主知识产权的项目进入开发区。

第二十三条　【产学研融合】

国家鼓励和支持企业、高等院校、科研机构以及其他组织和个人在开发区设立或者与开发区企业共同设立研究开发机构,创办科技企业孵化器、创客空间、创业服务中心等产业促进机构,加速科技成果的转化。

第二十四条　【金融支持】

国家鼓励开发区按照市场化原则设立科技创新发展基金、产业投资基金、创业投资基金等基金,加大对开发区的投资力度。

第二十五条　【高新技术企业优惠政策】

国家在财政、税收、金融、进出口、海关管理等方面，给予开发区内的高新技术企业优惠政策。

高新技术企业的认定办法由国务院另行制定。

第二十六条　【政府专项支持资金】

开发区所在地县级以上人民政府可以根据本地经济发展水平以及开发区的建设发展情况设立产业扶持、科技创新、生态环保等专项资金，支持开发区的产业转型升级、科技创新、生态环保等项目。开发区产业扶持、科技创新、生态环保等专项资金应当纳入本级政府预算，并向社会公示。

第二十七条　【优惠政策】

开发区所在地人民政府对开发区实行优惠政策和措施，应当严格遵守国家税法、预算法、土地法等有关法律、法规和国家政策的规定，并且应当遵循公开、公平、公正原则。

严禁超越法定权限制定、实施优惠政策和措施。

第六章　服务保障

第二十八条　【基础条件】

开发区所在地人民政府及其有关部门应当在规划编制、项目安排、招商引资、科技创新、基础设施建设、体制机制创新、政策实施等方面支持开发区的建设和发展，为开发区的建设和发展创造良好条件。

鼓励开发区所在地人民政府依法和社会资本合作进行开发区公共服务、基础设施项目建设。

开发区自批准之日起收取的土地使用权出让金，全部用于开发区的基础设施建设和土地开发。

第二十九条　【要素保障】

开发区所在地人民政府应当完善开发区要素保障机制，加大对开发区内企业的用地、用电、用水、用气、物流、劳动力、资本、技术、数据等要素的保障力度。

第三十条　【营商环境】

开发区管理机构应当按照便利、高效、透明的原则,简化办事程序,实行“一表申请、一口受理、一网通办、限时办结、一次发证”,提高办事效率和政务服务水平,为开发区营造良好的营商环境。

开发区所在地人民政府和开发区管理机构应当统筹政务信息系统和服务资源,统一服务标准,优化服务流程。

第三十一条　【征地补偿】

开发区所在地人民政府、开发区管理机构应当建立健全开发区征地拆迁工作机制,依法对开发区内的土地进行管理,开展土地及地上附着物的征收和补偿、被征地农民社会保障工作。

第三十二条　【禁止乱收费】

任何单位不得在开发区内设立国家和自治区规定之外的收费项目,不得强制开发区内企业付费参加各类会议、培训、展览、评比表彰等活动,不得强制开发区内企业赞助、捐赠、接受指定服务。

第三十三条　【政务公开】

开发区审批机构、开发区所在地人民政府、开发区管理机构应当建立健全信息公开制度,及时准确向社会公布开发区的有关信息。

第三十四条　【服务平台】

开发区管理机构应当完善公共服务体系,搭建招商引资、创新创业、产业促进、投资融资、产权交易、成果转化、法律服务等信息交流服务平台。

第三十五条　【人才服务保障】

开发区所在地人民政府和开发区管理机构可以根据本地经济和社会发展状况以及开发区建设发展情况,制定高层次人才、高技能领军人才和创新创业人才引进和激励等办法,在办理签证、户口迁移、安居保障、职称评聘、配偶安置、子女入学、老人赡养、社会保障等方面提供便利或者帮助。

第三十六条　【社会服务保障】

支持在开发区内设立金融服务、保险服务、法律服务、资产评估、信用评级、规划咨询、投资咨询、检验检测、知识产权交易、人力资源服务等服务机构,为开发区的生产经营和创新创业活动提供服务。

第七章 法律责任

第三十七条 【政府有关部门及其工作人员违法责任】

政府有关部门及其工作人员有下列行为的,违法责任由其上级机关、主管部门或者监察机关责令改正、通报批评;情节严重的,对直接负责的主管人员和其他直接责任人员依法给予处分;构成犯罪的,依法追究刑事责任。

(一)违反规定,擅自或者超越权限批准设立开发区;

(二)在申请设立开发区的过程中弄虚作假;

(三)违反规定,自行制定、实施开发区市场准入性质的负面清单;

(四)违反规定,超越权限制定、实施优惠政策、措施;

(五)违反规定,干扰开发区管理机构正常行使管理职权;

(六)违反规定,对开发区投资者、经营者乱收费,乱评比,乱摊派;

(七)利用职务之便,索贿、受贿;

(八)其他违反规定的行为。

第三十八条 【开发区管理机构及其工作人员违法责任】

开发区管理机构及其工作人员有下列行为的,依法给予处分;构成犯罪的,依法追究刑事责任。

(一)未经批准设立开发区,以开发区的名义招商引资的;

(二)未经批准擅自扩大范围、改变区位;

(三)在开发区考核评审过程中弄虚作假;

(四)利用职务之便,索贿、受贿;

(五)其他违反规定的行为。

第三十九条 【容错机制】

国家建立健全开发区改革创新的激励机制和容错纠错机制。对在开发区改革创新、先行先试中出现失误或者偏差的有关单位和个人,依法免除责任或者从轻、减轻处理,并及时予以整改纠正。

第八章　附　　则

第四十条　【适用例外】

中国自由贸易试验区、海关特殊监管区,适用其他法律、法规的规定。

第四十一条　【施行日期】

本条例自　　年　月　日起施行。

附件二

自由贸易区条例(立法建议稿)

第一章　总　　则

第一条　【立法目的】

为了规范和保障我国自由贸易区(以下简称自贸区)的建设,营造自贸区法治化、便利化、国际化的营商环境,推动形成更高层次改革开放新格局,促进经济和社会发展,制定本条例。

第二条　【适用范围】

本法适用于自由贸易港、自由贸易试验区、综合保税区以及其他海关特殊监管区域。

第三条　【建设原则】

自贸区建设应当贯彻创新、协调、绿色、开放、共享的新发展理念,协调经济和社会发展,实现可持续发展。

第四条　【安全原则】

自贸区建设应当符合国土空间规划,土地利用总体规划、城镇体系规划等。自贸区应严格落实外商投资安全审查制度。

自贸区实行严格的进出境环境安全准入管理制度,加强生态风险防控。

第五条　【总体方案】

自贸区的总体方案、发展规划以及扩区、迁址等事项由国务院批准。

第二章　贸易、投资自由便利

第六条　【单一窗口服务】

自贸区实行国际贸易单一窗口服务,口岸管理相关部门之间信息共享、监管互认、执法互助制度。

第七条　【货品通关自由便利】

允许境外货物、物品自由进出自贸区。列入国家禁止、限制进出口货物、物品清单的除外。

自贸区实行通关便利、安全原则,优化通关程序,压缩通关时间,降低通关成本,提高通关效率。

自贸区内海关特殊监管区域与境外之间为一线管理,区内海关特殊监管区域与境内区外之间为二线管理。按照一线放开、二线安全高效管住的原则,优化海关监管模式,在海关特殊监管区域实施差异化监管。

第八条　【外商投资准入负面清单制度】

自贸区依法实行外商投资准入国民待遇加负面清单管理制度。负面清单以外的领域,按照内外资一致的原则实施管理;外商投资企业依法平等适用国家支持企业发展的各项政策。

第三章　服务业开放

第九条　【跨境电子商务】

国家支持自贸区发展跨境电子商务，探索跨境电子商务新模式；推动发展离岸贸易，创新离岸贸易业务；探索新型易货贸易方式，促进国际贸易新业态、新模式发展；发展绿色贸易，推动国际贸易与生态环境协调发展。

第十条　【跨境服务贸易】

自贸区实行统一的跨境服务贸易负面清单制度。跨境服务贸易负面清单制度由国务院有关部门另行制定。

第十一条　【数据跨境安全有序流动】

自贸区依法建立安全有序的数据跨境流动管理制度，依法保护个人、组织与数据有关的权益，有序扩大通信资源和业务开放，扩大数据领域开放，促进数字经济发展。

第十二条　【知识产权交易服务】

鼓励自贸区创新知识产权金融服务机制，完善知识产权质押融资风险分担和补偿机制。在风险可控的前提下，支持金融机构扩大知识产权质押融资规模，扩展知识产权保险业务，推进知识产权证券化。

第十三条　【金融服务与跨境资金流动便利】

自贸区内经批准的金融机构可以通过指定账户或者在特定区域经营离岸金融业务。

鼓励自贸区内金融机构创新跨境人民币业务模式，推进资本项目收入支付便利化改革，促进跨境投融资汇兑便利化。

国家鼓励金融机构依法在自贸区创新金融产品、业务、服务和风险管理。

第十四条　【外汇管理】

自贸区实行便利的外汇管理措施，允许跨境资金流动。国家另有规定的除外。

第四章　管理体制机制

第十五条　【自贸区管理体制】

国务院统一领导自贸区建设工作。国务院发展改革、财政、商务、金融管理、海关、税务等部门按照职责分工，指导推动自贸区建设的相关工作。

自贸区所在地省级人民政府统筹负责自贸区的建设和行政事务。

自贸区按照便利、高效、透明的原则，简化办事程序，提高办事效率，优化政务服务。建立监管信息共享平台，实行监管信息交换和共享。

第十六条　【自贸区管理机构】

自贸区所在地人民政府依法设立的自贸区管理委员会(以下简称自贸区管委会)，作为自贸区所在地人民政府的派出机关，依法或者依据所在地人民政府的授权对自贸区进行管理。

自贸区可以设立专业机构或者委托社会组织承接专业性、技术性以及社会参与性较强的公共管理和服务职能。

第十七条　【容错机制】

国家建立健全自贸区改革创新的激励机制和容错纠错机制。对在自贸区改革创新、先行先试中出现失误或者偏差的有关单位和个人，依法免除责任或者从轻、减轻处理，并及时予以整改纠正。

第五章　服务保障与支持

第十八条　【人才人员出入境便利】

自贸区实行便利的人才停居留、临时出境入境、工作签证等政策。

第十九条　【境外专业服务机构】

国家支持在自贸区设立咨询、仲裁、调解、人力资源、资产评估等专业服务机构，建立跨领域多资质的综合专业服务机制。

第二十条　【税收优惠】

自贸区实行统一的税收优惠政策并简并税制。

税收优惠政策由国务院有关部门另行制定。

第二十一条　【司法保障】

国家支持自贸区探索改革司法体制,建立多元化商事纠纷解决机制。

第二十二条　【法律服务】

国家支持自贸区依法引进和发展专业化、国际化法律服务机构,优化自贸区法律服务行政审批事项,提供高质量涉外法律服务。

第六章　附　　则

第二十三条　【调整法律适用】

自贸区因先行先试需要暂时调整或者停止适用有关法律、行政法规、部门规章规定的,依照法定程序批准后实施。

第二十四条　【施行日期】

本条例自　　年　月　日起施行。

参考文献

一、著作类

1. 白雪洁、李扬、杜传忠编著:《两岸高新区比较研究》,南开大学出版社 2015 年版。
2. 曹云:《国家级新区比较研究》,社会科学文献出版社 2014 年版。
3. 陈俊:《高新科技园区立法研究》,北京大学出版社 2004 年版。
4. 成思危主编:《从保税区到自由贸易区:中国保税区的改革与发展》,经济科学出版社 2003 年版。
5. 迟福林主编:《策论海南自由贸易港》,海南出版社 2020 年版。
6. [德]阿尔弗雷德·韦伯:《工业区位论》,李刚剑等译,商务印书馆 1997 年版。
7. 丁焕峰、徐险峰等编著:《开发区发展的经济学理论与实证》,华南理工大学出版社 2017 年版。
8. [法]孟德斯鸠:《论法的精神》(上册),张雁深译,商务印书馆 1982 年版。
9. 冯烽:《国家级新区和开发区高质量发展研究》,中国社会科学出版社 2022 年版。
10. 郭洪伟等:《开发区法治建设与产业发展研究》,首都经济贸易大学出版社 2021 年版。
11. 韩继志主编:《政府机构改革》,中国人民大学出版社 1999 年版。
12. 李昌麒、刘瑞复主编:《经济法》,法律出版社 2004 年版。
13. 李璐玲、张娜主编:《自由贸易区法律问题研究》,中国政法大学出版社 2014 年版。

14. 李猛:《中国自贸区法律制度建立与完善研究》,人民出版社 2017 年版。
15. 李森等:《困境和出路——转型期中国开发区发展研究》,中国财政经济出版社 2008 年版。
16. 李小建主编:《经济地理学》,高等教育出版社 1999 年版。
17. 厉无畏、王振主编:《中国开发区的理论与实践》,上海财经大学出版社 2004 年版。
18. 梁盛平、张召堂主编:《中国开发区建设与发展》,人民出版社 2022 年版。
19. 林雄主编:《中国自贸区建设与国际经验》,中山大学出版社 2016 年版。
20. 刘茂松:《反梯度推移发展论——湖南经济超越发展的经济学思考》,湖南人民出版社 2000 年版。
21. 陆剑宝编著:《全球典型自由贸易港建设经验研究》,中山大学出版社 2018 年版。
22. 罗玫、蒋建洪:《开发区土地集约利用评价及其信息系统研究》,经济科学出版社 2021 年版。
23. [美]萨缪尔森、[美]诺德豪斯:《经济学》(第 12 版)(上册),中国发展出版社 1992 年版。
24. [美]斯蒂格利茨:《政府为什么干预经济——政府在市场经济中的角色》,郑秉文译,中国物资出版社 1998 年版。
25. [美]苏珊·帝芬布恩:《世界及美国的自由贸易区》,胡苑等译,法律出版社 2016 年版。
26. [美]詹姆斯·M. 布坎南:《自由、市场与国家——80 年代的政治经济学》,平新乔、莫扶民译,上海三联书店 1989 年版。
27. 蒲杰、刘建强:《内陆自贸区法治建设研究》,四川大学出版社 2022 年版。
28. 乔云霞:《区域国际竞争力:理论研究与实证分析》,经济科学出版社 2005 年版。
29. 上海财经大学自由贸易区研究院、上海发展研究院编:《全球 100 个自由贸易区概览》(上),上海财经大学出版社 2013 年版。
30. 上海财经大学自由贸易区研究院、上海发展研究院编:《全球 100 个自由贸易区概览》(下),上海财经大学出版社 2013 年版。
31. 上海财经大学自由贸易区研究院、上海发展研究院编:《全球自贸区发展研究及借鉴》,格致出版社、上海人民出版社 2015 年版。
32. 施祖麟编著:《区域经济发展:理论与实证》,社会科学文献出版社 2007 年版。
33. 宋宏:《十字路口的选择:开发区治理体制研究》,安徽人民出版社 2016 年版。
34. 孙久文主编:《区域经济学》,首都经济贸易大学出版社 2006 年版。
35. 陶一桃、鲁志国等:《中国经济特区简史》,学林出版社 2020 年版。
36. 陶一桃、伍凤兰等:《广东经济特区改革发展 40 年》,中山大学出版社 2018 年版。
37. 王卉青、陈士林:《经济开发区法律风险管理研究》,江苏大学出版社 2013 年版。
38. 王全兴:《经济法基础理论专题研究》,中国检察出版社 2002 年版。
39. 王维平:《经济政策创新与区域经济协调发展》,中国社会科学出版社 2006 年版。
40. 吴强:《政府行为与区域经济协调发展》,经济科学出版社 2006 年版。
41. 伍伯麟主编:《社会主义市场经济学教程》,复旦大学出版社 1993 年版。
42. 武友德、潘玉君等编著:《区域经济学导论》,中国社会科学出版社 2004 年版。
43. 徐峰:《我国自贸区(港)主要政策与法律制度:理论与实践——以临港新片区为例》,武汉大学出版社 2024 年版。
44. 闫川:《开发区蔓延反思及控制》,中国建筑工业出版社 2008 年版。
45. 闫国庆等:《开发区治理》,中国社会科学出版社 2006 年版。
46. 叶依广主编:《区域经济学原理》,江苏教育出版社 2002 年版。
47. 殷洁:《区域经济法论纲》,北京大学出版社 2009 年版。
48. 应松年:《行政诉讼法学》,中国政法大学出版社 1999 年版。
49. [英]阿瑟 · 刘易斯:《经济增长理论》,周师铭等译,商务印书馆 1983

年版。

50. [英]哈里·W. 理查德逊:《区域与城市经济学》,英国企鹅出版公司 1979 年版。
51. 余宗良:《中国开发区模式的法治化研究》,中国政法大学出版社 2016 年版。
52. 曾文革等:《特殊经济功能区法律制度研究》,对外经济贸易大学出版社 2012 年版。
53. 张敦富主编:《区域经济学原理》,中国轻工业出版社 1999 年版。
54. 张建平、李红梅等编著:《区域经济理论与实践》,中央民族大学出版社 2007 年版。
55. 张可云:《区域经济政策》,商务印书馆 2005 年版。
56. 张秀生主编:《区域经济学》,武汉大学出版社 2007 年版。
57. 张召堂:《中国开发区可持续发展战略》,中共中央党校出版社 2003 年版。
58. 钟坚:《世界经济特区发展模式研究》,中国经济出版社 2006 年版。
59. 周汉民、王其明、任新建主编:《上海自贸试验区解读》,复旦大学出版社 2014 年版。
60. 朱敏彦等主编:《21 世纪初长江三角洲区域发展战略研究》,上海人民出版社 2001 年版。
61. 邹奕:《国家级开发区、新区之国家机关的组织法治研究》,当代中国出版社 2024 年版。

二、论文类

62. 丁晓华:《司法视野下的自贸区行政审批改革研究》,载《上海审判实践》2015 年第 1 期。
63. 龚柏华:《中国自贸试验区到自由贸易港法治理念的转变》,载《政法论丛》2019 年第 3 期。
64. 郭会文:《国家级开发区管理机构的行政主体资格》,载《法学》2004 年第

11 期。
65. 何清涟、张祥平:《"圈地运动"与中国社会心理的变迁》,载《战略与管理》2000 年第 4 期。
66. 贺小勇:《上海自贸试验区法治深化亟需解决的法律问题》,载《东方法学》2017 年第 1 期。
67. 黄加宁:《经济全球化背景下的中国自由贸易区之路》,载《时代法学》2012 年第 3 期。
68. 康江峰:《我国高新区行政管理体制创新研究》,载《科技管理研究》2005 年第 8 期。
69. 李琳:《园区经济:"圈地运动"的美丽谎言》,载《中国城市经济》2004 年第 8 期。
70. 李平:《国内外高技术开发区管理模式的比较研究》,载《科学学研究》1994 年第 4 期。
71. 刘海潮、葛傲天:《中国开发区的法律地位问题刍议》,载《重庆社会主义学院学报》2013 年第 1 期。
72. 刘晔、陆夏:《美国"自贸区"模式的经济效应及其经验借鉴》,载《上海经济研究》2014 年第 12 期。
73. 曲静:《俄符拉迪沃斯托克自由港法案正式生效》,载《黑龙江日报》2015 年 10 月 13 日,第 6 版。
74. 盛科荣、樊杰:《主体功能区作为国土开发的基础制度作用》,载《中国科学院院刊》2016 年第 1 期。
75. 汪一鸣:《美国田纳西河流域地区综合开发与城镇化》,载《世界地理研究》2013 年第 3 期。
76. 汪振江:《开发区专门立法的制度创新与现实需求》,载《甘肃社会科学》2013 年第 3 期。
77. 王卉青、牛玉兵:《管委会主导型开发区管理模式的法律风险与防范》,载《辽宁行政学院学报》2014 年第 5 期。
78. 王淑敏、李银澄:《自由贸易港区的立法模式:台湾地区的实践及其对海南自贸港的借鉴意义》,载《国际商务研究》2020 年第 1 期。
79. 魏后凯:《美国联邦区域政策及其效果评价》,载《开发研究》1997 年第 1 期。
80. 武梦萱等:《我国开发区治理模式存在问题及变革分析》,载《经济与社会发展》2019 年第 6 期。
81. 谢世清:《美国田纳西河流域开发与管理及其经验》,载《亚太经济》2013 年第 2 期。
82. 熊馗、赵民:《区域协调机制的国际比较》,载朱敏彦等主编:《21 世纪初长江三角洲区域发展战略研究》,上海人民出版社 2001 年版。
83. 伊士国、李先真:《论开发区管理委员会的法律地位》,载《行政与法》2009 年第 9 期。
84. 袁易明:《中国经济特区的动态演化与实践使命》,载《特区实践与理论》2015 年第 4 期。
85. 曾艳红:《区域开发研究中的增长极理论及其应用——以十堰二汽为例》,载《经济地理》1992 年第 2 期。
86. 朱泳、姜诚:《论开发区的法律地位与开发区的政区化》,载《江汉大学学报(社会科学版)》2009 年第 3 期。

三、网页类

87. 周汉民:《自贸区的法治改革创新》,载环球网 2016 年 4 月 26 日,https://m. huanqiu. com/article/9CaKrnJV1eE。
88. 商务部国际贸易经济合作研究院:《中国自由贸易试验区十周年发展报告 2013 – 2023》,载中华人民共和国商务部官网,http://zmqgs. mofcom. gov. cn/cms_files/oldfile//zmqgs/202312/20231201150113946. pdf。

四、外文类

89. Boudeville J. R. , *Problems of Regional Development*, Edinbrugh University Press, 1996.

90. Michael E. Porter, *Clusters and the New Economics of Competiton*, Harvard Business Review, Vol. 76:6 (1998).

91. Susan Tiefenbrun, *U. S. Foreign Trade Zones, Tax – free Trade Zones of the world, and Their Impact on the U. S. Economy*, International Business and Law, 2013.